深远海工程装备与高技术丛书

船舶压载水管理系统开发与应用

陈 宁 白韬光 著

上海科学技术出版社

图书在版编目(CIP)数据

船舶压载水管理系统开发与应用/陈宁,白韬光著.
—上海:上海科学技术出版社,2017.10
(深远海工程装备与高技术丛书)
ISBN 978-7-5478-3648-4

Ⅰ.①船… Ⅱ.①陈… Ⅲ.①压载水-用水管理-系统管理 Ⅳ.①U661.2

中国版本图书馆 CIP 数据核字(2017)第 153435 号

船舶压载水管理系统开发与应用
陈　宁　白韬光　著

技术编辑　张志建　陈美生
美术编辑　赵　军

上海世纪出版(集团)有限公司
上海科学技术出版社　出版、发行
(上海钦州南路71号　邮政编码200235　www.sstp.cn)
苏州望电印刷有限公司印刷
开本 787×1092　1/16　印张 15　插页 4
字数 330 千字
2017 年 10 月第 1 版　2017 年 10 月第 1 次印刷
ISBN 978-7-5478-3648-4/U·47
定价: 98.00 元

本书如有缺页、错装或坏损等严重质量问题,请向工厂联系调换

内 容 提 要

《国际船舶压载水及沉淀物控制和管理公约》（简称《压载水公约》）于 2017 年 9 月 8 日正式生效，国内外压载水管理系统市场将赢来新的机遇和挑战。压载水处理技术的产业化不仅是保护海洋生态环境的迫切需要，而且对提高国产船舶关键设备装船率、提高航运业和造修船业核心竞争力具有非常重要的意义。

本书在大量自主设计、实验与模拟仿真优化的数据的基础上，整理了国内外较为成熟的压载水管理系统产品资料；总结了系统产品实际应用中的优化经验和注意事项；着重介绍了压载水管理系统中各类过滤、清洗、杀菌等关键设备的工作原理、结构特点与计算规范、模拟仿真的计算方法，给出了关键设备的设计实例。并从系统应用的角度出发，介绍了压载水管理系统在新船设计与旧船改装上的实施方法；从操作管理出发，介绍了系统中各类检测传感器的工作原理以及控制系统中硬件人机界面的控制管理方法；从系统维护出发，着重介绍了压载水管理系统各类关键设备的维护方法。

本书的主要读者是压载水管理系统开发设计人员、船厂的系统设计工程技术人员，以及船舶关键设备的维护与管理人员。

学 术 顾 问

潘镜芙　中国工程院院士、中国船舶重工集团公司第七〇一研究所研究员
闻雪友　中国工程院院士、中国船舶重工集团公司第七〇三研究所研究员
顾心怿　中国工程院院士、胜利石油管理局资深首席高级专家
方书甲　中国造船工程学会副理事长、研究员
童小川　中国船舶重工集团公司第七〇四研究所所长、研究员、博士生导师
俞宝均　中国船舶设计大师、中国船舶工业集团公司第七〇八研究所研究员
杨葆和　中国船舶设计大师、中国船舶工业集团公司第七〇八研究所研究员
赵耕贤　中国船舶设计大师、中国船舶工业集团公司第七〇八研究所研究员
徐绍衡　中国船舶设计大师、江苏省舰船及海洋自动化工程研究中心首席科学家

丛书编委会

主　　　编　　潘镜芙　童小川
常务副主编　　闻雪友
副　主　编　　方书甲　王自力　刘志刚　沈余生　金　焘
　　　　　　　黄　震　王文涛
编　　　委　　（按姓氏笔画排序）
　　　　　　　尤　熙　冯志敏　刘建峰　李林烨　杨葆和
　　　　　　　何可耕　张　云　张锦岚　陈福正　林宪东
　　　　　　　周国平　赵耕贤　俞宝均　桂文彬　翁一武
　　　　　　　崔维成　焦　侬
编委办公室　　刘　震　田立群　周海锋　施　璟　杨文英
　　　　　　　方思敏　赵宝祥　李　慧　蒋明迪
主编单位　　　中国造船工程学会《船舶工程》编辑部

《船舶压载水管理系统开发与应用》编委会

主 任 委 员 景旭文
副主任委员 李振均　李建明　陈　宁
委　　　员 （按姓氏笔画排序）
　　　　　　　王　民　王林兴　田立群　白韬光　毕坚裔
　　　　　　　任康旭　杨振民　吴　昊　林　巍　秦言明
　　　　　　　顾国彪

前 言

压载水是调整船舶稳心、确保船舶航行安全所必须配载的水,每年有超过100亿t的压载水携带不同海域的生物周游全球,成为外来生物入侵的主要途径之一。为此,国际海事组织(IMO)制定了严格的压载水管理公约,要求所有在国际海域航行的远洋货运船舶都必须将压载水经处理后达到公约的标准方可排放。

《国际船舶压载水及沉淀物控制和管理公约》将于2017年9月8日正式生效,国内外压载水管理系统市场将迎来新的机遇。

我国现拥有庞大的远洋运输船队,又是造船、修船大国,拥有一个巨大的船舶关键设备市场,同时国际市场也蕴含巨大潜力。压载水处理技术的产业化不仅是保护海洋生态环境的迫切需要,而且对于提高国产船舶关键设备装船率、提高航运业和修船业核心竞争力具有非常重要的意义。

本书是在大量自主设计、实验与模拟仿真优化的数据基础上,收集了目前国内外较为成熟的压载水管理系统产品的资料,针对船舶压载水管理系统开发与实施,总结了系统单元模块设计与优化的经验,以及系统运行与维护、旧船改装和新船设计的注意事项。

在本书的撰写过程中,孙玉科、焦晨、孟宪政、孟梦、王之明等几位研究生做了大量的设计与试验改装,包国治老师参与了控制系统的开发工作。全书撰写过程中还得到了无锡蓝天电子有限公司王林兴总经理、上海汉盛船舶技术有限公司王琦明工程师、江苏南极机械有限责任公司倪吉林副总经理、渤海船舶重工集团毕坚裔副总工程师、上海外高桥造船有限公司吴鹏飞工程师、中船重工集团第七〇四研究所编辑标情室田立群副主任、上海船舶工艺研究所王磊主任的帮助与支持,在此一并感谢。

本书涉猎的压载水管理系统技术面较广,有不足之处在所难免,希望能得到批评与指教。

作者

2017年4月

目 录

第 1 章 概述 ·· 1
  1.1 船舶压载水管理 ·· 3
  1.2 船舶压载水的危害 ·· 6
  1.3 船舶压载水国际立法进程 ··· 7
  1.4 美国海岸警卫队(USCG)压载水管理法规 ···························· 8

第 2 章 压载水管理系统工作原理 ··· 11
  2.1 船舶压载水处理方法 ·· 14
    2.1.1 机械处理方法 ·· 14
    2.1.2 物理处理方法 ·· 14
    2.1.3 化学处理方法 ·· 15
    2.1.4 其他处理方法 ·· 16
  2.2 国内外主要的压载水管理系统 ··· 16
    2.2.1 国外主要的压载水管理系统 ···································· 16
    2.2.2 国内主要的压载水管理系统 ···································· 19

第 3 章 压载水管理系统关键组成设备工作原理 ························· 23
  3.1 过滤设备的工作原理 ·· 25
    3.1.1 反冲洗过滤器的工作原理 ······································· 25
    3.1.2 旋流过滤器的工作原理 ·· 25
  3.2 超声清洗器的工作原理 ··· 26
    3.2.1 超声气穴净化器的工作原理 ···································· 27
    3.2.2 超声清洗器的工作原理 ·· 28
  3.3 杀菌器的工作原理 ··· 29
    3.3.1 UVC 杀菌器的工作原理 ··· 29
    3.3.2 光催化杀菌器的工作原理 ······································· 33
    3.3.3 电解法和药剂法杀菌器的工作原理 ·························· 33
    3.3.4 惰性气体杀菌器的工作原理 ···································· 34

第4章 压载水管理系统关键组成设备的设计方法 ········· 39
4.1 过滤设备的设计 ········· 41
4.1.1 反冲洗过滤器的设计 ········· 41
4.1.2 旋流过滤器的设计 ········· 52
4.2 超声净化装置的设计 ········· 54
4.2.1 超声气穴反应器的设计 ········· 55
4.2.2 超声清洗器的设计 ········· 62
4.3 杀菌器的设计 ········· 63
4.3.1 UVC 杀菌器的设计 ········· 64
4.3.2 惰性气体杀菌器的设计 ········· 78
4.3.3 光电催化杀菌器的设计 ········· 79
4.3.4 电解法和药剂法杀菌器的设计 ········· 83

第5章 压载水管理系统关键组成设备的优化 ········· 87
5.1 过滤设备的优化 ········· 89
5.1.1 反冲洗过滤器的优化 ········· 89
5.1.2 旋流过滤器的优化 ········· 90
5.1.3 超声气穴净化器的优化 ········· 105
5.2 杀菌器的优化 ········· 114
5.2.1 UVC 杀菌器的优化 ········· 114
5.2.2 惰性气体法与药剂法杀菌系统的优化 ········· 127

第6章 压载水管理系统控制系统的开发 ········· 129
6.1 压载水管理系统的检测传感器 ········· 131
6.2 压载水管理系统的控制单元设计 ········· 137
6.3 压载水管理系统控制单元人机管理界面设计 ········· 144

第7章 压载水管理系统的应用 ········· 157
7.1 压载水管理系统警示标贴 ········· 159
7.2 压载水预处理过滤设备的维护 ········· 160
7.2.1 反冲洗过滤器的维护 ········· 160
7.2.2 其他过滤设备的维护 ········· 178
7.3 杀菌器的维护 ········· 182
7.3.1 UVC 杀菌器的维护 ········· 182
7.3.2 其他类型杀菌单元的维护 ········· 186
7.4 压载水管理系统中其他重要部件的维护 ········· 192
7.4.1 电动蝶阀的维护 ········· 193

  7.4.2 电磁流量计的维护 ………………………………………………………… 195
  7.4.3 高压清洗泵及污水泵的维护 …………………………………………… 197
  7.4.4 电源单元的维护 ………………………………………………………… 198
 7.5 典型压载水管理系统的故障诊断及处理 ………………………………………… 199

第8章 压载水管理系统在船舶上的安装及案例 …………………………………… 201
 8.1 船舶改装实施过程 …………………………………………………………………… 204
 8.2 改造船安装压载水管理系统注意事项及案例 …………………………………… 205
 8.3 新造船安装压载水管理系统注意事项及案例 …………………………………… 208

参考文献 …………………………………………………………………………………… 212

附录 仿真程序 ………………………………………………………………………… 217
 附录1 声压仿真程序 ………………………………………………………………… 219
 附录2 坐标输出程序及紫外光照强度与剂量仿真程序 ………………………… 221

船舶压载水管理系统开发与应用

第 1 章 概 述

压载水系统是船舶空载时调重心避免倾覆,载货时调配载避免扭转断裂,保证船舶航行安全的重要系统。其在不同海域的装卸,会引发外来物种入侵危害,全球环保基金组织(GEF)已把它引起的外来物种入侵问题列为海洋环境四大危害之一。因此,国际海事组织(IMO)制定了严格的排放标准,形成了远洋航行的技术壁垒,而美国海岸警卫队(USCG)在此基础上又出台了更严格的标准。

1.1　船舶压载水管理

《国际船舶压载水及沉淀物控制和管理公约》(简称《压载水公约》)经历了12年,在各航运国努力下,已于2016年9月8日达成生效条件,将于2017年9月8日生效。为此,中国船级社(CCS)发布了"2016技术通报第225号"最新技术通报。该技术通报对《压载水公约》进行了解读,汇总了IMO最新进展以及对业界影响巨大的焦点问题,提供了美国针对USCG压载水法令发布的最新文件,涉及覆盖新造船设计/建造、现有船舶安装设备/改装等各个方面,对如何应对、图纸送审、检验发证等给出了提示和建议,为船东、修造船厂、设计单位、产品制造厂等所有相关客户提供了最新信息和决策建议。

公约的即将生效直接催热压载水管理系统市场,大笔订单正不断涌现出来。例如,青岛双瑞海洋环境工程股份有限公司与渤海船舶重工有限责任公司签订了13艘21万载重吨的散货船压载水处理系统合同,合同总价近7 000万元;瓦锡兰公司接获为扬州国裕船舶有限公司建造的22艘散货船配套44套压载水管理系统的订单,该订单为压载水管理系统市场迄今为止单笔金额最大订单;中船九江科技研发中心则在2016年8月与某大型运输公司签订集装箱船配套合同,获得首套压载水管理系统订单,随后又与中船黄埔文冲船舶有限公司签订两艘BussShipping船东旗下的1 700TEU集装箱船压载水管理系统供货合同。无锡蓝天电子有限公司也在渤海船舶重工有限责任公司和江苏扬子江集团公司等船厂接获了压载水管理系统的供货订单。《压载水公约》生效日期的临近,以及这一波空前的接单热潮,预示着压载水管理系统市场即将迎来新的机遇和挑战。

先期进入市场的压载水管理系统企业忙着承接订单,还在努力通过认证并实现产业化和批量化生产的后来企业更是加快了步伐。

虽然压载水管理系统市场总是不乏热门话题,但由于《压载水公约》多年来未能生效,其市场需求一直未能充分显现。压载水管理系统生产企业这些年做得更多的是研发、生产基地建设、市场培育等投入性工作。即使是已经接获订单的企业,相对其投入来说,收获的真金白银也十分有限。只有在《压载水公约》即将生效的当下,这些企业才开始在"坐了多年冷板凳"后获得"补偿"。

对于即将到来的压载水管理系统市场大战,众多压载水管理系统企业心情复杂,但均认为在面临巨大挑战的同时,更获得了发展的大好机遇。国内众多压载水管理系统生产企业的负责人都表达了相似看法。他们认为:"随着《压载水公约》的生效,所有跨海域航行的新造船和现有船舶均被要求安装压载水管理系统。特别是目前正在营运的近 5 万艘船舶,将在后续 5 年内全部加装完毕,因此每年约有 1 万艘船的压载水管理系统加装业务需要开展。压载水管理系统的市场将出现井喷,这对相关企业来说将是巨大的机遇。"

巨大的市场机遇渐行渐近,但依然有一些市场方面的障碍和难题横亘在压载水管理系统企业面前。首先是船东普遍存在的资金短缺问题。一套压载水管理系统价格在 50 万~300 万美元之间,而当前船市不景气,融资环境恶劣,经营状况普遍欠佳的船东本来就在极力全面压缩开支,安装压载水管理系统需要额外地增加不菲的成本支出,船东难免缺乏积极性。虽然即将生效的《压载水公约》具有强制性,但如何让资金短缺的船东掏出"真金白银",依然让压载水管理系统生产企业"挠头"。

其次,船舶压载水港口国检测方法和标准迟迟未能出台,因此,即使已经获得船级社形式认可的压载水管理系统,依然存在通不过港口国检测的情况。如果即将出台的港口国监测导则规定追溯原则,压载水管理系统企业该如何应对这一风险将是一大悬案。

目前,多数压载水管理系统生产企业对此持乐观态度,认为如果根据压载水管理系统的使用要求进行操作,将最大限度避免虽然安装了压载水管理系统却依然不能通过港口国检测的情况发生。他们表示,若压载水管理系统生产企业在充分了解各港口国的取样方法、检测方法后,有针对性地对产品进行优化,船东同时加强对船员在系统操作方面的培训,那么获得船级社形式认可的压载水管理系统通不过港口国检测就会成为小概率事件。

再次,跑美国航线的船东还须保证船舶符合 USCG 的相关规定。虽然已有不少压载水管理系统获得了 USCG 的 AMS 认可,但按照 USCG 的规定,经 IMO 认可的压载水管理系统可在通过 USCG 的 AMS 认可后使用 5 年,USCG 将评估实施更高的压载水排放标准的可行性,并于 2016 年 1 月 1 日前公布结果。这一变数将使压载水管理系统面临众多的不确定性,相关生产企业可能将为达到有关标准投入更多人力物力进行研发和生产。

以上这些都是全球压载水处理系统生产企业共同面对的难题,而对于中国企业来说,还存在品牌影响力弱、全球售后服务基地建设相对落后等短板。有业内人士表示,此次瓦锡兰接获单笔金额最大订单也在一定程度上印证了这一点。欧美传统船配领先企业具有更高的知名度和更强的市场号召力。因此,我国压载水管理系统生产企业在品牌建设、全球售后服务支持等方面还有许多工作要做。

面对一系列机遇与挑战,我国压载水管理系统生产企业已做了诸多的努力和大量的准备工作。面对预期将迅猛增长的市场需求,我国已有 10 多家企业积极投入,进行研发、生产与营销,并在产能建设方面做了许多工作。目前,中船九江科技研发中心正在九江市经济技术开发区分两期建设年产 1 000 台套压载水管理系统的产业基地,该项目获得国家支持,第一期将建成年产 500 套处理单元的产业化能力,并购入了瓦锡兰的相关专利技术;青岛双瑞已经投入使用的生产基地的产能由原来的 100 船套提高到 500 船套;青岛海德威船舶科技有限公司在两年内也可达到2 000船套/年的产能;无锡蓝天电子股份有限公司于2013年获得江苏省科技厅产业化资助,也形成了批量生产的产能。对于这一产能建设热潮,业内人士表示,我国压载水管理系统生产企业在研发及营销等方面投入巨大,如果生产方面拖后腿,无异于将市场拱手让人,因此必要的产能扩张有利于抢抓市场先机。但我国压载水管理系统行业也必须警惕产能过剩。一旦产能过剩,打价格战将不可避免,这会把行业拖向恶性循环,后果将是灾难性的。该业内人士认为,中国压载水管理系统生产企业在全球市场竞争中采用集团统一经营模式将更有利于强健自身,提升国际竞争力。

面对《压载水公约》生效后,运营船舶排放压载水必须接受港口国抽样检测可能出现的风险,我国压载水管理系统企业也做了诸多工作,制定了不少方案。例如,国内相关企业提出可为全球船东提供压载水管理系统租赁运行方案,船东只需支付相当于产品价格10%的履约保证金,就可获得定制压载水管理系统,此后船东每年按合约支付租金。这种方案不仅部分解决了船东资金短缺的难题,而且可以避免船东的后顾之忧。

对于船舶压载水管理系统可能面临的不确定性,加强船东与压载水管理系统企业之间的及时沟通十分重要。因此,有企业已经在关注并筹备这方面的事宜。例如,上海船研环保技术有限公司就正在筹建全球船舶压载水设备的沙龙中心,为包括船东、设备商、研发机构、主管机关等在内的相关链条提供一个良好的沟通、交流和技术支持平台,共同研究并克服业界面临的实际困难。

从总体来看,我国压载水管理系统行业对风险与挑战是有所准备的,但还应更加积极地参与游戏规则的制定。比如在港口国检测导则的制定方面,我国厂家目前还是以被动为主,而国外厂家则通过与船级社、船东合作,引导了游戏规则的制定。上海海洋大学吴惠仙教授在调研了我国沿海藻类分布及海洋环境后,建立了我国海洋环境的物种基因库,为我国有关部门参与国际会议,积极投身港口国检测导则的讨论和制定过程,防止该导则变成少数发达国家垄断压载水管理系统市场的又一个工具提供了依据。同时,政府有关管理机构也在积极协调和引导我国企业不断加强对压载水管理技术的研究,提高技术水平,使压载水管理系统的技术性能始终满足,甚至高于压载水管理标准的要求。而船东与设备商、船级社、科研机构等应该联合起来,尽早行动,重视压载水管理系统的装船运行情况,并且在运营阶段对设备进行维护、采样、控制、监测。这样既有利于船东尽早具备压载水管理系统的管理、运行、维护等能力,同时也有利于压载水管理系统企业积累经验,加快产品的升级换代。

此外,政府有关部门还应加强我国压载水管理系统核心部件配套研发的引导。目前来看,虽然我国压载水管理系统的技术与国际先进水平几乎不存在差距,但核心部件的配套依然受制于人。以采用紫外方法的压载水管理系统为例,其紫外灯管及整流器和过滤器等产品基本还是依靠进口。因此,我国压载水管理系统企业在面对全球市场竞争时,不仅应努力实现产品的升级换代,而且应努力实现核心部件的国产化。只有在产品研制方面花大力气,不断提升产品的稳定性、可靠性和经济性,我国企业才能通过产品打造品牌,在即将开始的压载水管理系统市场大战中成为赢家。

1.2 船舶压载水的危害

船舶压载水是为船舶提供稳定性及用于调整船舶的吃水、吃水差以满足良好的操纵性能的有力手段。船舶压载水最大压载量约为船舶运输量的三分之一,这就使得每年大概有 100 亿 t 的压载水在全球的各个海域之间转移[1]。

每个海域的海水中生存的海生物是不同的,这些海生物随着压载水的压载与排放也在全球范围内转移。据统计,每天就有 3 000 种以上的海生物随着压载水转移。海生物的转移带来的危害是很可怕的。首先,海生物里面有一些细菌和病毒,它们所到的地方如果能生存并繁殖,那将会传播各种疾病,并且还会给当地居民的生活带来很大的危害。其次,海生物里面还包含着各种藻类,当它们被带到新的"生活区域",一旦该海域没有它们的天敌,那么生物链就会脱节,使得这些藻类将会大量繁殖,以至于在附近的海域泛滥,具体表现为水华或赤潮等。至今已有约 500 种生物物种被确认是由船舱压载水入侵传播的[2,3]。经过统计,IMO 列出了 10 种主要的入侵海生物,见表 1.1。

表 1.1 10 种主要入侵海生物[4]

名 称	原产地	传入地	危 害
斑马贝	东欧地区、北美洲	五大湖地区	大量繁殖,破坏了当地的生态环境和食物链,严重堵塞建筑和船舶的排污口,给美国造成 10 亿美元的经济损失
圆虾虎鱼	里海、黑海、北美洲	五大湖地区	适应能力和繁殖能力极强,捕食当地的经济藻类及鱼卵
霍乱病菌	各地均存在不同种类	南美洲、墨西哥湾	1991 年秘鲁两个港口霍乱流行,同时波及南美,造成 100 万人患病、1 000 多人死亡
毒藻	各地大量存在不同种类	压载水排放地	大量繁殖引起缺氧、赤潮,影响当地渔业生产
欧洲绿蟹	欧洲	南非、南美洲、澳大利亚南部	适应能力强,强悍的捕食者。取代了当地的蟹类,扰乱了当地的海岸生态系统
水蚤	黑海、里海	波罗的海	大量繁殖,在当地生物中占据主要地位,影响渔业生产
北美水母	美国东海岸	亚速海、黑海、里海	大量繁殖,以浮游动物为食,破坏当地生物系统,20 世纪 90 年代给黑海和亚速海的渔民造成严重的经济损失

(续表)

名 称	原产地	传入地	危 害
北太平洋海星	日本和阿拉斯加水域	澳大利亚塔斯马尼亚岛	繁殖速度快,主要以贝类包括经济贝类扇贝、牡蛎等为食,严重影响当地渔业生产
中华绒螯蟹	亚洲北部	西欧、波罗的海、北美洲西海岸	繁殖,在大坝中挖穴,影响河坝的安全,同时捕食当地的鱼类,影响渔业生产
梅花妒鱼	欧亚大陆、北美洲	五大湖地区	大量繁殖,生长速度快,且适应能力极强,严重影响了当地的渔业生产

1.3 船舶压载水国际立法进程

压载水携带有害水生物所引起的问题早在1973年的IMO大会上就被提出了,当时的会议通过了一项决议,并指出了问题的严重性。1990年,海洋环境保护委员会(MEPC)在第31次会议上成立了压载水工作小组,主要负责起草外来物种入侵问题的指南。该指南在其第50次会议上获得通过。1993年,IMO大会上讨论了一些关于压载水的调查报告,并以1991年的指南为基础通过了新的决议,同时赋予了新决议更高的法律效力。此后,国际海事组织继续对压载水携带微生物指南进行完善,其效力也随之提高。2000年3月,MEPC召开了第44届会议,压载水工作组对指南草案的继续完善成为大会的重点内容。

最终,国际海事组织于2004年在伦敦通过了《国际船舶压载水及沉淀物控制和管理公约(BWM Convention)》[5]。该公约要求各个国家对其所管理的船舶采取有效措施来处理船舶压载水及其沉淀物,并允许港口国对外来船舶针对公约中规定的标准进行检查,并针对不达标的排放给予制裁和处罚。

公约包含正文和附则两个部分。附则部分给出了压载水性能标准和压载水管理标准,分别见表1.2、表1.3。

另外,附则部分还涵盖了压载水管理系统的认可程序,即G8形式认证和G9基本认证,其具体流程如图1.1所示。由图可知,使用纯物理方法处理不产生任何化学或者其他活性物质的系统只需要G8形式认可即可。而使用化学添加剂或者其他活性物质来处理的系统需经过G9和G8两个过程来同时认证。因此,使用化学添加剂或者活性物质来处理的系统得到认证是比较烦琐的,并且整个认证过程要到国际海事组织总部进行。相比较而言,前者的认证是比较方便的,该过程只需在本国内完成即可。总之,从系统认证这个角度来说,使用纯物理方法来处理压载水的系统认证周期短,节省开发成本。

表 1.2 压载水性能标准

标准名称	具体要求				
D-1标准	D-1标准为置换标准:压载水的容积更换率应至少为95%。对于通过注入法置换压载水的船舶,若能排除压载舱容积3倍的水量,应视为满足所述的标准				
D-2标准	可生存微生物		指标为生物(包括但不局限于以下三种)		
	≥50 μm	≥10 μm 且 <50 μm	有毒霍乱弧菌	大肠杆菌	肠道球菌
	<10 个/m³	<10 个/mL	<0.01 cfu/mL	<2.5 cfu/mL	<1 cfu/mL

表 1.3 压载水管理标准

建造年份	压载舱容积(m³)	2008	2009	2010	2011	2012	2013	2014	2015	2016	2017
(2009,之前)	[1 500, 5 000]			D-1/D-2				D-2			
	<1 500, >5 000		D-1/D-2							D-2	
(2009,之后)	<5 000	—	—	D-2							
(2009, 2012)	≥5 000		D-1/D-2							D-2	
(2012,之后)	≥5 000			—			D-2/更高标准				

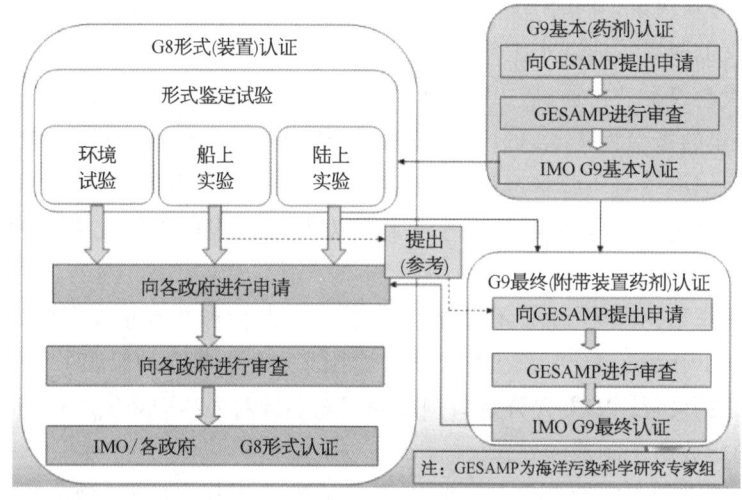

图 1.1 压载水处理系统认可流程图

1.4 美国海岸警卫队(USCG)压载水管理法规

美国海岸警卫队(USCG)于2012年3月23日发布压载水管理法规,并要求于2012

年 6 月 21 日生效,该法规不受 IMO 相关公约生效的限制,其管辖范围适用于航运在美国海域所有商用船舶的压载水排放。要求过往美国海域的商用船舶必须安装已获得 USCG 形式认可的压载水管理系统,该系统的认证采用美国公共水资源供应系统(U.S.Public Water System)的标准,并要求在该系统未安装前的商用船舶的压载水置换水域必须离最近陆地 200 nmile(1 nmile=1 852 m)以外,不在美国海域排放压载水,或排放到岸上收容系统或其他船舶。USCG 压载水排放标准实施的第一阶段和 IMO D-2 标准相同(在纽约),实施的第二阶段标准由于当前技术水平、经济、环境保护等因素尚未达到,因此暂不执行,最终待到加利福尼亚州等美国境内各州具体方案出台后再行执行。IMO D-2 阶段排放标准与 USCG-阶段 1,加利福尼亚州标准与 USCG-阶段 2 对比见表 1.4。

表 1.4 IMO D-2 阶段与 USCG 各阶段排放标准对比

活性物体	IMO D-2	USCG-阶段 1	加利福尼亚州标准	USCG-阶段 2
≥50 μm	<10/t	<10/t	没有活性有机体	<1/t
≥10 μm,<50 μm	<10/mL	<10/mL	<0.01/mL	<1/mL
霍乱弧菌	<1 cfu/100 mL	<1 cfu/100 mL	<1 cfu/100 mL	<1 cfu/100 mL
大肠杆菌	<250 cfu/100 mL	<250 cfu/100 mL	<126 cfu/100 mL	<126 cfu/100 mL
肠道球菌	<100 cfu/100 mL	<100 cfu/100 mL	<33 cfu/100 mL	<33 cfu/100 mL

USCG 标准适用情况见表 1.5。

表 1.5 USCG 标准适用情况

船舶类型	压载舱容量	建造时间	适用时间
新造船	全部	2013.12.01 以后	新造船交付时
航运船	1 500 m^3 以下 5 000 m^3 以上	2013.12.01 以前	2016.01.01 后,首次坞修为止
	1 500~5 000 m^3		2014.01.01 后,首次坞修为止

美国海岸警卫队(USCG)压载水管理法规规定,在美国海域航行的商用船舶,安装了已获得其他国家形式认可的压载水管理系统,需先申请获得 USCG 的 AMS 认可,并从适用期开始,可使用 5 年。在此期间,同时需申请 USCG 的正式形式认可,通常这个过程需耗时 3 年左右。对于尚未获得其他国家形式认可的压载水管理系统,如果获得了 USCG 的正式形式认可后,即可上船安装,而无须受到 IMO D-2 标准的限制。

第 2 章　压载水管理系统工作原理

船舶压载水是为船舶提供稳定性及用于调整船舶的吃水、吃水差以满足良好的操纵性能的有力手段。船舶压载水最大压载量约为船舶运输量的三分之一,这就使得每年大概有 100 亿 t 的压载水在全球的各个海域之间转移[1]。

由于压载水带来的不同水域的生物交流,造成了不同水域物种间的交流,如果这些生物在该水域没有天敌,在适合的环境下将给当地的生态带来入侵式的灾难。因此,压载水防海生物管理系统作为能够有效处理压载水中微生物的装置,随着《压载水公约》的生效实施,将作为船舶的标配产品串联在压载水管路中,如图 2.1 所示。

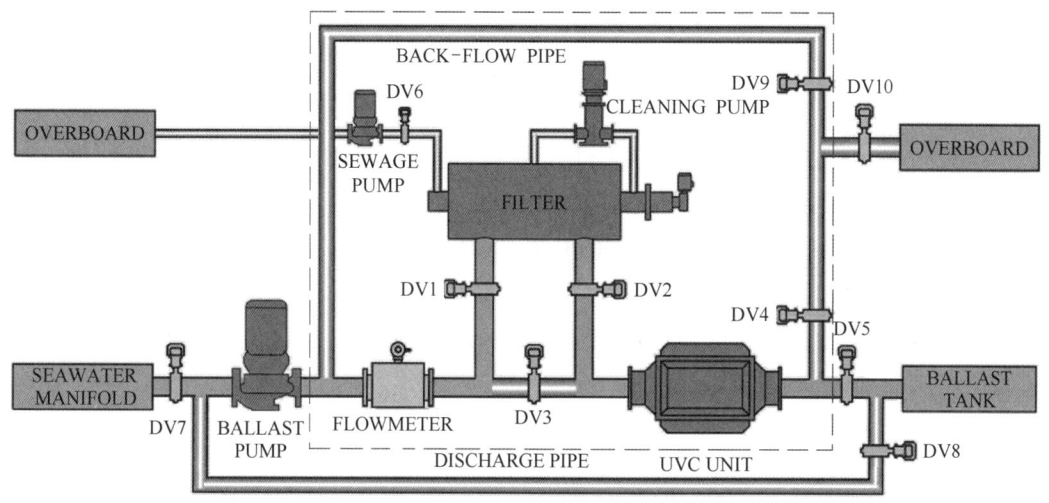

图 2.1　压载水系统原理图

图 2.1 中虚线部分为压载水防海生物管理系统单元模块,由此可以看出,该单元装置串联在压载泵、压载舱之间,对船舶的压载与卸载的压载水进行进行处理。压载时,DV7、DV1、DV2、DV5 阀打开,DV4、DV8 阀关闭,压载水由海水总管经压载泵(BALLAST PUMP)、流量计(FLOWMETER)、反冲洗过滤器(FILTER)、UVC 杀菌器(UVC UNIT)压载入船舶的压载舱(BALLAST TANK);卸载时,DV8、DV3、DV4、DV10 阀打开,DV5、DV7、DV1、DV2、DV9 阀关闭,舱内的压载水经卸载管(DISCHARGE PIPE)、压载泵、流量计、UVC 杀菌单元排出舷外(OVERBOARD)。在紧急情况下,为保证船舶航行的安全性,应急压载与卸载时,系统将通过阀门的控制,脱离压载水防海生物管理系统单元模块而工作。应急压载时,DV7、DV9、DV4、DV5 阀打开,DV1、DV2、DV3、DV10、DV8 阀关闭,压载水经海水总管、压载泵直接压载入压载舱;应急卸载时,DV8、DV9、DV10 阀打开,DV5、DV7、DV1、DV3、DV4 阀关闭,舱内压载水经压载泵直接排出舷外。

在压载水防海生物管理系统单元模块工作时,DV6 阀的开闭与排污泵(SEWAGE PUMP)的工作紧密配合,将反冲洗过滤器内的污物排出舷外。

2.1 船舶压载水处理方法

船舶压载水处理主要有机械处理、物理处理、化学处理和其他处理四种方法。

2.1.1 机械处理方法[6]

1) 过滤法

压载水在注入或者排放的过程中,经过滤器的处理后,其中的微生物和病原体得以去除。这种方法是很便捷有效的,但是有些病毒或细菌是很小的个体,如有些病毒的大小只有 0.02 μm,这就给过滤法带来了很大的麻烦。如果将滤网的过滤精度提高,那么在过滤的时候就需要很高的压力,随之而来的便是滤网的堵塞,从而滤网的清洗频率也将增加。反之,滤网的过滤精度太低时,该方法对压载水的处理也就失去意义了。总之,该方法在处理压载水的可行性上存在问题。

2) 旋流分离法

主要原理是利用各物质之间存在的相对密度差,并通过离心来实现。该方法能去除海水中大多数的微生物和混浊物,具有操作简单,保持压载舱清洁等优点。但是当处理与海水相对密度[7]相近的微生物的时候,该方法便无法达成目的。

3) 稀释法

当压载水需要在异地排放时,需要将该海域较远地方的海水压入压载舱,同时将舱中的水排向深海区,这样不断地注入和排放使得压载舱中的海水得以稀释,当达到标准时便可在港口排放。显然这种方法对海水的需用量是很大的,置换的海水量甚至要达到数倍的压载舱体积才能达到标准。

4) 高速流法

利用高速高压水泵对大的微生物颗粒产生的机械损伤来完成对压载水的处理。该方法的缺点是:处理不彻底,达不到压载水性能标准;大幅度地增加了设备的成本。

2.1.2 物理处理方法

1) 加热法

加热法是指通过对压载舱中的水进行加热来灭菌的一种方法。对压载水进行加热的途径通常是利用水蒸气通入或者船舶引擎的余热。这种处理方法很有竞争力,不产生任何污染,不需要过多的额外处理设备。但是由于压载水的量很大,因此这种方法处理起来会占用很长的时间,过高的温度还会引起一些热应变,造成航行危险等。

2) 放电法

这种方法可以灭活压载水中绝大部分的微生物。其缺点是：电能的消耗过大；灭活的光谱性不高；存在安全性问题。

3) 紫外线法

紫外线杀菌技术是通过紫外线的辐照，使微生物的 DNA 结构改变或者破坏，从而杀死细菌或者破坏其繁殖的能力，达到杀菌的目的。据试验检测，只有 C 波段的紫外线才具有真正的杀菌能力，由于 UVC 很容易被微生物的 DNA 吸收，其中又以 254 nm 波长杀菌力最强。UVC 杀菌属于物理方法消毒，简单便捷，杀菌广谱性高，无二次污染，容易实现自动化等，随着各种新型 UVC 灯管的推出，UVC 杀菌的应用范围也随之扩大[8]。但是，UVC 消毒法只能杀灭外层的微生物，不能灭活附着在固体颗粒内或藏在孢子内部的微生物。在实际应用过程中，由于水质差、硬度高、细菌含量大等因素，很容易在石英管壁上结垢，导致紫外线辐射能量降低、穿透力减弱，严重影响杀菌效果。此外，当被处理水离开反应器后，一些被紫外线杀伤的微生物在光复活机制下会修复损伤的 DNA 分子，使细菌再生。

4) 超声波法

超声波主要是利用空化作用来杀菌。超声波的周期性的高频振动使得水中微气泡迅速膨胀然后破碎，在破碎炸裂过程中产生高温、高压的空化现象。空化作用带来一系列的链式反应，能够杀死压载水中的有害微生物。但是该方法同样存在能耗大、处理水量有限等缺点。

5) 磁化法

该方法对钙质类无脊椎微生物有较强的致死作用，对其他的微生物并没有较明显的杀灭能力。存在成本高和杀菌局限性等缺陷。

2.1.3 化学处理方法

1) 氯或氯化物法

氯或氯化物利用其超强的氧化性来杀灭压载水中的微生物。当氯或氯化物的溶液浓度达到一定值时，即可将压载水中的所有微生物都杀死。例如，浓度大于 10 mg/L 的氯或氯化物溶液能杀死生命力最强的小新月菱形藻。这种方法往往会产生二次污染，对压载舱也有腐蚀作用。

2) 过氧化氢法

其杀菌原理与氯相同，都是利用强氧化性来灭菌。过氧化氢(H_2O_2)在水中可以水解出羟基(—OH)，羟基具有很强的杀菌能力。同样，当过氧化氢的浓度达到一定值时，压载水中的所有微生物均可以被杀灭，甚至可以致死休眠期的孢子。但是对压载舱的腐蚀和成本注定了其存在局限性。

3) 金属离子法

这种方法是利用电解方法电解出铜、银离子来实现杀菌。该方法非常成功地应用在淡水处理中,但是这种金属离子的消毒功效还受被处理对象和环境条件的影响,如被处理水的 pH 值或者微生物对该重金属离子的抵抗性等。这种水处理方法虽然相比于氯或者氯化物溶液的毒性低很多,但是该方法的成本和电功耗都是非常高的。

4) 臭氧处理法

根据臭氧的分子式 O_3 可知,其必定拥有超强的氧化能力。根据试验检测其氧化还原的电位甚至能达到 2.07 V,这么高的电压足够灭活压载水中的所有微生物。而且臭氧与微生物作用完之后,不会带来二次污染。文献中报道,质量分数为 4×10^{-6} 的臭氧能致死单细胞生物和一些抵抗力强的无脊椎动物;质量分数为 10×10^{-6} 的臭氧可以灭活胞囊[9]。但是长期使用该方法会腐蚀压载舱。

5) 羟基灭菌法

羟基灭菌也是利用其超强的氧化性。只要浓度达到一定值时,就能无选择地杀死所有种类的细菌。杀菌过程结束后,羟基与氢离子结合成为水,不会带来任何二次污染。由于羟基技术是采用电解水来实现的,因此电功耗很高。

2.1.4 其他处理方法

其他非主流的处理方法还包括:公海置换、电子脉冲和等离子脉冲技术、脱氧处理法、絮凝处理法、盐度处理法和有机杀生剂等。为了更有效地处理压载水,往往将这四种方法有机地结合起来,以达到最高效地对压载水的处理效果。

2.2 国内外主要的压载水管理系统

2.2.1 国外主要的压载水管理系统

1) 德国的 Clean Ballast 管理系统

该系统是采用过滤+电解消毒的方法,处理过程中没有添加任何活性物质,因此只需满足 G8 认证过程。其具体处理流程如图 2.2 所示。压载水在经过过滤后,较大的微生物个体被截留,剩余的较小微生物随着压载水来到电解消毒模块,利用高压电解产生的羟基对剩余的微生物进行深层处理。

2) 美国的 Hyde Guardian 管理系统

该系统采用的技术是过滤+紫外线辐射。具体处理过程如图 2.3 所示。压载水先经过碟片式过滤器过滤,滤去大于 50 μm 的微生物,然后再经过紫外线的照射来杀灭剩余的微生物。

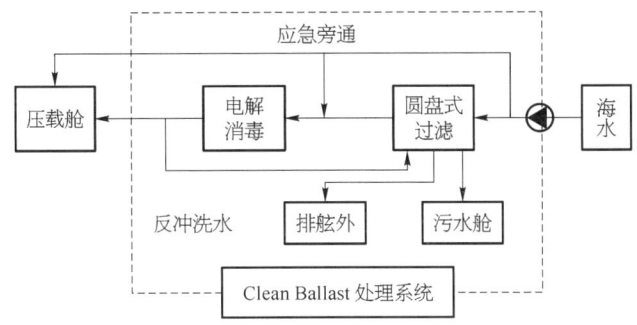

图 2.2　Clean Ballast 管理系统[10]

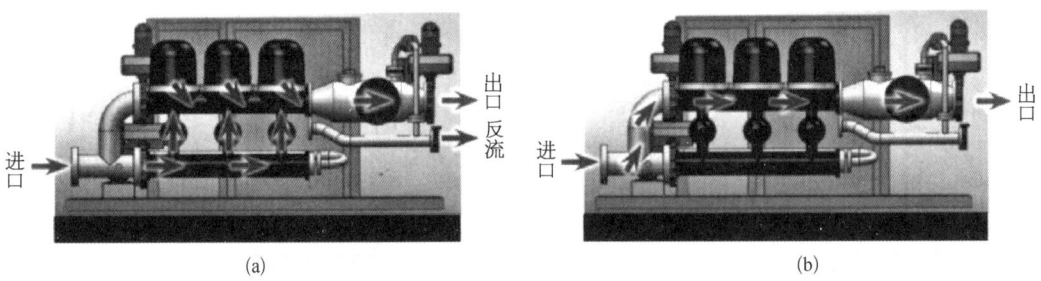

图 2.3　Hyde Guardian 管理系统[11,12]

（a）压载时；（b）卸载时

3）韩国的 Electro‐Clean^{TM} 管理系统

该管理系统包括多个电解模块。通过电解海水产生 Cl^- 和 ClO^-，还有少量的 ·OH[13]，利用这三种离子的强氧化性将微生物杀死。其处理的具体流程如图 2.4 所示。

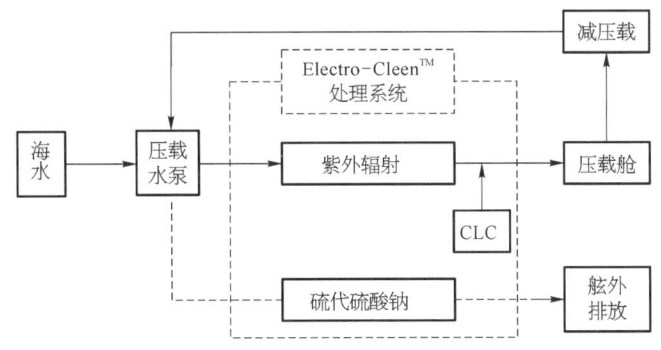

图 2.4　Electro‐Cleen^{TM} 管理系统

4）瑞典的 PurBallast 管理系统

该系统的处理方法是过滤＋高级氧化[14,15]。在这套系统中包含着三大处理模块：滤器、AOT 模块、CIP 模块。该系统特殊的是：AOT 模块中的紫外线主要是用来照射海水产生羟基，羟基是杀菌的主导因素。CIP 模块主要是用来清洗 AOT 模块。处理流程如图 2.5 所示。

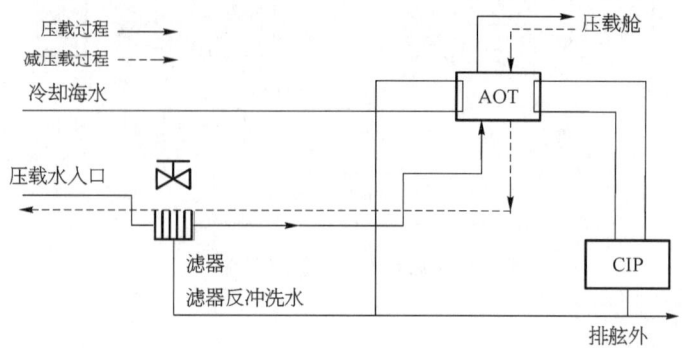

图 2.5　PurBallast 管理系统

国外其他压载水管理系统汇总见表 2.1。

表 2.1　国外压载水管理系统及认证情况汇总表[10]

名　　称	研发国家	处　理　方　法	认证情况
Clean Ballast	德国	过滤+电解海水	最终认证
SiCURETM	德国	过滤+NaClO	初步认证
SEDNA	德国	旋流分离+过滤+生物灭杀	最终认证
Ocean Protection	德国	过滤+UV	
Electro-CleenTM	韩国	电解海水	最终认证
NK-O_3 Blue Ballast	韩国	O_3	最终认证
Blue Ocean Guardian	韩国	过滤+UV	初步认证
EcoballastTM	韩国	过滤+UV	最终认证
Hiballast	韩国	过滤+电解海水	初步认证
En-ballast	韩国	过滤+电解海水	初步认证
GloEn-Patrol	韩国	过滤+UV	最终认证
Special Pipe Hybrid	日本	过滤+O_3	初步认证
Clear Ballast	日本	絮凝+磁分离+过滤	最终认证
JFE-BWMS	日本	过滤+NaClO+空腔	最终认证
ATLAS BWTS	丹麦	过滤+电解海水	
DEMSI Ocean Guard	丹麦	过滤+UV+O_3	初步认证
Greenship's Sedinox	荷兰	水力旋流+电解海水	最终认证
EcochlorTM	美国	过滤+ClO_2	初步认证
Ferrator	美国	高铁酸盐	
BW treatment system	美国	脱氧+空腔	
BWDTS	美国	O_3+超声波	
Hyde Guardian	美国	过滤+UV	

(续表)

名　　称	研发国家	处　理　方　法	认证情况
VOS	美国	脱氧＋空腔	
Maritime solution inc	美国	过滤＋UV	
Balpure	美国	电解海水	最终认证
Aquatic enhancement	美国	过滤＋UV＋O_3	
ModelEL1-3B	美国	电解海水	
MARENCO	美国	过滤＋UV	
Brilliant marine LLC	美国	电子脉冲	
SCX2000,Mark3	美国	O_3	
Sedinox	芬兰	过滤＋UV	最终认证
Crystal ballast	芬兰	UV	
Ocean Saver BWMS	挪威	过滤＋电渗析＋气穴	最终认证
Optimarin Ballast	挪威	膜技术＋UV	
SeaSafe-3	澳大利亚	加热	
Unitor BWTS	南非	空腔＋O_3＋电解海水＋过滤	最终认证
MEXEL	法国	生物灭杀剂	
Ballastmar	西班牙	过滤＋电解海水	
Pure Ballast	瑞典	过滤＋紫外/TiO_2	最终认证
Coldharbour Marine	英国	脱氧	
Atg UV Technology	英国	旋流分离＋过滤	
SEDINOX	英国	旋流分离＋电解海水	

根据以上的汇总情况，国外绝大部分管理系统都是采用两种或两种以上处理方法的结合[16]。这正是由于每一种处理方法都存在缺陷，所以单一处理技术并不能满足对压载水处理的要求。从国外管理系统的认证情况来看，获得最终认证和初步认证的占到50%，最终获得认证的只占总体的31%，这充分说明了该项技术还处在研发试验阶段。对于未来甚至还会有更多的研发制造商涌入这个行业，毋庸置疑将会有更多的新技术和新产品通过认证。

2.2.2　国内主要的压载水管理系统

与发达国家相比，我国对压载水管理系统的研发起步比较晚[16]。截止到目前，获得认可的大概有10余家产品，分别是：

1) 青岛双瑞 BalClor^{TM} 管理系统

这套管理系统是由中远集团和中船重工第七二五所共同开发的。由于双瑞集团常年承担着核电站的消毒项目，其电解制氯技术非常成熟，因此 BalClor^{TM} 管理系统的处理方法就是利用过滤＋电解制氯＋中和。氯化物杀菌的广谱性是很高的，但是浓度过大时，会致使压载水性能指数超标，所以还需要用硫代硫酸钠来进行中和。具体的处理流程如图2.6所示。

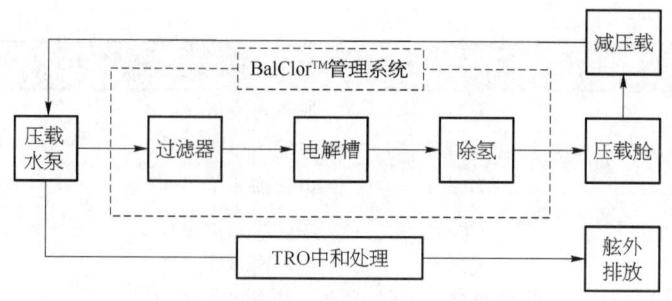

图 2.6　BalClor™ 管理系统

2）无锡蓝天 BSKY™ 管理系统

该系统处理方法为旋流分离＋超声波＋紫外线。工作流程如图 2.7 所示。

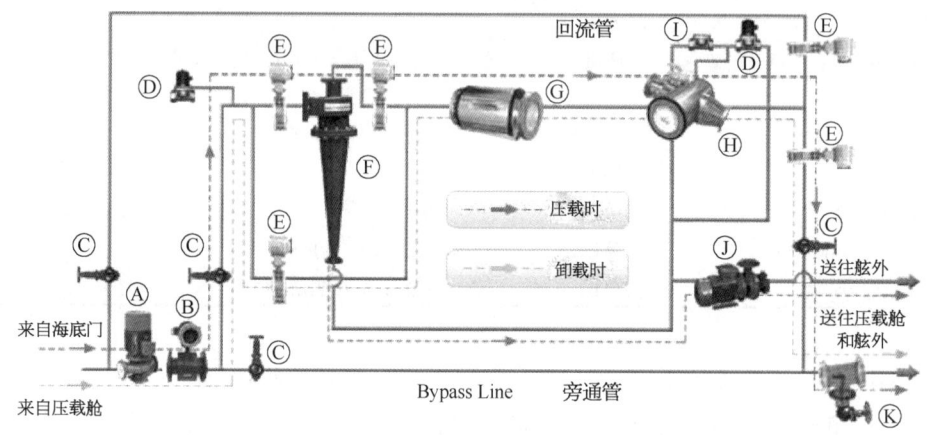

图 2.7　BSKY™ 管理系统

Ⓐ—压载泵；Ⓑ—电磁流量计；Ⓒ—截止阀；Ⓓ—旁通阀；Ⓔ—蝶阀；Ⓕ—水力旋流器；Ⓖ—超声预过滤器；Ⓗ—紫外杀菌器；Ⓘ—Y 形过滤器；Ⓙ—清污泵；Ⓚ—通舷外阀

3）青岛海德威 Ocean Guard 管理系统

该系统处理方法为过滤＋超声波。利用超声波空化产生羟基来杀灭微生物，其系统结构如图 2.8 所示。

4）Blue Ocean shield 管理系统

该系统是由清华大学和中远集团联合研制开发。其处理方法是过滤＋旋流分离＋紫外线，其系统结构如图 2.9 所示。

5）倪氏压载水管理系统

该系统是江苏南极机械有限责任公司自主开发的一种全新系统。采用 50 μm 自清节滤器首先去除粗大颗粒，然后由微滤膜去除所有大小微生物，甚至细菌，同时充入惰性气体——氮气。其系统结构如图 2.10 所示。

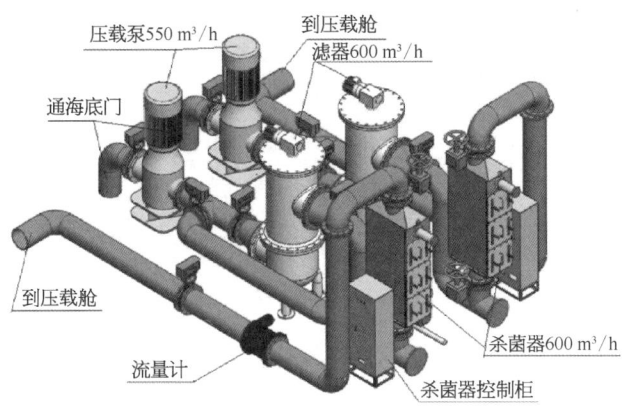

图 2.8　Ocean Guard 管理系统　　　　　图 2.9　Blue Ocean shield 管理系统

图 2.10　倪氏压载水管理系统

6）其他管理系统

国内其他的管理系统还有大连海事大学压载水管理系统、江苏科技大学压载水管理系统、南通海景船舶压载水处理系统有限公司压载水管理系统、上海船研环保科技有限公司压载水管理系统等，其处理原理也都是几种处理方法的结合。

由此可见，目前各供应商所开发的压载水管理系统为了更好地满足 IMO 及 USCG 的规范要求，在系统的集成开发上均采用了多重过滤与杀菌技术，以期达到最好的防止海洋生物随压载水传播的效果。其构成系统的过滤设备有反冲洗过滤器、旋流过滤器；清洗设备有超声空穴净化器、超声清洗器；杀菌设备有 UVC 杀菌器、电催化杀菌器、电解或药剂法杀菌器和惰性气体杀菌器。

第 3 章　压载水管理系统关键组成设备工作原理

由多种原理开发的压载水管理系统均包含有过滤、清洗、杀菌与控制单元,其工作原理各不相同,但其工作的目标是一致的,均是使得所开发的系统处理完成的压载水能够满足 IMO 法规检验的要求。

3.1 过滤设备的工作原理

过滤设备的工作主要是对从船舶海底门进入船舶的压载水进行必要的过滤,使水中所携带的大于 50 μm 以上的泥沙和藻类微生物孢子、菌丝、病原体等被过滤掉,以使得杀菌器能够发挥出最佳的杀菌效能,杀灭过滤后海水中所含有的小于 50 μm 的微小藻类微生物孢子、菌丝、病原体等。常使用的机械过滤设备有反冲洗过滤器和旋流过滤器。

3.1.1 反冲洗过滤器的工作原理

反冲洗过滤就是将原水从过滤器的进水口进入,然后自内向外通过滤网,从过滤器出水口流出。杂质积累在滤网的内表面形成滤饼,使滤网内外形成压差,当压差达到压差开关所设定的预设值时,将进行自清洗过程[17]。

反冲洗则是依靠一个沿着滤网内表面运动的扫描吸吮机构来完成的,其结构如图 3.1 所示。吸吮扫描器也称为吸污器,为空心结构,在它的轴线上按一定距离垂直均匀分布着若干个吸污管。吸污器与一个排污阀相通。在排污阀打开时,过滤器内部水压与外部大气压之间形成的压差使吸污管产生强劲吸力,水流从滤网外向内反向高速流动将杂质冲下,进入吸污器通过排污阀排出。吸污器由带有减速机构的双向电机驱动的丝杆装置按固定的转速做螺旋式的运动,这样多个吸嘴就能吸遍整个滤网表面。在整个反清洗过程中,丝杆上的限位器在丝杆的牵引下上下移动,当遇到上下限位开关后,使双向电机反向运转,直到滤网内外压差趋于相等时,电机停止驱动运转。系统在反冲洗过程中不断流,过滤器整个运行过程由自动控制器来控制[18],因此通常也将这种滤器称为反冲洗过滤器。

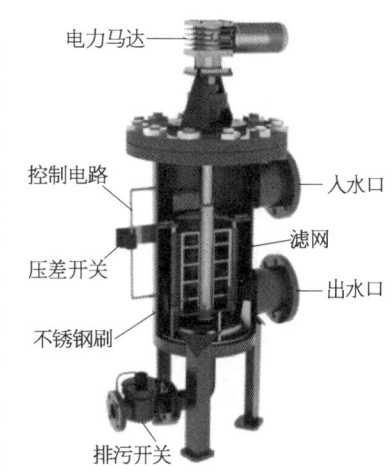

图 3.1 反冲洗过滤器结构

3.1.2 旋流过滤器的工作原理

旋流过滤器是基于离心沉降和密度差的原理工作的,压载水以一定速度沿切向入口进入旋流过滤器时,在柱段内形成高速旋转流场,旋转流场产生离心作用,密度较大的颗粒物和水生物沿径向向外、轴向向下运动,由底出口流出,密度较小的海水在反涡旋的作用下,沿中心轴向上运动,由溢流口流出,进而实现固液两相的有效分离[19]。水力旋流器的结构参数如图 3.2 所示,主要包括:旋流器主直径 D、入口结构及直径 D_i、溢流口直径 D_o、底流口直径 D_u、锥角 θ、溢流管插入深度 H_0 和柱段长度 H_c 等结构[20]参数。

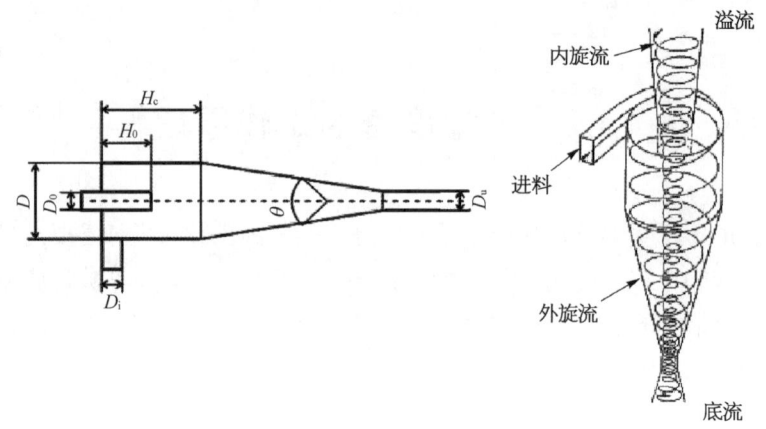

图 3.2 水力旋流器结构参数

3.2 超声清洗器的工作原理

超声(US)清洗器是指有超声参与并在其作用下发生反应的容器,主要由超声换能器、超声发生器和处理容器组成[21],处理器选择特定频率发射声波,对微生物细胞进行瞬间处理。超声清洗器处理压载水时,待处理水从进水口进入处理器后,在腔体内接受超声辐射处理,最终由出水口排出。在处理过程中,主要利用超声的以下作用:

1) 机械效应

机械效应是超声最基本的原发效应,不管超声强度值是多少,均会产生此种效应。超声在传播过程中会引起介质中质点的简谐运动,质点振动过程中,其加速度与超声振动频率的平方成正比,甚至能够达到数万倍的重力加速度,从而对介质产生机械效应[22],瞬时产生的冲击波剪应力可达 50 MPa。在这种剪切力的作用下,菌类或藻类细胞的外壳会被机械剪切作用直接剪碎,甚至直接杀灭。

2) 空化效应

超声空化是超声在液体介质中作用产生的另一种特有的物理过程。在超声作用下,液体中产生微小气泡,并在超声的持续作用下开始振动,当声压达到一定值时,这些气泡将会迅速膨胀和闭合,并在闭合的过程中产生高于 100 m/s 速度的微射流,最终崩溃,释放出 2 000~5 000 J 的热量。空化气泡坍塌收缩,温度变化率达 109 K/s,并在均相液体介质中伴有强大的冲击波。这种微小气泡振动、膨胀、闭合、崩溃、释放出热量的动力学过程,称为超声空化[22]。

3.2.1 超声气穴净化器的工作原理

超声气穴净化器就是利用超声对被处理的压载水进行超声震荡,使其在液体介质内产生机械剪切力和空化效应。超声的声强即为超声功率,用单位辐照面积上的功率密度(W/cm^2)来衡量,超声杀灭浮游生物的声强范围在 1~100 W/cm^2,频率范围在 20~750 kHz。

在一定功率密度与频率范围内,超声杀灭浮游生物的反应速率随声强的增加而加快,但超过一定功率水平,超声杀灭浮游生物的速率不再增长。造成此种现象的原因是在较大声强作用下,负声压相位内,空化泡增长过大,导致在相随而来的正声压相内来不及被压缩至崩溃。在较大声强作用下,有大量空化泡被激活,它们对超声产生较强的散射衰减,导致杀灭浮游生物能力不再增长。

过高的频率将使空化泡的疏密循环过快,影响了空化泡的崩溃。在声强相同的情况下,一般频率的提高有利于杀灭压载水中的菌类和藻类孢子等浮游生物。但是,当超过一定声强的超声进入压载水水体后,其负压相在水体中引发空化泡产生,空化泡在超声正压下收缩,部分空化泡收缩时表面速率超过声速而迅速破裂,其过程仅持续几微秒,从而在该点产生瞬间高温和高压,该点即所谓热点[23]。而进入空化泡的水蒸气在高压和高温下发生分裂和链式反应,产生·OH,同时空化泡崩溃产生的冲击波和射流使·OH进入整个压载水中,加速压载水中浮游生物的氧化反应。压载水中的浮游生物的超声气穴净化反应包括:热解反应和氧化反应,其中疏水性的孢子细胞壁在空化崩溃产生的冲击波作用下破裂,细胞膜在射流的作用下进入空化泡内,进行热解反应,细胞质与空化产生的·OH进行氧化反应。

影响浮游生物超声气穴净化反应的因素主要有:反应器的构造、超声场物理参数,以及压载水中的饱和气体与浮游生物孢子固体颗粒等。

臭氧和电解方式不能在全球至少 75 个主要港口单独使用,如荷兰的鹿特丹港,比利时的安特卫普港,德国的汉堡港,欧洲波罗的海地区港口,中国的长江水域内包括上海港在内的 24 个主要港口以及深圳港、宁波港,美国的新奥尔良港、密西西比河下游的美国最繁忙港口区、费城港等。

而超声空化反应如设计不好,会产生大量·OH,在反应上如同臭氧与压载水间的氧化反应。因此,在设计超声气穴净化器时,要充分考虑到超声换能器的选型,既要利用超声机械剪切效应,又要考虑超声的空化作用,产生必要的冲击波和射流,击碎坚硬的藻类孢子外壳,并防止在此过程中产生大量·OH。通常,超声换能器频率过低,空化作用过强,易产生汽蚀现象,对处理器本身造成腐蚀和损害,减少处理器的寿命;频率过高,空化作用过弱,伴随空化作用产生的机械剪切等效应均会随之减弱,最终导致处理器

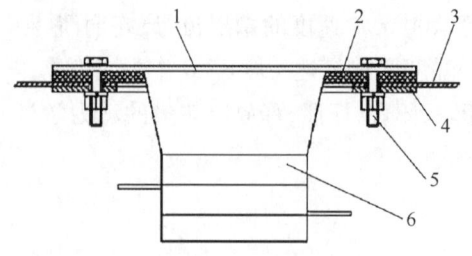

图 3.3　法兰连接式超声换能器结构

1—振动板；2—阻尼片；3—反应器底壁；
4—法兰片；5—连接螺栓；6—超声换能器

的处理效果欠佳。通常，换能器频率选 28 kHz，可以满足上述需要。此外，超声处理器所选换能器端面的大小也与其处理效率有关，端面大更有利于超声辐射的提高，使处理效果更好[24]。因此，对超声处理器的结构来说，在相同设计功率下，应选择辐射面积较大的换能器。超声换能器结构如图 3.3 所示。超声气穴净化器结构如图 3.4 所示。

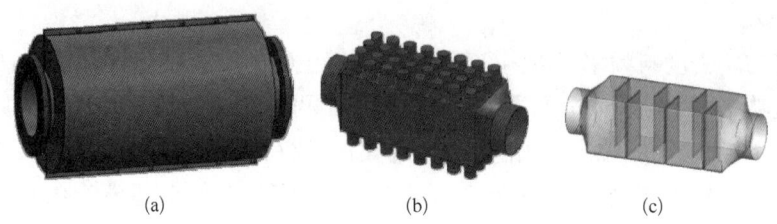

图 3.4　超声气穴净化器结构分解图

(a) 净化器外形；(b) 超声振子布置；(c) 内部流道

3.2.2　超声清洗器的工作原理

与超声气穴净化器不同，超声清洗器并不作为独立的装置安装在压载水管理系统之中，而是利用它的清洗能力，与压载水管理系统中的关键装置反冲洗过滤器或 UVC 杀菌器并联设计在一起，联合使用，起着促进附着在反冲洗过滤器滤网上的菌丝与污泥清除作用，以及对 UVC 杀菌器的紫外灯管进行不间断的清洗，以保证具有较高温度的 UVC 灯管石英玻璃护套外表不结垢，从而保证 UVC 有效地照射到被处理的压载水上。

从提高电-声效率的角度出发，在清洗器的设计中，一定要把声强 I 与被处理压载水的过流截面积匹配好。根据相关设计经验，当清洗器对被处理的压载水进行处理时，超声辐射的垂直深度应不大于 400 mm，并且超声波换能器的安装形式为整体粘接在过流的垂直面上，此时超声波的功率应采用面积功率密度参数（声强 I）来设计[25]。在一定的限度内，提高声强 I 会促进超声气穴净化反应的产率增加，即产生过量的 ·OH。一般情况下，当声强 $I \geqslant 3 \text{ W/cm}^2$ 后，超声化学的产率将不会再有明显的提高。考虑到经济性和清洗设备的使用寿命等因素，应将声强控制在一定的范围内。如过渡增加声强，会造成超声波换能器的电耗增大，同时也会对被清洗对象的寿命造成不利的影响。而使用小端面的超声波换能器，虽在部分区域被处理的压载水获得较大声强值，而其余部分却减弱了超声辐射的声强，这样虽然不会提高超声气穴净化反应的产率，但却降低了对整个装置的超声清洗效果。因此，从抑制超声气穴净化反应产率和降低超声波换能器的功耗角度考虑，超声清洗器选用的换能器的端面面积要尽量大，且使得平均声强 $I \leqslant 3 \text{ W/cm}^2$。超声换能器在反冲过滤器与杀菌器上布置如图 3.5 所示。

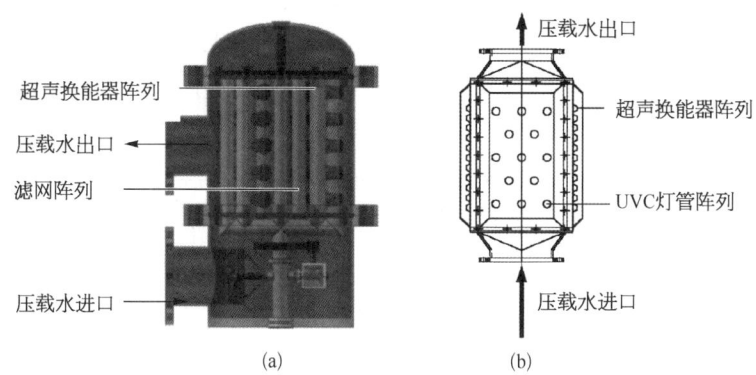

图 3.5　超声清洗器的布置位置
(a) 在反冲洗过滤器上的布置；(b) 在 UVC 杀菌器上的布置

3.3　杀菌器的工作原理

紫外线杀菌器是压载水管理系统集成开发中最主要的杀灭浮游生物的设备，由于其主要利用紫外线的 C 波段的杀菌特性杀灭压载水中的浮游生物，因此这种杀菌器又称为 UVC 杀菌器。

3.3.1　UVC 杀菌器的工作原理

1801 年德国物理学家里特发现在日光光谱的一段能够使含有溴化银的照相底片感光，因而发现了紫外线的存在。紫外线 (UV) 是波长介于可见光 (400 nm) 与 X 射线 (100 nm) 之间的电磁波。根据生物效应的不同，可以把紫外线分为 UVA、UVB、UVC 和真空紫外线四个波段，如图 3.6 所示。

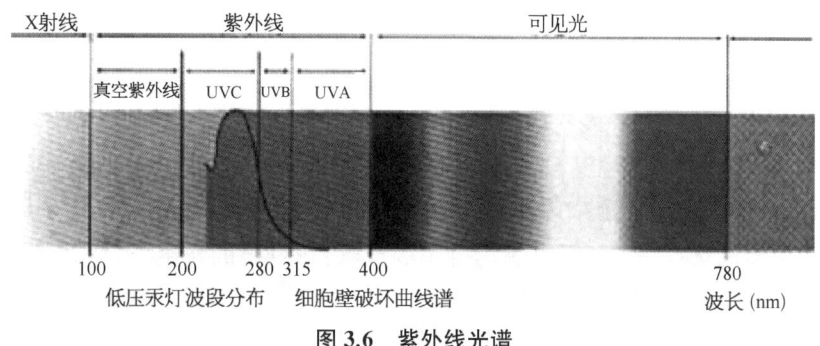

图 3.6　紫外线光谱

UVA(320～400 nm)：能使人的皮肤产生黑色素，使皮肤变黑。

UVB(275～320 nm)：能致癌，令皮肤起皱纹老化。

UVC(200～280 nm)：全部被大气层吸收，通常只能用人造光源生成，波长在240～270 nm的UVC能直接破坏细胞、病毒的DNA(脱氧核糖核酸)和RNA(核糖核酸)，使微生物迅速死亡，有杀菌消毒效能。

真空紫外线(100～200 nm)：不能进入大气层，存在于太空中。

UVC与物质相互作用的主要方式是使物质分子的电子从基态跃迁到激发态，UVC光子本身作为能量被物质的原子或分子吸收[26]。一般认为UVC主要是通过直接辐射作用激活某些光敏分子、诱发自由基和脂质过氧化反应三条途径来损伤有机体的细胞等。UVC对海生物、微生物等的灭活作用主要是通过前两条途径来完成的，即UVC直接辐射作用和光化学反应[27]。一方面，构成生命体的基本成分核酸在紫外辐射波长下，即253.7 nm波段处有强的吸收峰，当核酸吸收紫外线达到一定剂量时，DNA会发生变异，从而引起微生物体内蛋白质和酶的合成障碍；另一方面，由UVC诱发产生的自由基会引起光电离，从而导致细胞死亡[28]。而且UVC辐射的灭活作用具有"累加"效应，即当一次辐射不能杀死微生物时，可以通过多次辐射来实现。

图3.7　UVC杀菌原理

通过UVC的辐照，破坏或者改变微生物DNA的结构，使得有些细菌直接死亡，而另一些则不能繁殖后代，从而达到灭菌的效果。杀菌原理如图3.7所示。

UVC杀菌作用的机制主要包括以下三点：可以让核酸发生突变，进而能阻止其复制、转录等一系列的繁殖活动；能直接损害细胞，抑制细胞的活性；能产生自由基，从而可以直接杀死细菌。

UVC杀菌器是通过将电能转化为UVC光能的方法，实现对压载水中浮游生物的杀灭。按照电能转化成UVC光能的途径不同，这种装置又分为低压UVC杀菌器、中高压UVC杀菌器和微波UVC杀菌器三种。

低压UVC杀菌器：采用低压汞齐紫外灯管，该灯管单根功率在300 W左右，紫外能转化输出率在30%以上，使用寿命达1.3万～1.6万h，具有长寿命和高转化功率。对温度波动不敏感，可在高达90℃的环境温度下使用。另外，独特的镀膜涂层保证它们不会发生石英玻璃的透射损失，因此在灯的整个使用寿命期内都会有持续稳定的杀菌效果。其灯管外形如图3.8所示，输出光谱如图3.9所示。

低压汞齐UVC灯管在压载水管理系统中用作杀菌器光源时，由于其功率密度低，因此压载水从杀菌器的进口进入到从杀菌器出口流出的过程中需要获得必要的杀灭浮游生物的紫外剂量，方能使杀菌器达到理想的杀菌效果。为此，在该UVC杀菌器的设计中需要有多组灯管，这大大增加了杀菌器的体积。

此类杀菌器的优点是：灯管及驱动电源的成本低；灯管的长度长(可达到1.5 m)，因此压载水流经时，流速降低，受到UVC辐照获得剂量的时间长，灯管的寿命长。缺点是：需要的杀菌器的体积较大。低压高输出UVC杀菌器结构如图3.10所示。

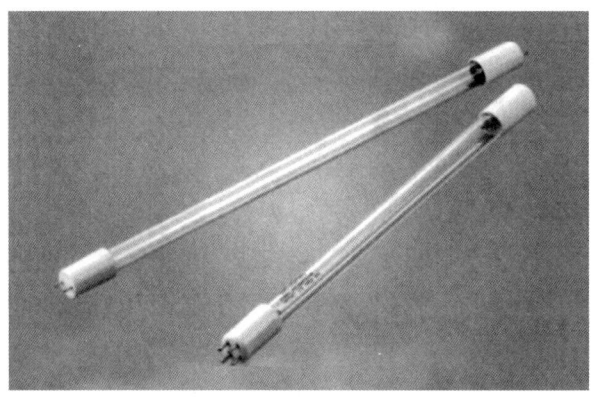

图 3.8 低压汞齐紫外灯管

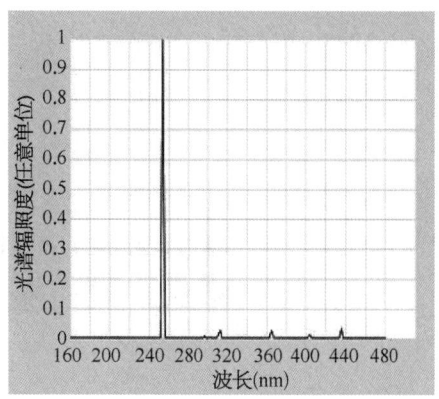

图 3.9 汞齐灯光谱

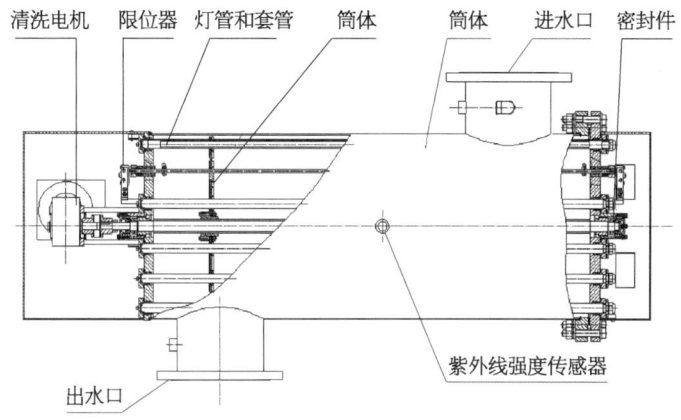

图 3.10 低压高输出 UVC 杀菌器结构

中压高强 UVC 杀菌器：采用中压高强的 UVC 灯管，该灯的单管功率高达 2 500 W，紫外转化率 400 W，正常工作时灯表面温度为 650～900 ℃。相比低压高强汞齐 UVC 灯管，在压载水管理系统中用作杀菌器光源时，该灯所输出的紫外光强，对水体的穿透能力高，甚至完全能处理穿透率低的浑浊水，因此适用于大流量的压载水水处理系统。其灯管外形如图 3.11 所示，参数见表 3.1，输出光谱如图 3.12 所示。

图 3.11 DQ 3030 型中压 UVC 灯管外形结构

表 3.1 DQ 3030 型中压 UVC 灯管具体参数

参 数	管 径	弧 长	功 率	灯管电压	灯管电流	安装长度	UVC 输出功率
数 值	22 mm	300 mm	3 000 W	415 V	7.5 A	420 mm	470 W

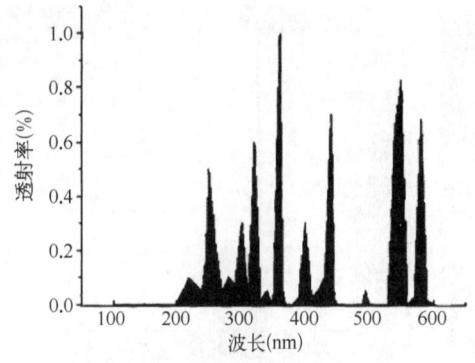

图 3.12　中压高强 UVC 灯光谱

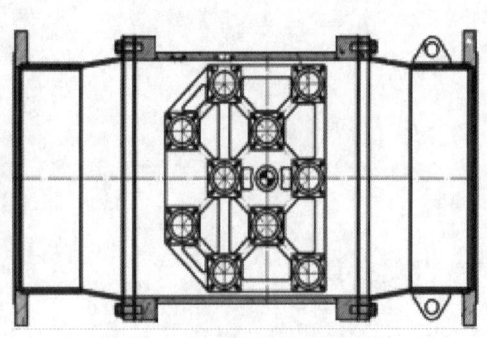

图 3.13　中压高强 UVC 杀菌器结构

中压高强 UVC 杀菌器的优点是：杀菌能力最强，尺寸要远远短于低压灯，满足处理流量非常大且设备空间又有严格要求的 UVC 杀菌器使用要求。其缺点是：电耗非常大，UVC 转化率不足 20%，使用寿命低于低压灯，驱动电路配套费用高。中压高强 UVC 杀菌器结构如图 3.13 所示。

微波无极灯管 UVC 杀菌器：采用微波无极 UVC 灯将 300 MHz～300 GHz 的微波能转换为气体分子的内能，使之激发、电离、分解以产生等离子体的气体放电形式[29,30]。微波无极 UVC 灯由灯外壳（一般为纯石英材料）以及易于激发、电离、分解以产生等离子体的活性气体和缓冲惰性气体填充物组成。其中，填充 Cd 活性气体和 Ar 缓冲气体的微波无极灯管能够激发产生 229～326 nm 的 UVC，能有效地满足压载水的杀菌需要。微波无极 UVC 灯管结构如图 3.14 所示。

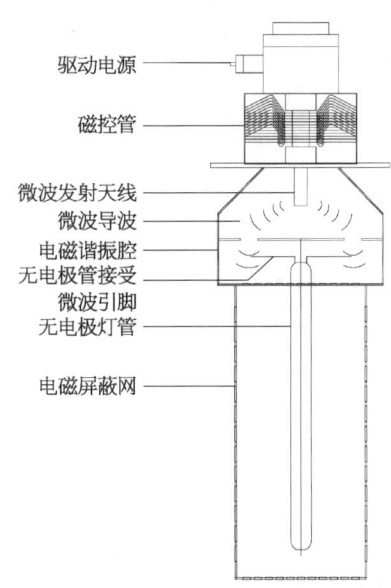

图 3.14　微波无极 UVC 灯管结构

微波无极灯管 UVC 杀菌器的优点是：灯管驱动电源的紫外功率转化效率高，成本低；其灯管的长度较长，使用寿命长。缺点是：需要独立的谐振腔，只能单管工作，处理流量小，杀菌器的体积较大。微波无极灯管 UVC 杀菌器如图 3.15 所示。

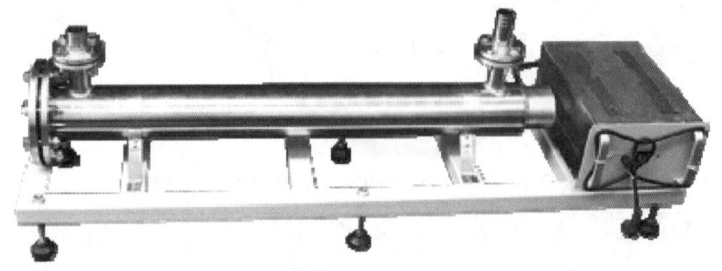

图 3.15　微波无极灯管 UVC 杀菌器

3.3.2 光催化杀菌器的工作原理

光催化杀菌有两种方法：

一种是通过文丘里效应注入 O_3，溶解了 O_3 的压载水再经过波长为 254 nm 紫外光照射，产生强氧化性物质·OH 自由基，同时也利用紫外杀菌作用，通过协同作用杀死经过滤后残余的微生物。

另一种方法是以中心波长为 254 nm 的低压汞灯为光源，采用阳极氧化的方法，以钛板为基体，控制一定条件，制备出固定态的 TiO_2/Ti 光催化剂，同时采用光化学氧化还原的方法对催化剂进行载银改性。TiO_2 光催化剂与 H_2O 作用产生·OH 自由基，同时也利用紫外杀菌作用，通过协同作用杀死经过滤后残余的微生物。

·OH 自由基的灭菌首先是从细菌的细胞壁开始，·OH 自由基能破坏细胞壁结构，使细胞壁破损、断裂，质膜随之解体，然后进入细胞体内部破坏内膜和细胞组分，使细胞质凝聚，导致细胞内容物溢出，最后出现菌体空化现象。

光催化臭氧方法存在的主要问题是：臭氧的反应速率低，杀灭生物所需时间较长，在排放压载水过程中杀灭生物难以实现；臭氧气体产生设备庞大，处理费用高，一次性投资较大；残存臭氧腐蚀压载水舱。

光催化 TiO_2 光催化剂的方法利用·OH 羟基自由基处理压载水，能够满足 IMO G8 导则的 D2 标准，但系统工艺复杂，需要有综合剂，每次在处理完压载水后均要对杀菌器进行清洗，以保证催化剂的活性，如挪威 Alfa Lavel 公司研发的 PureBallast 压载水管理系统。该系统基于先进氧化技术（AOT），不使用任何化学试剂，称为 Wallenius AOT。其原理如图 3.16 所示。

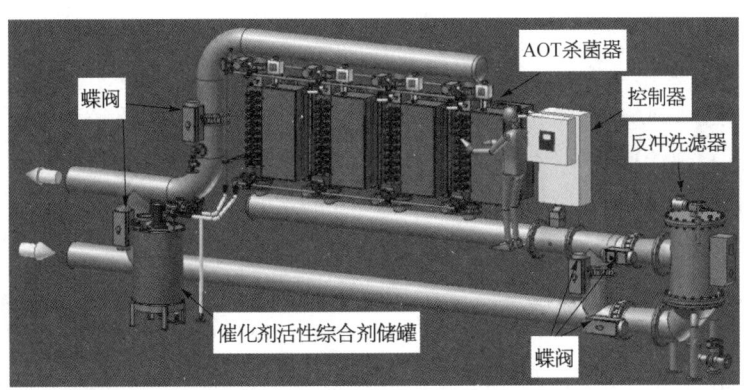

图 3.16　Wallenius AOT 系统原理图

3.3.3 电解法和药剂法杀菌器的工作原理

电解法利用了海水是含盐量巨大的天然电解质溶液特性，利用其主要成分中的 Na^+、Mg^{2+}、Ca^{2+}、Cl^- 离子盐，Cl^- 离子含量约占离子总数的 55%，海水中的氯元素总含量为

19.344 g/L 的特点,通过对海水的电解产生次氯酸钠(NaClO)。其电解过程如图3.17所示。

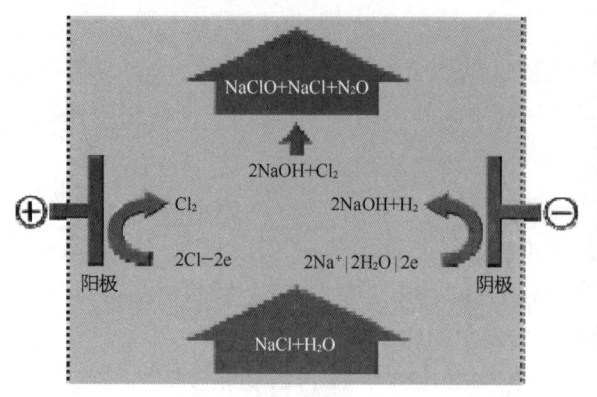

图3.17 海水在电解槽内的电解过程示意

图3.18 青岛双瑞 BalClor® 船舶压载水管理系统

海水在电解槽内的电解过程中,阳极上产生氯气(Cl_2)和两个电子(2e),阴极上两个水分子获得2个电子产生两个羟基($2 \cdot OH^-$)和一个氢气分子(H_2),氯气能溶于水产生次氯酸(HClO)和盐酸(HCl),其中次氯酸、次氯酸根(ClO^-)、氯气都称为有效氯,具有较强的氧化杀灭水生物和病原体的能力。但该方法需要考虑产生的氢气、氯气两种气体具有易爆、有毒的特点,需要进行收集与扩散处理,同时还要考虑电解过程中产生的盐酸会造成船舶舱室的腐蚀。为了避免对海洋环境造成二次污染,在压载水卸载向舷外排放时,须向其中添加适量的中和剂——硫代硫酸钠($Na_2S_2O_3$)。通常按1 000 m^3水中投放3～7 kg的硫代硫酸钠比例配置中和剂,利用其与次氯酸和水反应,综合产生硫酸钠(Na_2SO_4)和食盐(NaCl)这两种无害的盐类的特点。因此,该系统的整个运行管理中系统较为复杂,运行维护成本也较高。图3.18所示为青岛双瑞 BalClor® 船舶压载水管理系统。

药剂法是直接利用次氯酸钠配置成药剂水溶液,通过计量泵定量注入压载水中,并在喷射泵的作用下,均匀混散到压载水中,对压载水中的浮游生物进行杀灭处理,其药剂用量为每处理10 000 m^3量的压载水,需用100 kg的次氯酸钠颗粒粉剂制成的药剂溶液。药剂法杀灭浮游生物原理如图3.19所示。

与电解法相同,由于药剂法是利用次氯酸钠配置的杀菌剂,按照一定的计量注入压载水中,通过混合盘与压载水充分混合,达到杀灭浮游生物的目的,因此其在杀灭浮游生物的同时,也会像电解法一样产生次氯酸。为了避免对海洋环境造成二次污染,在压载水卸载向舷外排放时也需要在压载水中添加适量的中和剂——硫代硫酸钠。药剂法卸载对压载水的综合处理原理如图3.20所示。药剂法压载水管理系统的实物模型如图3.21所示。

3.3.4 惰性气体杀菌器的工作原理

惰性气体杀菌器是利用微生物离开氧气难以生存的原理,用纯氮气或惰性气体将水

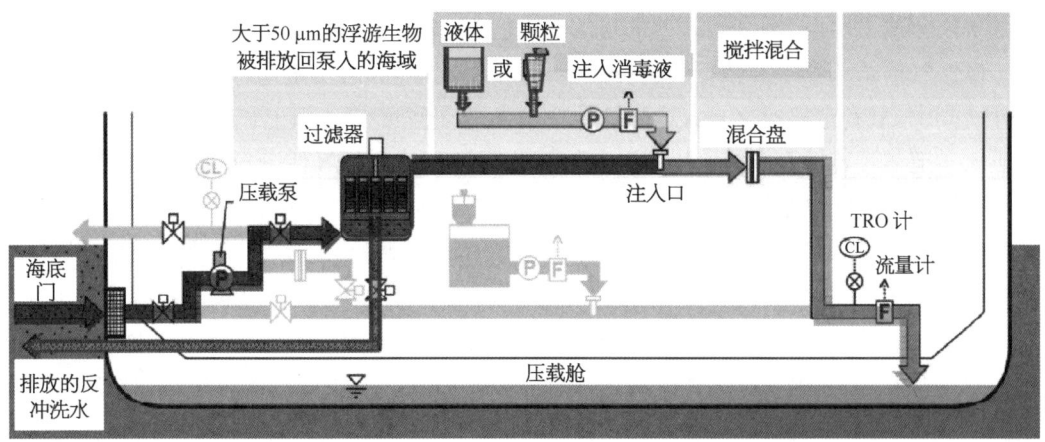

图 3.19　药剂法杀灭浮游生物原理

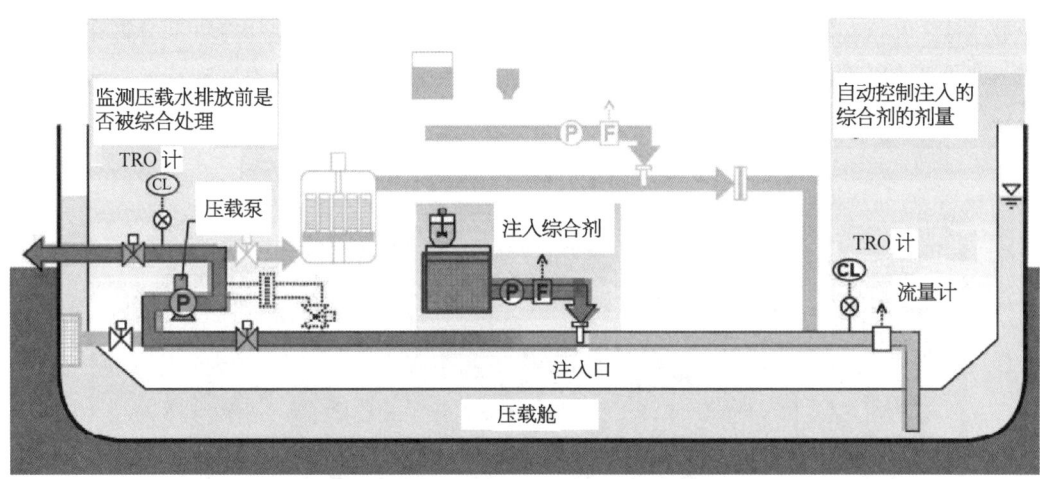

图 3.20　药剂法卸载对压载水的综合处理原理

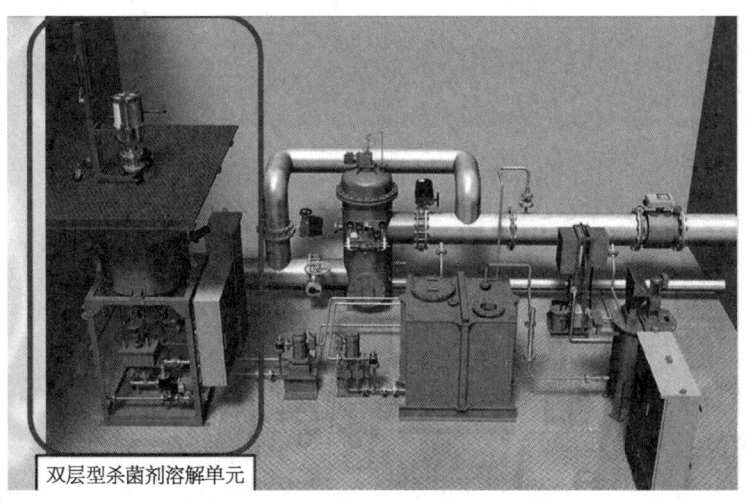

图 3.21　药剂法压载水管理系统的实物模型

中的氧气驱离，达到抑制细菌繁殖的目的。

惰性气体杀菌器主要依据气体分压定律（亨利定律）和总压定律（道尔顿定律）来进行设计。其中，亨利定律定义是：某种气体在水中的溶解度与液面上该气体的成分（分压）成正比。道尔顿定律定义是：气体混合物的总压等于其中各气体分压之和。自然界天然大气中氧气的含量约为20%，氮气的含量约为79%。若在密闭空间内氮气的含量增加到95%，此时由于大气中还有其他的气体成分存在，如CO_2、稀有气体等，因此O_2的含量应小于5%，在水中的溶解氧（DO）的含量将为2%～3%，在这种情况下，一般微生物都无法生存。

惰性气体杀菌器工作时，通过分子筛将氮气从空气中分离出来，充入待处理的压载水的密闭压载舱空间，由于气体的扩散因素，此时水中的溶解氧不会迅速降低。而如果向水中充入氮气，则水中的氮分压会高达722 mmHg（1 mmHg＝0.133 kPa），此时氮气分压占据了绝对的优势，势必将溶解于压载水内的溶解氧驱除，这个过程只需10 s。在保持密闭的压载舱内处于正压情况，氮气会始终处于优势状态。此时，压载系统中的氮气分压要比压载水中20.6 mg/L的氮气饱和溶解度高很多，因此压载水中过饱和氮气部分逸出水面，进入水面上的空间，所以又称此种船舶压载水管理系统的处理方法为过饱和氮处理方法。惰性气体杀菌系统如图3.22所示。

图3.22 惰性气体杀菌系统

压载水惰性气体杀菌系统是向压载水中过度地充入氮气，使被用于压载的海水中的溶解氧被驱除，并使得海水中的氮气的溶解度达到饱和的20.6 mg/L。为了维持压载水中的氮气的饱和度，驱除海水中的溶解氧，就需要持续向海水中充氮气，并在压载水的液面维持较高的氮气分压。由于压载舱通过舱内的透气管路与船舶甲板上的通气帽相连，在船舶向压载舱注水时，舱内的空气通过透气管排出到舷外，而压载水惰性气体杀菌系统的应用就必须对船舶甲板上的呼吸阀进行改装，使之既可在压载水注入压载舱时能够顺利地将压载舱内的空气排出到舷外，同时又能在惰性气体杀菌系统工作后，维持压载舱内液面上的氮气处于正压状态,保证压载水中的氮气饱和度,达到杀灭浮游生物的目的。新型呼吸阀的结构如图 3.23 所示。

新型呼吸阀由接舱通气管法兰、下阀盘、浮球、上阀盘及出气口与进气口组成。在向压载舱注入压载水时,舱内的气体随着注入的压载水的体积增加,必然压缩舱内的空气,使其沿透气管上行到达呼吸阀,此时气体分成两路,一路沿进气口向上,作用在上阀盘的正上方,使得上阀盘被压紧在上阀盘座上;而另一路则作用在下阀盘的下面,当气体压力到达一定值时,正气压将克服下阀盘与浮球的重量将下阀盘顶起,使舱内气体排出。当压载水卸载时,在卸载泵的作用下,压载水被排出舷外,随着压载水的排出,压载舱液面的压力逐渐由正压变为负压。此时,呼吸阀的下阀盘在负压的作用下被吸附在下阀盘座上,由于外界的气压大于舱内的压力,则在呼吸阀内大气压力作用在上阀盘的底部,将阀盘顶开,使外部的大气通过呼吸阀的进气口进入压载舱,从而保证卸载的顺利进行。

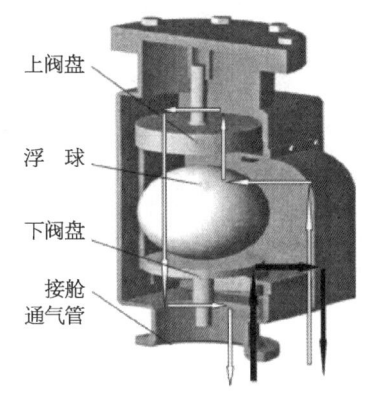

图 3.23 新型呼吸阀的结构

由于压载水惰性气体杀菌系统采用的是过滤+膜分离+氮气驱氧技术,被处理过的压载水中有机物无论死活都很少,因此不会促进厌氧菌发生。

船舶压载水管理系统开发与应用

第 4 章　压载水管理系统关键组成设备的设计方法

高效杀灭船舶压载水中的浮游生物,目前均采用过滤与其他相关杀菌技术组合,以达到对大流量压载水过流中的瞬态杀菌目的,确保船舶装载与航行的安全。要设计压载水管理系统,就必须掌握组成其系统的各类设备的设计方法。

4.1 过滤设备的设计

过滤器是压载水管理系统中的重要设备,它确保将海水中的泥沙、大颗粒的浮游生物阻挡在杀菌器前,从而保证进入杀菌器的水质中泥沙与浮游生物的颗粒小于 $50~\mu m$,并使水的浊度变清,使杀菌器的杀菌效率提高。目前,压载水管理系统中主要选用的过滤器为反冲洗过滤器和旋流过滤器两类。

4.1.1 反冲洗过滤器的设计

过滤过程:原水从滤器进口流入,自内向外通过滤网,清水从出口流出。杂质积累在滤网内表面形成滤饼,使滤网内外形成压差,当压差达到压差开关设定值时,将进行自清洗[31]。

自清洗过程:清洗是依靠一个沿滤网内表面运动的吸吮扫描器来完成的。该扫描器又称为吸污器,为空心结构,在其轴线上按一定距离垂直均布若干吸污管。吸污器与排污阀相通。当排污阀打开时,过滤器内部水压与外部大气压之间形成压差使吸污管产生强劲吸力,水流从滤网外向内反向高速流动,将杂质冲下来进入吸污器,通过排污阀排出。吸污器由一个连有丝杆装置的双向电机驱动,按照固定的转速做螺旋式的运动,这样多个吸嘴就能吸遍整个滤网表面。在整个反清洗过程中,系统不断流。过滤器的整个运行过程由 PLC 来控制完成[32]。

吸污式反冲洗过滤器基本结构包括:筒体、封头、吸污器、滤网、丝杠轴、驱动装置、进出口、排污阀等。以 $300~m^3/h$ 处理量的吸污式反冲洗过滤器设计为例,具体性能参数见表 4.1。

表 4.1 反冲洗过滤器基本参数

基 本 参 数	数 值
过滤流量 Q	$300~m^3/h$
材料	316 L 不锈钢
过滤面积	$5~500~cm^2$
筒体内径 d	450 mm
总高度 h	2 050 mm

(续表)

基 本 参 数	数 值
设计长度 L	1 600 mm
进出口直径 d_2	209 mm
进出口流速 v	2.43 m/s
滤网	复合烧结不锈钢金属丝网

反冲洗过滤器的工作时间采取持续压差检测控制,可连续冲洗。利用全自动智能控制及故障报警。

吸污式反冲洗过滤器装配图如图 4.1 所示。

1) 滤网选型设计

要确定滤网的参数,首先需要对过滤器进行水力设计。过滤器水力设计包括过滤速度设计和过滤能力(流量)计算。

(1) 过滤流速的确定。

水流通过滤网时的速度,称为过滤速度。过滤面积一定时,过滤速度越大,其过滤能力(流量)也越强,但处理废水中的某些污物容易挤过滤网进入清水侧管道,使过滤后的水质达不到使用要求。同时,也会产生较大的水头损失,并使滤网两面的压差增大,进而可能损坏滤网。如过滤速度过小,为了达到一定的过滤能力,则需要较大的滤网面积,这会使过滤器的体积变大、造价升高。因此,过滤速度大

图 4.1 吸污式反冲洗过滤器

小是设计过滤器的重要参数之一。通常反冲洗过滤器的过滤速度选择在 0.5~3 m/s,而压载水管道内的水流速一般在 2.5~3 m/s,过滤器的过滤速度要小于压载水在管道内的流速。基于以上考虑,一般选择过滤速度 $v=1.5$ m/s 为宜。

(2) 有效过滤面积的确定。

流量、有效过滤面积和过滤速度的关系为:

$$Q = 3.6 \times 10^3 fAv \tag{4.1}$$

式中 Q——过滤器的设计流量(m^3/h);
A——过滤器的实际过滤面积(m^2);
v——过滤速度(m/s);
f——滤网的净面积系数。

过滤器的设计处理流量为 300 m^3/h,过滤速度为 1.5 m/s,要设计出满足压载水过滤工作要求的过滤器,就必须确定好滤网的净面积系数。

考虑到海水的腐蚀性,一般选择的滤网类型为复合烧结 316 L 不锈钢丝网,结构如图

4.2所示。烧结不锈钢丝网微孔滤材是多层丝网层,并采用真空扩散烧结过滤技术制备而成的感性滤材。此种滤材具有孔径均匀、滤材整体刚性好、工程应用广泛、易于反冲洗再生等突出特点。

从图4.2所示的滤材断面结构可以看出,过滤层采用的精密不锈钢丝网是烧结不锈钢丝网滤材的关键工作层。精密不锈钢滤网的典型编织方法有平纹编织、斜纹编织两种。其中,平纹编织法生产的滤材具有开孔率高、易于按照网筛目数计算过滤精度等优点,因此受到大多数设计者的钟爱。表4.2是市场上销售的平纹编织不锈钢丝密纹滤网的基本参数,从中可以看出孔径 50 μm 的滤网有效面积率为 14.6%,即 $f=0.146$,考虑到过滤介质为多层烧结不锈钢网,有效过滤面积会有所减少,故计算过滤面积时适当取较小的净面积系数,选择滤网的净面积系数 $f=0.1$。

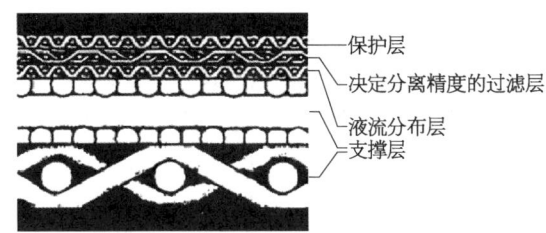

图 4.2 烧结不锈钢丝网断面结构

则可以计算出 316 L 不锈钢烧结过滤网的实际过滤面积为:

$$A = \frac{Q}{3.6 \times 10^3 fv} = 555\ 556\ \text{mm}^2 \tag{4.2}$$

表 4.2 金属丝平纹编织密纹滤网

型号 MPW	金属丝直径 (经×纬) (mm×mm)	基本孔径 参考值(μm)	有效截面率 (%)	单位面积网质量 (kg/m²)	网厚 (mm)	相当英制目数 (经×纬)
160	0.20×0.14	60	12.5	1.40	0.48	40.6×200
180	0.16×0.112	56	15.0	1.09	0.384	45.4×249
200	0.14×0.10	50	14.6	0.96	0.34	51.3×279
240	0.20×0.10	45	12.8	0.99	0.34	57.7×279
260	0.125×0.09	36	10.8	0.90	0.305	67.7×310

(3)滤网尺寸确定。

吸污式反冲洗过滤器的滤网采用圆筒形,过滤面积是指滤网的内表面积。

$$A = \pi DL \tag{4.3}$$

式中 A——过滤器的实际过滤面积(m^2);

D——过滤元件内径(m);

L——过滤元件的有效长度(m)。

从受力和稳定角度考虑元件的细长比 $\lambda(L/D)$ 一般在 1~5 为宜。考虑到船舶机舱空间的限制,通常选择 2,即

$$\lambda = L/D = 2 \tag{4.4}$$

由式(4.2)、式(4.3)和式(4.4)可得：$D=0.297$ m$=297$ mm，$L=0.594$ m$=594$ mm。圆整得：$D=300$ mm，$L=600$ mm。

2) 过滤器筒体设计

反冲洗过滤器的圆筒和封头属于薄壁回转壳体，需按照压力容器设计规范设计。

(1) 过滤器筒体技术参数的确定。

压力容器设计技术参数主要有设计压力、设计温度、筒体材料等。工作压力 $p_w=10$ bar$=1$ MPa，设计压力 $p=1.1p_w=1.1$ MPa，计算压力 $p_c=p=1.1$ MPa；设计温度 $t=80$℃；考虑到海水腐蚀性，筒体材料选 316 L 不锈钢。

(2) 圆筒内直径计算。

过滤器滤网与壳体之间的面积应该满足这样的要求，即水流通过该面积的速度应等于或小于过滤元件内部纵向水流速度，即要求 $v_筒 \leqslant v_元$。这就意味着 $A_筒 \geqslant A_元$，如图 4.3 所示，过滤器筒体的总面积为：

$$A_体 = A_筒 + A_元 \geqslant 2A_元 \tag{4.5}$$

而 $A_体 = \pi D_体/4$，$A_元 = \pi D/4$，将其代入式(4.5)可得：

$$D_体 \geqslant \sqrt{2}D \tag{4.6}$$

取 $D_体 = 1.5D = 1.5 \times 300 = 450$ mm

压力容器筒体的内径应符合容器公称直径的规定。由于容器的筒体要与法兰、支座相配，因此筒体选用公称直径系列法兰、支座标准，按容器的公称直径系列定制。

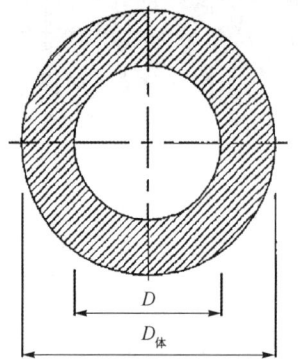

图 4.3　筒身直径

对于用钢板卷焊的筒体，规定用筒体的内径作为公称直径，其系列尺寸从内径 300 mm 开始，在 300 mm 至 1 000 mm 内径之间规定滤器筒体的系列内径为每隔 50 mm 一档，共 15 个系列，从 1 000 mm 内径开始到 3 000 mm 内径之间规定滤器筒体内径为每隔 100 mm 一档，共计 20 个系列。根据本设计的流量，可确定滤器筒体直径 $D_1 = D_体 = 450$ mm。

(3) 填料密封设计。

填料密封根据《密封设计手册》及相关标准设计。

① 密封基本参数的确定。

过滤器的传动轴做间断的低速螺旋运动，因此采用聚四氟乙烯编织填料密封；介质压力 $p=1$ MPa，温度 80℃，传动轴直径 $d=20$ mm，传动轴转速 $n=18$ r/min，轴的圆周速度 $v=\pi nd=0.018\ 8$ m/s。

轴做旋转及往复运动，设计介质最高压力 1 MPa。因此，填料环数 $n=5$；根据轴颈尺寸，选取填料截面边宽 $S=6$ mm，故填料高度 $H=ns=30$ mm。

② 压盖螺栓直径计算。

压紧填料所需力 Q_1 按下式计算：

$$Q_1 = 78.5(D^2 - d^2)y \tag{4.7}$$

式中 y——压紧压力(MPa),优质石棉填料 $y\approx 4$,黄麻填料 $y\approx 2$,柔性石墨填料 $y\approx 2.5$;

$\quad d$——轴径(cm);

$\quad D$——填料箱内壁直径(cm)。

本例取 $y=4$ MPa,$d=2$ cm,$D=d+2s=3.2$ cm。代入式(4.7)得:$Q_1=1\,959$ N。

使填料箱达到密封所需的力 Q_2 按下式确定:

$$Q_2=235.6(D^2-d^2)p \tag{4.8}$$

将 $p=1$ MPa,$d=2$ cm,$D=3.2$ mm 代入式(4.8)得:$Q_2=1\,941$ N。

由螺栓载荷 $Q=\{Q_1,Q_2\}_{\max}=1\,959$ N,确定压盖螺栓的螺纹小径,即

$$Q_{\max}\leqslant 25\pi d_0^2 Z\sigma_{\mathrm{p}} \tag{4.9}$$

式中 Z——螺栓数量,一般取 2、3 或 4;

$\quad \sigma_{\mathrm{p}}$——螺栓许用应力(MPa);

$\quad d_0$——螺栓螺纹小径(cm)。

式(4.9)可变换为:

$$d_0\geqslant\sqrt{\frac{Q_{\max}}{25\pi Z\sigma_{\mathrm{p}}}} \tag{4.10}$$

选择螺栓材料为 Q235、性能等级为 6.8 的螺栓,材料屈服极限为 $\sigma_{\mathrm{s}}=480$ MPa,安全系数 $S=12.5$,$\sigma_{\mathrm{p}}=\dfrac{\sigma_{\mathrm{s}}}{S}=38.4$ MPa;取 $Z=4$,代入式(4.10)得:$d_0\geqslant 4$ mm。按《粗牙普通螺纹标准》(GB/T 196—2003),选用螺纹公称直径 $d=6$ mm(螺纹小径 $d_0=4.918$ mm > 4 mm)。

③ 摩擦功率计算。

填料与转轴间的摩擦力 F_{m} 为:

$$F_{\mathrm{m}}=100\pi d H q\mu \tag{4.11}$$

式中 q——填料的侧压力(MPa),通常 $q=K\dfrac{Q_{\max}}{25\pi(D^2-d^2)}$;

$\quad K$——侧压力系数,油浸天然纤维类 $K=0.6\sim 0.8$,石棉类 $K=0.8\sim 0.9$,柔性石墨编织填料 $K=0.9\sim 1.0$;

$\quad \mu$——填料与转轴间的摩擦系数,$\mu=0.08\sim 0.25$;

$\quad d$——轴径(cm);

$\quad H$——填料高度(cm)。

本例取 $K=1.0$,$\mu=0.25$,$H=3$ cm,$d=2$ cm,可得:$q=K\dfrac{Q_{\max}}{25\pi(D^2-d^2)}=4$ MPa,代入式(4.11)得:$F_{\mathrm{m}}=1\,884$ N。

在填料箱的整个填料高度内,侧压力的分布式不均匀的,从填料压盖起到填料底部的压力是逐渐减小的。因此,摩擦功率近似按下式计算:

$$P = \frac{F_m v}{1\,000} \tag{4.12}$$

式中　μ——圆周速度(m/s);
　　　d——轴径(m);
　　　n——轴的转速(r/s)。

本例 $n=0.3$ r/s,$v=\pi d n = 0.018\,8$ m/s,代入式(4.12)得:$P=0.035$ kW。

3) 传动部件设计

(1) 电动机与减速机的设计选型。

反冲洗过滤器的吸污器要求按照固定的转速做螺旋式的运动,以便多个吸嘴扫遍整个滤网内表面。因此,需要一套连有丝杆装置的双向驱动电机及变速机构。

吸污器填料密封处所耗磨损功率为 0.035 kW;吸污器运转时受流体作用消耗的功率及吸污器运转时还受其他支撑部位的摩擦力消耗功率很小。因此,丝杆输出功率不超过 0.05 kW,取异常状况时 1.5 倍安全系数,则丝杆输出功率不超过 0.075 kW。丝杆的机械传动效率取 0.3,初定减速器的机械传动效率为 0.95,因此所需电动机功率 $P_1=0.26$ kW。选择小功率三相异步电机 YS7124,功率 $P_1=0.37$ kW,转速 $n_1=1\,400$ r/min,额定转矩 $T_1=2.4$ N·m。

设计所需减速器传动比 $i=\frac{1\,400}{18}=77.78$,减速器输出功率 $P_2=P_1\eta=0.37\times0.95=0.35$ kW,输出转速 $n_2=18$ r/min,输出转矩 $T_2=9\,550\frac{P_2}{n_2}=186$ N·m。

选某厂生产的 K 系列组合式斜齿轮-锥齿轮减速机,型号为 KAF47YS7124。性能参数如下:功率 $P=0.37$ kW,输出转速 $n=18$ r/min,输出扭矩 $T=180$ N·m,传动比 $i=75.2$。

(2) 丝杆设计校核。

电动机通过键连接带动丝杆轴旋转,丝杆轴通过联轴器和吸污器连接。为了降低滤器高度,丝杆轴尺寸应尽量小。丝杠结构如图 4.4 所示。

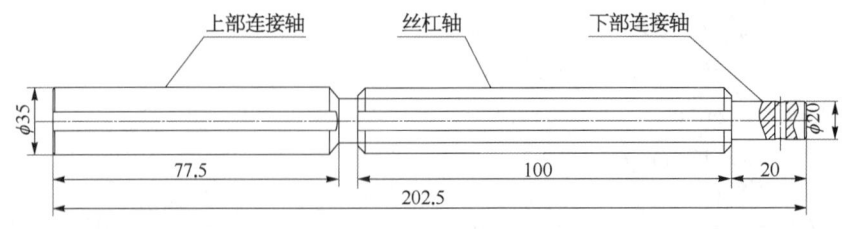

图 4.4　丝杠结构

① 上部连接轴校核。

上部轴段和减速器连接,轴材料选择 316L 不锈钢。为了和所购买的电机配套,取轴的直径为 35 mm。按轴所受的扭转来计算轴的强度。

$$d_1 \geqslant \sqrt[3]{\frac{9\,550\,000 P_1}{0.2n[\tau]}} \tag{4.13}$$

式中　d_1——轴的直径(mm);
　　　P_1——轴传递的功率(kW);
　　　n——轴的转速(r/min);
　　　$[\tau]$——许用扭转切应力(MPa)。

电机 $P=0.37$ kW,锥齿轮减速机的传动效率为 0.95,所以轴的传递功率为 $P_1=0.37\times0.95=0.35$ kW;轴的转速 $n=18$ r/min;许用扭转切应力与拉伸许用应力之间的关系为 $[\tau]=(0.5\sim0.6)[\sigma]$,$[\tau]=0.5[\sigma]=0.5\times118=59$ MPa。将数据代入式(4.13)得:$d_1\geqslant25.1$ mm。对于直径小于 100 mm 的轴,有一个键槽,轴颈增大 5%～7%,$1.07d_1=26.9$ mm <35 mm,轴的强度满足要求。

② 丝杠校核。

设计丝杆轴的参数如下:螺母高度 $H=50$ mm;螺纹螺距 $P=10$ mm;导程 $L=10$ mm;牙型角 $\alpha=30°$;螺纹工作圈数 $z=\dfrac{H}{P}=5$;螺杆螺纹中径 $d_2=29$ mm;螺纹工作高度 $h=0.5P=5$ mm;螺杆螺纹小径 $d_1=23$ mm;螺杆螺纹外径 $d=34$ mm;螺杆的长度大于吸污器行程与 2 倍的螺母长度之和,取长度为 200 mm;螺母内径 $D=35$ mm。

螺杆和螺母材料均为 316L 不锈钢,屈服极限 $\sigma_s=480$ MPa,许用应力 $[\sigma]=118$ MPa,许用弯曲应力 $[\sigma_b]=(1.0\sim1.2)[\sigma]=(118\sim142)$ MPa,许用剪切应力 $[\tau]=0.6[\sigma]=70.8$ MPa。

滑动螺旋工作时,主要承受转矩及轴向拉力(或压力)的作用,同时在螺杆和螺母的旋合螺纹间有较大的相对滑动。其失效形式主要是螺纹磨损。

A. 自锁验算。

$$\varphi=\arctan\frac{L}{\pi d_2}=\arctan\frac{10}{3.14\times 29}=6.27° \tag{4.14}$$

$$\rho=\arctan\frac{f}{\cos\frac{\alpha}{2}}=\arctan\frac{0.14}{\cos15°}=8.25° \tag{4.15}$$

式中　φ——螺纹升角;
　　　ρ——当量摩擦角;
　　　f——螺旋副的摩擦系数,钢与钢的摩擦系数 $f=0.11\sim0.17$,取平均值 0.14。

因 $\varphi<\rho$,故自锁性可靠。

B. 传动效率计算。

$$\eta = (0.95 \sim 0.99) \frac{\tan\varphi}{\tan(\varphi \pm \rho)} \tag{4.16}$$

(0.95～0.99)为轴承效率,决定于轴承形式,滑动轴承取小值,轴向载荷与运动方向相反时取"+"号。因此,本例取:

$$\eta = 0.95 \times \frac{\tan 6.27°}{\tan(6.27° + 8.25°)} = 40.3\% \tag{4.17}$$

C. 耐磨性计算。

部件本身重力与杆受到液体内压力相比,其扭转受到的轴向力 Q 较小,可忽略不计。丝杆传递的功率不超过 0.05 kW,取异常状况时的 1.5 倍安全系数,则丝杆传递功率为 0.075 kW。此时,扭矩 $T_0 = \frac{9\,550P}{n} = 39.8$ N·m,丝杆所受扭矩 $T = \frac{T_0}{\eta} = 98.8$ N·m。

由扭矩 $T = F\tan(\varphi + \rho)\frac{d_2}{2}$ 得轴向力:

$$F = \frac{T}{\tan(\varphi+\rho)\dfrac{d_2}{2}} = \frac{98\,800}{\tan(6.27°+8.25°) \times \dfrac{29}{2}} = 26.3 \text{ kN} \tag{4.18}$$

$$p = \frac{F}{A} = \frac{F}{\pi d_2 h z} = \frac{26\,300}{3.14 \times 29 \times 5 \times 5} = 11.6 \text{ MPa} < 12 \text{ MPa} \tag{4.19}$$

本例螺纹传动属于低速滑动,此时钢和钢的许用应力 7.5～13 MPa,取许用应力 12 MPa,则满足耐磨性条件,d_2 满足要求。

螺母高度 $H = \phi d_2$,对于整体螺母 ϕ 取 1.2～2.5 mm,部分式螺母取 2.5～3.5 mm。$H = \phi d_2 = 34.8 \sim 72.5$ mm,$H = 50$ mm 在 34.8～72.5 mm,故满足要求。

D. 螺杆强度计算。

螺杆受轴向力 F 和扭矩 T 的作用,根据第四强度理论:

$$\sigma = \sqrt{\left(\frac{4F}{\pi d_1^2}\right)^2 + 3\left(\frac{T}{0.2d_1^3}\right)^2} = \sqrt{\left(\frac{4 \times 26.3 \times 10^3}{3.14 \times 23^2}\right)^2 + 3 \times \left(\frac{98.8 \times 10^3}{0.2 \times 23^3}\right)^2} = 95 \text{ MPa} \tag{4.20}$$

所以 $\sigma = 95$ MPa $<[\sigma] = 118$ MPa,因此杆的强度满足。

E. 螺杆螺纹牙的强度计算。

螺纹牙底宽 $b = 0.65P = 6.5$ mm。

螺纹根部危险截面的剪切强度条件:

$$\tau = \frac{F}{\pi d_1 b z} = \frac{26\,300}{3.14 \times 23 \times 6.5 \times 5} = 11.2 \text{ MPa} < [\tau] = 70.8 \text{ MPa} \tag{4.21}$$

螺纹根部危险截面的弯曲强度条件：

$$\sigma_b = \frac{3Fh}{\pi d_1 b^2 z} = \frac{3 \times 26\ 300 \times 5}{3.14 \times 23 \times 6.5^2 \times 5} = 25.9 \text{ MPa} < [\sigma_b] = (118 \sim 142) \text{ MPa} \tag{4.22}$$

由式(4.21)和式(4.22)可知，螺杆螺纹牙的强度满足要求。

F. 螺母螺纹牙的强度计算。

螺纹根部危险截面的剪切强度条件：

$$\tau = \frac{F}{\pi d b z} = \frac{26\ 300}{3.14 \times 34 \times 6.5 \times 5} = 7.8 \text{ MPa} < [\tau] = 70.8 \text{ MPa} \tag{4.23}$$

螺纹根部危险截面的弯曲强度条件：

$$\sigma_b = \frac{3Fh}{\pi d b^2 z} = \frac{3 \times 26\ 300 \times 5}{3.14 \times 34 \times 6.5^2 \times 5} = 17.5 \text{ MPa} < [\sigma_b] = (118 \sim 142) \text{ MPa} \tag{4.24}$$

G. 螺杆的稳定性计算。

螺杆的柔度：

$$\lambda = \frac{\mu l}{i} \tag{4.25}$$

式中 λ——螺杆的柔度；
  μ——螺杆的长度系数，与螺杆的端部结构有关；
  i——螺杆危险截面的惯性半径(mm)；
  l——螺杆的工作长度(mm)。

螺杆两端铰支 $\mu=1$，$l=200$ mm，$i=\dfrac{d_1}{4}=5.75$ mm，所以 $\lambda=\dfrac{\mu l}{i}=34.8$。

因为 $\lambda=\dfrac{\mu l}{i}=34.8<90$，对于316L不锈钢，螺杆的临界载荷为：

$$F_c = \frac{340}{1+0.000\ 2\lambda^2} \frac{\pi d_1^2}{4} = 113.7 \text{ kN} \tag{4.26}$$

$\dfrac{F_c}{F}=4.3>4$，满足要求。

4) 过滤器压降计算

反冲洗过滤器的过滤过程分为两个步骤。一是滤网过滤。在滤饼还未建立时的过滤初期，水中尺寸大于滤网孔径的颗粒被滤网截留，并滞留在滤网的表面。此时，过滤器起了一种筛网的作用。二是滤饼过滤。随着过滤的进行，悬浮于流体中的固体粒子不断地沉积在介质内部孔隙中或介质表面上形成一层滤饼，此时就通过沉积的固体颗粒层进行过滤。这个过程一直持续到滤饼两侧的压降超过经济或技术允许的最大值,或填满有效的间隙。所以,过滤器的压降主要包括滤网压降和滤饼压降两部分。

(1) 滤网压降。

清洁液体通过多孔介质层时,其体积流速与压降之间的关系是法国人达西(Darcy)于1856年提出的,因此称为达西定律。如果通过介质的流体的层流状态占优势,则该流动可用达西方程描述[33]：

$$\frac{1}{A}\frac{dV}{dt} = u = \frac{B\Delta p}{\mu L} \tag{4.27}$$

式中 A——过滤介质总表面积(m^2);

$\frac{dV}{dt}$——体积流量(m^3/s);

u——流体通过过滤介质的平均线速度(m/s);

μ——流体黏度(Pa·s);

B——过滤介质(滤网)的特定透过度(m^3/s);

Δp——流体通过过滤介质的总压降(Pa);

L——过滤介质的厚度(m/s)。

滤网的特定透过度 B 与它的结构的几何形状的关系可以通过科泽尼-卡曼方程[34]来描述。

$$B = \frac{\mu u L}{\Delta p} = \frac{1}{K_0 S_0^2}\frac{\varepsilon^3}{(1-\varepsilon)^2} \tag{4.28}$$

式中 ε——过滤介质的孔隙度;

S_0——过滤介质比面;

K_0——科泽尼系数。

本例选用的滤网为复合烧结金属丝网,工作层为平纹金属编织网。按选择的平纹金属网的有效界面率为14.6%,即滤网的孔隙度 $\varepsilon = 14.6\%$。

滤网的经纬线可以看作光滑的直径为 d 的圆柱。S_0 可以定义为单位体积内的表面积,则:

$$S_0 = \frac{S}{V} = \frac{\pi d \times 1}{\pi\left(\frac{d}{2}\right)^2 \times 1} = \frac{4}{d} \tag{4.29}$$

将 S_0 代入式(4.15)得:

$$B = \frac{d^2}{16K_0}\frac{\varepsilon^3}{(1-\varepsilon)^2} \tag{4.30}$$

S_0 和 ε 之间的关系为:

$$K_0 = \frac{4\varepsilon^3}{(1-\varepsilon)^{0.5}}[1+56(1-\varepsilon)^3] \tag{4.31}$$

由式(4.17)和式(4.18)代入式(4.15)得：

$$\Delta p = \frac{64\mu u L}{d^2}(1-\varepsilon)^{1.5}[1+56(1-\varepsilon)^3] \tag{4.32}$$

当量面积圆柱直径 $d = 2 \times \sqrt{\frac{(140+100) \times 340/2}{\pi}} = 228 \ \mu m$

过滤速度 $u = \frac{Q}{A\varepsilon} = \frac{300/3\ 600}{0.56 \times 0.146} = 1.02 \ m/s$

将 $d = 228 \ \mu m$，$\mu = 1.005 \ mPa \cdot s$，$u = 1.02 \ m/s$，$\varepsilon = 0.146$，$L = 0.34 \ mm$ 代入式(4.32)，可得滤网内外表面的压差为：$\Delta p_{滤网} = 0.012 \ MPa$。

由有关文献[35]可知，反冲洗过滤器进出口水的初始压降应小于 0.015 MPa，所以吸污式反冲洗过滤器的压降在经验标准范围内，过滤器可以正常工作。

(2) 滤饼的压降计算。

吸污式反冲洗过滤器的滤网表面形成的滤饼为可压缩滤饼，其过滤时两端的压差计算是一个相当复杂的过程，它涉及整个过滤的工作条件，包括处理量、悬浮液的物性、形成的滤饼物性等各方面因素[36]。由于滤饼的可压缩性，使得其在过滤过程中因为受到压力的影响而自身性质产生变化，其两端的最终压差就更难以估算[37]。相关文献[36,37]以达西定律为基础，首先研究了不可压缩滤饼的过滤过程，然后从可压缩滤饼过滤的微观入手，适当的简化假设，得到了可压缩滤饼两端的压差计算公式：

$$\Delta p = \frac{\mu BCV^2}{2A^2 t} \tag{4.33}$$

式中 Δp——流体通过滤饼的总压降(Pa)；

C——响应参数；

A——垂直于液体流向的滤饼表面积(m^2)；

B——透过度(m^3/s)；

V——时间 t 内滤饼内流动的滤液体积(m^3)；

μ——流体黏度(Pa·s)；

t——滤饼过滤时间(s)。

透过度为：

$$B = \frac{K''(1-\varepsilon_{av})^2 S_p^2}{\varepsilon_{av}^3} \tag{4.34}$$

式中 K''——数值常数；

S_p——微粒的比面积(m^{-1})；

ε_{av}——滤饼的平均孔隙度。

通常 $K''=5$，$\varepsilon_{av}=0.807$，$S_p=\dfrac{S_{颗粒}}{V_{颗粒}}=\dfrac{4\pi r^2}{\dfrac{4}{3}\pi r^3}=\dfrac{3}{r}=1.2\times 10^5\,\mathrm{m^{-1}}$，代入式(4.34)得：

$B=5.1\times 10^9$

$$C=\dfrac{\rho_f c}{(1-\varepsilon_{av})\rho_s-\varepsilon\rho_f c} \qquad (4.35)$$

式中　c——悬浮液中固体含量百分比；

　　　ρ_f——悬浮液密度；

　　　ε——滤饼孔隙度；

　　　ρ_s——过滤固体的密度。

取 $\rho_s=2.5\,\mathrm{g/cm^3}$，$\rho_f=1.3\,\mathrm{g/cm^3}$，则 $c=0.05\dfrac{\rho_s(1-\varepsilon_{av})}{(1-\varepsilon_{av})\rho_s+\varepsilon_{av}\rho_f}=0.016$。

将参数代入式(4.35)和式(4.33)，可得单位时间(1 h)内滤饼两端的压降为：$\Delta p_{滤饼}=0.035\,\mathrm{MPa}$。

（3）过滤器总压降。

总压降为滤网压降和滤饼压降之和，即 $\Delta p_{总}=\Delta p_{滤网}+\Delta p_{滤饼}=0.047\,\mathrm{MPa}$，现有吸污式反冲洗过滤器的压差一般为 0.03～0.05 MPa，所以本例的计算符合经验标准。由此可知，海水过滤时可将 0.047 MPa 作为压差控制器的初始设定压差。滤网堵塞后，过滤器中压差逐渐增大，当压差达到初始设定压差 0.047 MPa 以上时，差压控制器发出信号开始自清洗，压差降到 0.012 MPa 时完成自清洗。

4.1.2　旋流过滤器的设计

水力旋流器的设计是指根据处理量、分离效率等相关技术要求来确定水力旋流器各部分结构参数的过程。首先根据水力旋流器各结构参数对其处理能力和分离效率的影响规律，初步确定各结构的基本尺寸，最终通过数值模拟优选出最佳的结构参数。本例所涉及的水力旋流器主要用于船舶压载水中水和泥沙的分离，其基本结构如图 4.5 所示，其相关设计要求见表 4.3。

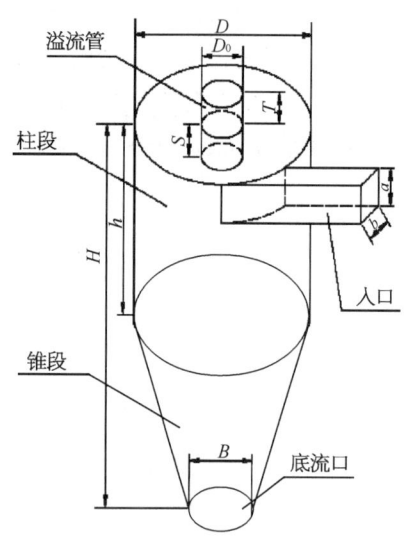

图 4.5　水力旋流器基本结构

表 4.3　旋流器设计要求

参　数	处理量 q_m(m³/h)	液体密度 ρ_l(kg/cm³)	沙粒密度 ρ_s(kg/cm³)	沙粒体积分数 α_s(%)
数　值	200	998.2	2 650	1～10

1) 主直径的确定

水力旋流器的设计首先要确定其主直径(即柱段直径),其他结构尺寸都是由主直径按照一定比例来确定。主直径主要影响旋流器的生产能力和分离粒度,通常处理能力和分离粒度随主直径的增大而增大。当设计要求分离粒度较粗且处理能力较高时,应选用大直径的旋流器;相反,则应选用小直径。根据设计要求的处理量,利用庞学诗[38]导出的旋流器主直径的计算公式,计算旋流器的主直径:

$$D = \frac{1.95 q_m^{0.5} \rho_s^{0.25}}{\Delta p_m^{0.25} [C_w + \rho_s(1-C_w)]^{0.25}} \quad (4.36)$$

式中 D——主直径(cm);

Δp_m——给矿压力(MPa),$\Delta p_m = 0.2$ MPa;

q_m——处理量(m^3/h);

ρ_s——沙粒密度(kg/m^3);

C_w——沙粒质量浓度(%),$C_w = 12.24\%$。

将已知参数代入式(4.36),计算得主直径为 420.87 mm,选定 $D = 420$ mm。

2) 其他主要结构参数的确定

(1) 入口结构与尺寸的确定。

旋流器的入口尺寸对其分离性能有着很大的影响。通常,增大入口尺寸有助于提高处理能力和分离效率,但尺寸过大则会适得其反。庞学诗[38]推荐旋流器最佳入口直径范围为 $D_i = (0.15 \sim 0.25)D$,本例设计取 $D_i = 0.25D = 105$ mm。入口截面形状也很重要,常见的有圆形和矩形两种,而矩形入口与圆形相比更有助于流体沿旋流器扩展,能够减弱紊流干扰的作用。因此,本设计选择矩形切向入口,根据等效面积换算得矩形截面尺寸为 65 mm × 130 mm。

(2) 旋流器柱段长度的确定。

在溢流管插入深度相同的前提下,增加柱段长度能够延长分离时间、减小分离粒度和提高分离效率,但与此同时会降低处理量并增加能耗。由于旋流器柱段部分是一个有效的离心沉降区[39],因此建议用于固液分离的旋流器,其柱段长度应取较大值,一般取 $H_c = (0.2 \sim 1.5)D$,本例设计取 $H_c = 1.0D = 420$ mm。

(3) 溢流口直径的确定。

溢流口尺寸对旋流器的处理能力、分离效率以及分离粒度等性能都有着很大的影响。通常,随着溢流直径的增大,其处理能力、分离粒度也会增大,但溢流产率增加,导致分离效率相应降低。此外,溢流压力降随着溢流直径的增加而减小,为了降低能耗,在确保分离效率的基础上应选取较大的溢流直径,通常取 $D_o = (1.25 \sim 1.50)D_i$[38]。本设计取 $D_o = 1.35 D_i = 141.75$ mm,取整为 140 mm。

(4) 底流口直径的确定。

旋流器底流口直径的大小对其分离性能影响较为显著。随着底流口的减小,溢流粒度变粗,溢流产率提高,进而分离性能降低。固液分离旋流器的底流口尺寸通常要小于溢流口,且两者之比应当合理选择,一般取$(0.15\sim1)D_o$。由于本例设计的旋流器处理量较大,为避免底流口堵塞,应选取较大尺寸的底流口,$D_u=0.65D_o=91$ mm,取 90 mm。

(5) 溢流管插入深度。

溢流管插入过浅时,旋流器处理能力增加,同时分离粒度变粗和分离效率降低;插入过深时,沿壁面沉降的小粒子增多,导致小粒子的分离效率降低,但能够提高大粒子的分离效率。庞学诗[38]推荐的溢流管插入深度为 $H_o=(0.3\sim1.0)D$,设计 $H_o=0.6D=252$ mm,取 250 mm。

(6) 溢流管壁厚的确定。

增加溢流管厚度不仅能够提高旋流器的分离效率,减少其内部能量损失,而且还能提高旋流器的处理能力[40]。因此,设计时可适当增加溢流管壁厚,本设计将壁厚初定为 15 mm。

(7) 旋流器锥角的确定。

对于同一旋流器,其锥角越大则锥体越短,固相的分离时间也相对较短;相反,其锥角越小则锥体越长,固相的分离时间也较长。而分离时间的长短又将对旋流器的处理能力和分离粒度产生影响,且分离粒度随锥角的增大而变粗。通常,固液分离旋流器的锥角范围为 5°~20°。鉴于本例设计的旋流器要求分离粒度较细,初选锥角为 15°。

水力旋流器初步设计的结构尺寸见表 4.4。

表 4.4 旋流器初步设计结构尺寸

参数	尺寸	参数	尺寸
旋流器主直径(mm)	420	溢流管插入深度(mm)	250
入口尺寸(mm×mm)	65×130	底流口直径(mm)	90
溢流管直径(mm)	140	柱段长度(mm)	420
溢流管壁厚(mm)	15	锥角(°)	15

4.2 超声净化装置的设计

在压载水防海生物管理系统中超声净化的作用有两种:一是利用超声的气穴空化清净功能,对旋流过滤器工作中过滤不掉的海水中比水轻的丝状藻类或外壳较坚硬的藻类孢子利用气穴空化微泡爆裂的机械剪切力,将菌丝或孢子外壳破坏,为紫外线杀灭创造条件;二是利用超声对水体产生的振荡冲击的清洗能力,对紫外线杀菌器灯管的石英保护套管进行超声清洗,防止石英套管上因紫外线灯管的发热产生结垢或死亡微生物在石英套管上的沉积,保证石英套管的透光度,使紫外线的辐照范围能够达到尽可能远的距离。

4.2.1 超声气穴反应器的设计

1) 超声波换能器频率确定及选型

确定超声波的频率是依据反应器处理水的目的。如利用超声波换能器来产生臭氧或者羟基自由基,应该选择频率在 15～20 kHz 之间超声波的空化作用较强的换能器。通过空化作用使水中产生一系列热解反应,活性物质或者羟基自由基随之产生。该频率段超声波清洗精度较差,甚至会损伤被清洗物。如利用超声波换能器的机械效应或声流效应,则应使用频率更高一些的换能器,如 28 kHz。该换能器的空化作用较弱,不产生活性物质,其清洗精度要比 20 kHz 的高得多。

超声气穴净化反应器所选用的超声波换能器端面面积的大小与超声气穴空化产率的高低有很直接的联系。较大面积的超声波辐射对增加气穴空化产率更有效,所以对于超声气穴空化反应器的结构设计来说,为了充分提高气穴空化的产率,尽量选取较大的超声辐照面积,即在相同的设计功率下选取的换能器的端面面积要尽量大。虽然这样将造成超声波换能器辐射到反应容器内声波的平均声强值下降,但却可以让更大面积的压载水得到超声辐照,从而提高气穴空化反应产率。

超声波气穴空化反应器主要是用来做紫外线杀菌之前的预处理,将较大的菌胶团或大分子颗粒的微生物拆分或剪碎,并对自身筒体清洗。由于清洗作用不是主导作用,因此一般选择中频超声波换能器,即可达到对紫外线杀菌前置的处理效果。通常选型号为 HNC‑4SH‑5028 的超声波换能器,其具体参数见表 4.5。

表 4.5 HNC‑4SH‑5028 超声波换能器的具体参数

型号(Type)	谐振频率 (kHz)	静态电容 (pF)	谐振电阻 (Ω)	外形尺寸 直径×高度 (mm×mm)	功率 (W)	绝缘阻抗(MΩ) (2 500 V, DC)
HNC‑4SH‑5028	28±0.5	9 600±10%	≤20	67×68	100	≥100

2) 反应器结构形式的确定

反应器结构有多种形式,如槽式超声波反应器、探头式反应器以及杯式反应器等,但这些反应器由于所处理的都是死水,因此均不适用于对流动的压载水进行预处理的要求。图 4.6 所示的是一种对流动的水进行动态处理的反应器,但其超声波探头一直浸在水中,易受到海水的腐蚀,其超声换能器的寿命较短,因此该形式不适合压载水预处理器的开发。图 4.7 反应器设计了往流动水中添加处理剂的进口和中间的冷却管,由于压载水防海生物管理系统采用纯物理的处理方法,不需添加任何活性物质,所以这种反应器同样也不合适。

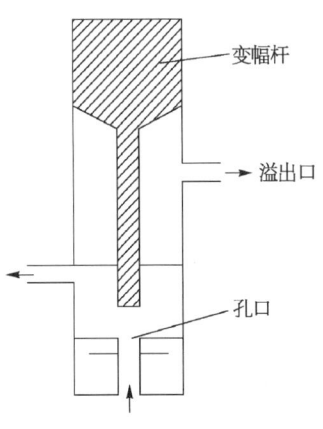

图 4.6 流动型反应器

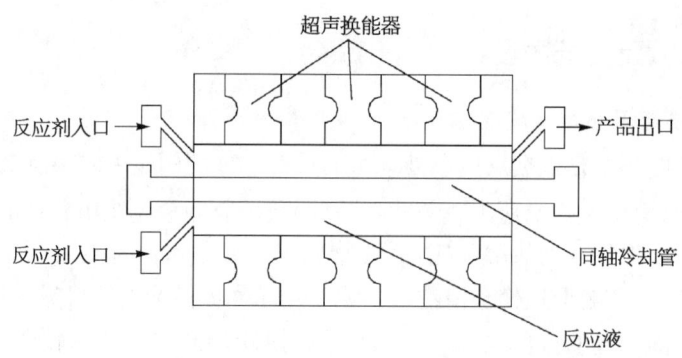

图 4.7　多探头型超声波反应器

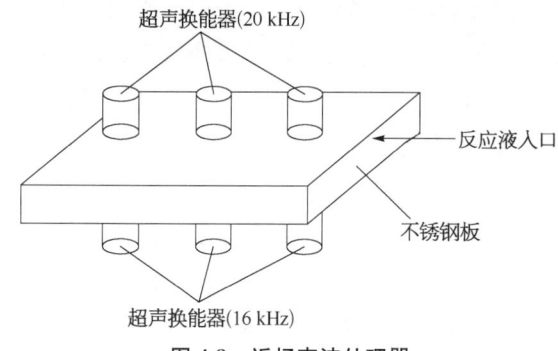

图 4.8　近场声波处理器

考虑到超声波气穴空化反应器所处理水的特殊性,以及处理效果要达到的标准,选用近场型过流式超声波反应器。其形式如美国 Lewis 公司提出的一种高声强超声气穴净化反应器,也叫做近场声波处理器。处理器的上端与下端都包含一个辐射声波的金属板,当处理液从中间经过的时候,在强烈的混响声场的作用下,使得固体颗粒被彻底粉碎,其结构如图 4.8 所示。

3) 影响结构尺寸确定的因素

(1) 波长因素。

超声波反应器的结构尺寸与超声波的各种特性紧密相连。超声波在反应器中的折射或反射是由其波长 λ 决定的[51]。当反应器两外壁间的距离为 $\lambda/4$ 的整数倍时,超声波将会在反应器壁上发生全反射,又由于在液体中超声波的衰减量很小,因此在满足这样尺寸要求的反应器中很容易发生混响,从而有利于超声波空化作用的发生。将所选 28 kHz 超声波换能器的频率值和声波在水中传播速度 1 480 m/s 代入下式:

$$c = \lambda f \tag{4.37}$$

可得超声波在反应器中传播的波长为 52.84 mm。所以反应器两壁间的距离应为 13.21 mm 的整数倍。

(2) 压载水管路流速因素。

对于压载水的处理能力为 300 m^3/h 的超声气穴净化反应器,根据船舶压载水的有关规定,压载或卸载时海水在管道中的流速不能超过 3 m/s。在此规定下,根据《压力容器公称直径》(GB/T 9019—2015)中压力容器的标准尺寸,可知 300 m^3/h 压载水处理系统所用管路的通径为 DN200,其流通横截面积为 37 650 mm^2。根据管路的尺寸,所以该筒体的横截面不得低于 37 650 mm^2。

(3) 超声辐照体积因素。

近些年来,一些学者根据结构不同,将超声气穴净化反应器分为两种典型结构:连续搅拌釜式反应器(CSTR)和活塞流式反应器(PFR)。其中,反应溶液的动力学特征可以根据上述两种经典的反应器理论进行推导。采用 CSTR 模型可以得到:

$$dC_R(t)/dt = \frac{Q}{V_S}[C_R(t) - C_S(t)] + \gamma_M r(K_{gc}) \tag{4.38}$$

式中　$C_R(t)$,$C_S(t)$——反应物和生成物的瞬时速率(kg/m^3);

　　　　Q——反应混合体积(m^3);

　　　　V_S——超声气穴净化反应器中超声辐照下溶液的体积(m^3);

　　　　γ_M——化学计量数;

　　　　$r(K_{gc})$——反应级数。

超声气穴净化反应绝大多数是一级反应,非整数级反应只会发生在高聚物降解过程中,并且在这个过程中发生这样反应的概率又是很小的。对式(4.38)进行适当的数学变换,即得到了 CSTR 模型下超声气穴净化反应器中反应速率常数公式:

$$K_{obs} = \frac{V_S}{V_S + V_R} gK \tag{4.39}$$

式中　V_R——反应体积(m^3)。

对于活塞流式超声气穴净化反应器,采用相关理论得到物料平衡方程式:

$$\left[\frac{\partial C_S(Vgt)}{\partial t}\right]_{V=\text{const}} = -Q\left[\frac{\partial C_S(Vgt)}{\partial t}\right]_{t=\text{const}} + \gamma_M r(Vgt) \tag{4.40}$$

对式(4.40)进行适当的数学变换,则可得:

$$C_R(t) = C_D g e^{\left[-\left(\frac{V_S}{V_S+V_R}\right)Kt\right]} \tag{4.41}$$

根据式(4.41)可以得到 PFR 反应器中表示超声气穴净化反应速率的数学公式:

$$K_{obs} = \frac{V_S}{V_S + V_R} K \tag{4.42}$$

根据设计初始条件可知,该超声波反应器属于活塞流式超声气穴净化反应器。因此,根据式(4.42)可以看出,要想提高超声气穴产率 K_{obs},必须提高 V_S,即提高超声气穴净化反应器中超声辐照下液体的体积。

(4)反应器底壁形状因素。

通常,超声气穴产率与反应器的底部形状有着密切的关系,但到目前为止尚没有很详细的定量描述。根据建立声场混响机制与电-声效率关系定性分析可知,大多数反应器都设计成近场型,这样可确保反应器内有足够的混响程度,从而保证空化作用的正常发生。一般入射波在换能器的表面 x cm 处的声能密度为:

$$\varepsilon = \begin{cases} \dfrac{I_0}{C} e^{-2ax} \\ 0 \quad \dfrac{x}{C}+T \leqslant t < \dfrac{x}{C} \end{cases} \tag{4.43}$$

式中　C——声速(m/s)；

　　　a——声压衰减系数(m^{-1})。

声波经过 N 次反射之后的声能密度为：

$$\varepsilon_N = \dfrac{I_0}{C} e^{-2aNH} \tag{4.44}$$

假设空化泡生成速率 dn/dt 与声能的 k 次方成正比，则可推导出声化学产率 $D(T)$ 和声能之间的关系为：

$$dn/dt = A[\varepsilon(t)]^K \tag{4.45}$$

将式(4.43)进行适当的变换，即得到：

$$D = BT\dfrac{A}{T_0}\int_0^{T_0}[\varepsilon(t)]^K dt \tag{4.46}$$

根据上述理论，反应器的底面应该设计成旋转面型，尽量不要出现尖角和棱角状的连接，以防止声场的漫散射，避免局部空化效应强度的降低，也有利于在加工工艺上的实现。

综合考虑以上各种因素，将筒体模型定为横截面为正方形的长方筒体，并且其横截面的尺寸为 264 mm×264 mm，该尺寸正好是 $\lambda/4$ 的 35 倍，为声场均匀化提供了有利条件。考虑到该反应器与整个压载水系统的连接和超声波换能器阵列安装时所需的尺寸，将其长度设定在 630 mm。由于该超声波反应器主要用来处理海水，需要具有较强化学稳定性的不锈钢作为其制作材料。考虑到超声波的传振效率和混响效果，反应器壁厚不宜过大，一般只需要 2~3 mm，因此将此反应器壁厚定为 3 mm。其结构如图 4.9 所示。

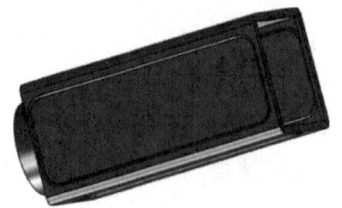
图 4.9　反应器结构

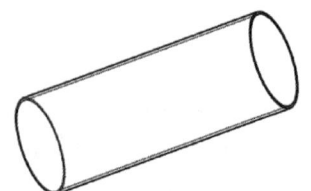
图 4.10　传振网三维模型

该筒体的横截面积虽然大于管路的横截面积，但是当压载水经过的时候，水流速仍然很大，为 1.063 m/s。而超声波发生空化效应或剪切效应需要一定的死水区或较小的水流速度(一般≤0.2 m/s)，只有这样超声波才能发挥作用。为了促进超声在水中的传播，在反应器中可以加一层传振网,该网的内经略大于管道尺寸,水在经过的时候可以透过网的导流作用充分与反应器内的死水区水混合,使超声波产生的空化泡可以透过传振网进入到流速比较大的水体中,然后完成能量的释放,实现对较大微生物的处理。传振网三维模型如图4.10所示。

4) 反应器超声波功率的设计

从提高电-声效率的角度出发,一定要把声强 I 与处理液量进行很好的匹配。根据设计经验,当反应器中处理液深度≤400 mm,且超声波换能器为整体粘接式安装时,此时超声波功率应采用面积功率密度参数(声强 I)来设计[52]。在一定的限度内,提高声强 I 将促进超声气穴净化反应的产率增加,但是不能超过该限度。通常,当声强 $I \geqslant 3 \text{ W/cm}^2$ 后,超声空穴的产率将不会再有明显的提高。综合考虑经济与寿命等因素,应将声强控制在一定的范围内。如过渡增加声强会造成超声波换能器电耗增大,同时对超声气穴净化反应容器的寿命也存在很大的不利影响。相反,若使用小端面的超声波换能器,虽然部分反应海水的声强值比较大,但是其余部分海水得不到超声辐照,这样并不能提高超声气穴的产率。因此,从提高超声气穴产率和降低超声波换能器功耗角度考虑,超声气穴净化反应器所使用的超声波换能器的端面面积要尽量大,使其平均声强 $I \leqslant 3 \text{ W/cm}^2$。

由于反应器的横截面为正方形,有4个面积相等的反应器壁,因此只要计算出其中两个面的面积即可得到反应器的处理面积。根据反应器的具体尺寸计算可得:

$$A = 2 \times (C - 2R)L = 3\,099.6 \text{ cm}^2$$

式中 C——反应器截面的边长,$C = 286$ mm;

R——反应器的圆角的半径,$R = 20$ mm;

L——反应器的长度,$L = 630$ mm。

在压载水的预处理过程中,主要功效是将较大的微生物和菌胶团剪切开来,因此所需的声强要小于用来降解有机物的声强。根据实践经验,用来处理微生物声强应在 2 W/cm^2 左右。本设计中取声强 $I = 2.3 \text{ W/cm}^2$。因此,超声波换能器的总功率为:

$$P = AI = 3\,099.6 \times 2.3 = 7\,129.08 \text{ W}$$

根据总功率的计算,考虑到能量的损失,将总功率圆整为 7 200 W。由上述所选换能器的参数可知,需要72个超声换能器即可满足功率要求。

5) 超声气穴反应器结构的设计

(1) 超声波换能器的安装。

超声波换能器的安装方式一般分为三种[52]:直接安装型、盒式安装型、振动板型。

直接安装型是指超声波换能器直接固定在反应器的外壁上。这种安装方式构造简单,便于维修和更换,一般适用于中小型超声波反应器。

盒式安装型是指将超声波换能器安装在一个不锈钢的盒体内,然后将该盒体密封,整体安装在反应器内。一般适用于大型超声波反应器。其优点在于噪声低、更换方便,但成本要高于直接安装型,且换能器维修烦琐。

振动板型是指将超声波换能器按要求阵列分布在一块不锈钢板上,并将该不锈钢板当作反应器的底。这种安装方式结合了以上两种方式的优点,但是对密封的要求却很高。

依据压载水管理系统的设计要求,所设计的反应器结构只能选择第一种安装方式,即直接安装型,结构如图 4.11 所示。

直接安装型的换能器与容器壁连接方式分为两种:法兰连接式和整体粘接式。

法兰连接式是先用专用胶将超声波换能器粘接到一块圆形的不锈钢板(振动板)上,然后在反应器的底部相应位置开孔,其直径小于振动板直径,带有振动板的超声波换能器放入反应器底壁上,通过开孔伸到反应器外部,将振动板与反应器底壁外部的法兰片中间加入密封垫片后由螺栓固定即可。

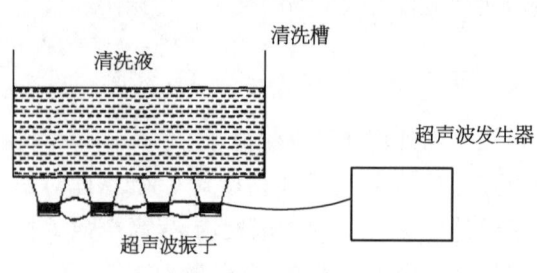

图 4.11 换能器直接安装型结构

整体粘接式的结构相对于法兰连接式要简单很多。在反应器的外壁上向内部压出凹槽,凹槽的尺寸不能太深,一般控制在 5 mm 左右,将超声波换能器直接粘接在凹槽上,如图 4.12 所示。

王海鸥等通过实验对这两种连接形式做了声场测试,在所有条件都相同时,整体粘接式的反应器液体中声能明显要高于法兰连接式[24]。对于法兰连接式结构,振动板上承载的能量一部分直接传给反应液,另一部分通过连接固定件传给了底壁,然后经过底壁再传给清洗液。但是由

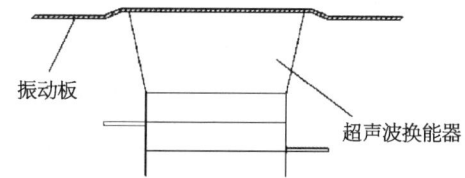

图 4.12 整体粘接式结构图

于振动板与底壁在连接固定时中间加了密封垫片,形成了非刚性连接,使得振动板与底壁之间形成一定的减振阻尼,因此当振动板向液体传递能量时,这部分能量将会直接损失掉。而对整体粘接式,超声波换能器与反应器底壁直接固定,换能器的振动能量直接传递给反应器底壁,然后反应器底壁再将能量传递给反应液。在这个过程中不存在任何阻尼连接,因此在超声能量传播中不存在因阻尼造成的能量损失。所以相对于前者,后者的能量转化效率会更高一些。

(2) 超声波发生器的选择。

根据超声波发生器发振方式的不同,可将超声波发生器分为以下几种:

① 单频率发振:发振过程中始终只存在一种频率。该方式所发出的超声波具有强力的效果,但是由于频率单一,声波汇聚,可能在反应器中存在一些辐照盲区。

② 变化振幅发振:发生器在工作的过程中,超声波的振幅会发生变化。这种方式用在清洗或者脱气方面有很好的效果,但是噪声很大。

③ 交互式频率变化发振:这种发振方式能间歇地发出不同频率的超声波来驱动不同频率的超声波换能器。起初主要是为了解决声场盲区问题。但试验表明,当不同频率的超声波换能器安装在同一块振动板上时,频率高的换能器很容易出现故障。由于发振方式的间歇性,所以换能器始终只有一半工作,使得声强变弱,不能达到良好的处理效果。

④ 同时多种频率发振：该发振方式跟第三种的区别在于同时发出多种频率。这种多频率的超声波在工作时，虽能产生较均匀的声场，但声强很低。

⑤ 聚能型发振：从其定义可知，这种发振方式是将振头的发射部分通过工具头聚焦在非常小的区域内，从而使得功率密度倍增。该方式成功地被应用在喷丝板清洗上。

根据压载水防海生物处理装置的过流式特点，选择适当频率的超声波换能器，为了提高超声波反应器的处理效果，必须要有较强的声强，所以选用单频超声波换能器较为适合。消除声波场盲区可以通过声场的设计来实现。

(3) 声场均匀化。

根据超声气穴反应器的工作特性要求，可知反应器上所安装的超声波换能器为声场对射形式。沿水流的方向看，左右两个主反应壁面上的超声波相向传播，并在各自相对的面上形成反射。在整个过程中反应器中形成了频率相同、传播方向相反的两列声波。选取共同的坐标原点和计时起点，则可以得到两列声波的表达式：

$$y_1 = A\cos(\omega t - kx) \tag{4.47}$$

$$y_2 = A\cos(\omega t - kx) \tag{4.48}$$

则在两列声波相遇的位置的合位移振幅为：

$$y = y_1 + y_2 = A\cos(\omega t - kx) + A\cos(\omega t - kx) = (2A\cos kx)\cos\omega t \tag{4.49}$$

由于 $k = 2\pi/\lambda$，λ 为声波在处理水中传播的波长，则将 k 代入式(4.49)得：

$$y = \left(2A\cos\frac{2\pi}{\lambda}x\right)\cos\omega t \tag{4.50}$$

式(4.50)中的 $\cos\omega t$ 代表了反应液中经过叠加的声波仍旧按正弦规律变化，而 $2A\cos\frac{2\pi}{\lambda}x$ 表达的是各点的振幅，也是随 x 在做周期性的变化。

当 $x = 0, \pm\lambda/2, \pm 3\lambda/2, \cdots$ 时

$$x = \pm i\lambda/2 \quad i = 0, 1, 2, \cdots \tag{4.51}$$

代入式(4.50)可得：$\left|2A\cos\frac{2\pi}{\lambda}x\right| = 2A$，说明当声波传播到上述位置上时，叠加后的振幅为 $2A$，为最大振幅，也就是驻波场[53]波峰的位置。

当 $x = \pm\lambda/4, \pm 3\lambda/4, \pm 5\lambda/4, \cdots$ 时

$$x = \pm(2i+1)\lambda/4 \quad i = 0, 1, 2, \cdots \tag{4.52}$$

代入式(4.50)可得：$2A\cos\frac{2\pi}{\lambda}x = 0$，说明当声波传播到上述位置上时，叠加后的振幅为 0，也就是驻波场的波谷位置。根据式(4.51)、式(4.52)可得，相邻的两个波峰间或者两个波谷间的距离都是 $\lambda/2$，而相邻的波谷和波峰间的距离却是 $\lambda/4$。

因此,将超声波换能器分为两组,分左右两侧阵列分布在反应器的外壁上,这样就形成了单一方向、单一频率的对射。为了达到超声波的振幅相互补偿的目的,应将一侧中的每一个换能器所形成的驻波波峰与另一侧每个换能器所形成的驻波波谷正好相遇。由于相邻驻波波峰与波谷间的距离是 $\lambda/4$,因此换能器的对射距离应该为 $\lambda/4$ 的整数倍时,才能达到有效的清洗目的。图 4.13 所示是超声波换能器正对分布的声场模拟,图 4.14 所示是差开分布声场的模拟。

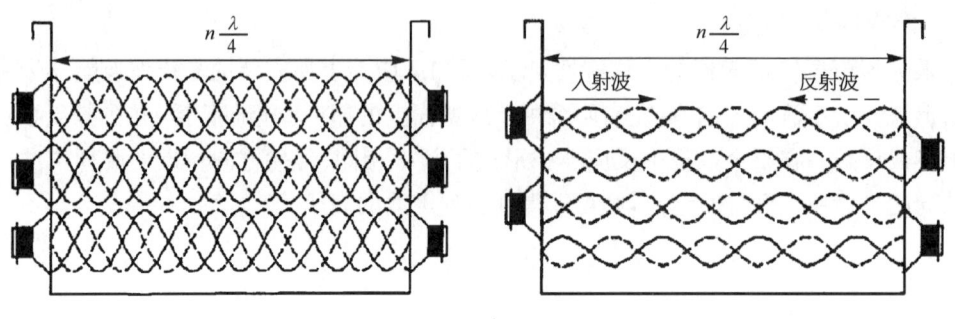

图 4.13　正对分布声场的模拟　　　　图 4.14　差开分布声场的模拟

从以上的图中可以看出,无论超声波换能器如何分布,只要超声波换能器安装端面之间距离为 $\lambda/4$ 的整数倍,则两侧的换能器各自所形成的驻波波谷会被对侧的驻波波峰弥补,所以反应器内的声场就会变得均匀化。驻波现象所造成的声场盲区也会得到改善。超声波换能器与反应器的具体安装排列及内部结构形式如图 4.15 所示。

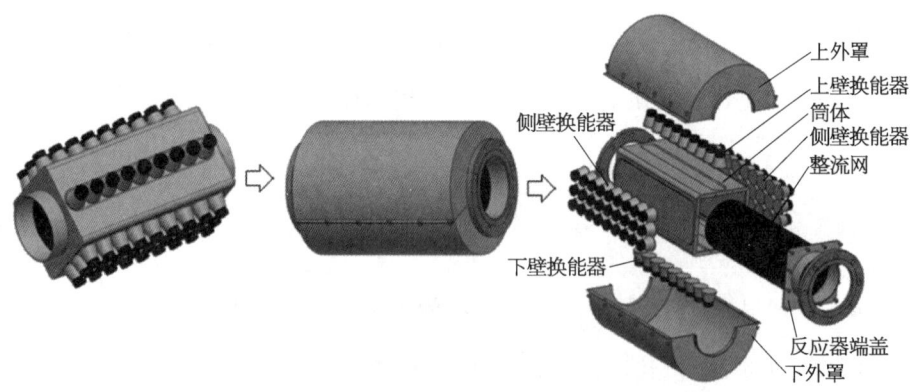

图 4.15　超声波换能器的布置与反应器内部结构

4.2.2　超声清洗器的设计

超声清洗器在船舶压载水防海生物管理系统中主要用于对紫外线杀菌器的清洗,这也是一种典型的过流清洗设备,目的是清洗掉中压高强紫外线杀菌器内部筒壁和紫外线灯管石英护套上因紫外线灯管高温引起的海水中的矿物质结构以及杀灭的微生物在其上的沉积,确保石英护套的通透性和筒体内壁的反光性能,使得紫外线杀菌效能达到最好。

利用过流超声清洗器,可以省掉对紫外线灯管进行清洗的丝杆刮板机构,从而使得杀菌器内部的结构除了中压高强紫外线灯管外更为简洁。因此,对于处理大流量的压载水的杀菌器,在设计上就可改变传统的圆筒形杀菌器结构,将杀菌器设计成底进上出的长方筒形杀菌器,如图 4.16 所示。这样由于超声清洗的作用,使得杀菌器工作时,超声清洗持续对灯管石英护套和筒壁进行清洗,避免了结垢现象的产生。同时,为了达到有效的紫外线杀菌剂量,也可在船舱有限空间中尽可能将杀菌器的腔体加长,从而布置更多的中压高强紫外线灯管,使水流在瞬态过流中获得足够的辐照剂量。

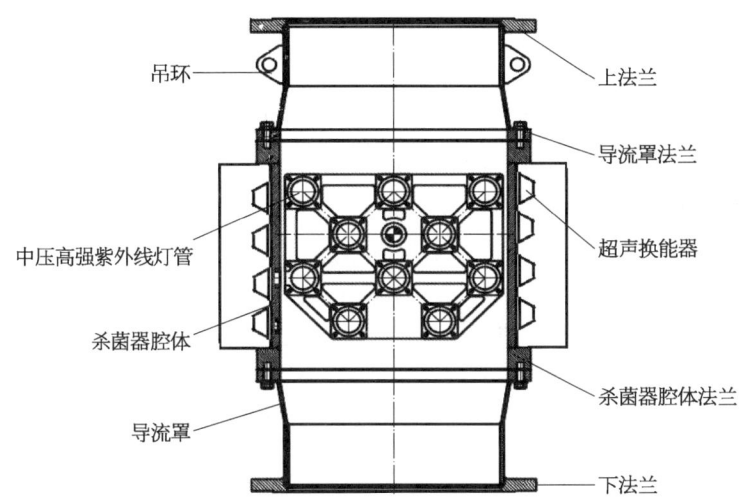

图 4.16 带有过流超声清洗器的长方筒形杀菌器

过流超声清洗器的超声波换能器参数的选取和设计方法与超声气穴反应器的设计方法类似,主要是将超声换能器垂直于紫外线灯管布置在杀菌器的两侧,其设计计算方法与超声气穴反应器的设计计算方法相同,这里不再赘述。

4.3 杀菌器的设计

杀菌器是船舶压载水防海生物管理系统中的关键部件,其杀菌能力的强弱,直接关系到压载水防海生物管理系统通过 IMO 和 USCG 的产品认证评估,获得市场准入的资格。因此,无论是利用纯物理法原理接受 IMO G8 评估的杀菌器,还是利用化学添加剂法原理接受 IMO G9 评估的杀菌器,对其质量评价的标准就是杀菌的效能和效果。

采用纯物理法设计的系统,是指在压载水的过流处理过程中直接利用紫外线、加热、机械、惰性气体等物理方法,而没有添加任何化学试剂的系统,如选配 UVC、惰性气体杀菌单元的系统;采用化学添加剂法设计的系统,则是指在压载水的过流处理过程中利用电解、光催化作用产生其他化学物质或直接向处理的海水中添加化学物质的系统,如选配光电催化,电解或药剂杀菌单元的系统。

4.3.1 UVC 杀菌器的设计

UVC 杀菌机制主要是:让核酸发生突变,进而阻止其复制、转录等一系列繁殖活动;直接损害细胞,抑制细胞的活性;在水中通过辐照产生自由基,直接杀死细菌。

杀菌器工作时,其内部充满水,而 UVC 灯管不能直接与所处理的水接触,需要在灯管的外部套上一层石英套管,以保证其使用安全。UVC 管正常工作时,其表面温度很高,如中压 UVC 管,正常工作温度高达 900℃。因此,石英套管必须耐高温,且透光率要高。当 UVC 穿越石英套管进入水中时,其照射强度随光源辐照半径的增加而减弱。其衰减满足指数衰减规律,即朗伯定律:

$$I = I_0 e^{-\alpha_w d} \tag{4.53}$$

式中　I_0——初始辐照强度(W/cm^2);

　　　α_w——光的吸收系数(cm^{-1});

　　　d——水层厚度(cm)。

UVC 穿透能力随在水中的辐照半径增加而下降。蒸馏水中 UVC 穿透率见表 4.6。将表中的数值代入朗伯定律可以计算出蒸馏水对 UVC 的吸收系数 $\alpha_w = 0.2326\ cm^{-1}$,后续 UVC 强度的计算可以参照此值。

表 4.6　UVC 在蒸馏水中不同辐照半径的穿透率

水深(cm)	0.8	4.5	10
穿透率(%)	83	35	10

1) UVC 杀菌动力学

UVC 灭菌的实质是光化学反应。但是当 UVC 杀菌过后,微生物还会有一系列的光复活或者暗复活的反应,这又属于生化学反应。两者比较来说光化学反应占了主导。

UVC 杀菌的反应速率方程为:

$$r_A = -(dN_A/dt) = kN_A^n \tag{4.54}$$

两边取对数可得到:

$$\lg[-(dN_A/dt)] = \lg k + n\lg N_A \tag{4.55}$$

式中　n——反应级数;

k——反应速率常数。

UVC 杀菌一般都是一级反应,所以 $n=1$,由此便可得到 UVC 杀菌满足一级反应的动力学模型:

$$N = N_0 \mathrm{e}^{-kIt} = N_0 \mathrm{e}^{-kD} \tag{4.56}$$

式中　N——经紫外线照射后菌体浓度(个/100 mL);

N_0——初始菌体浓度(个/100 mL);

k——速率常数[$cm^2/(W \cdot s)$],美国 EPA 设计手册推荐值为 0.067~0.38;

D——紫外线辐照剂量(J/cm^2);

I——紫外线灯的辐照强度(W/cm^2);

t——辐照时间(s)。

从上式可得出,UVC 对微生物的杀灭效果与微生物的初始浓度有着密切的联系,同时与紫外线灯管的照射剂量成指数关系。继续对式(4.56)进行相应的数学变换可得到:

$$\lg \frac{N}{N_0} = -kIt = -kD \tag{4.57}$$

经过大量的实验,一级反应公式对病毒杀灭率的适用性可达 99.999%(也称 5 个 lg),对细菌杀灭率的适用性也可达到 3 个 lg。

2) UVC 杀菌的影响因素

(1) 水质。

水质对 UVC 杀菌的效果有很大的影响,与水的色度、浊度和铁的含量有很大的关系。有人通过实验得出了色度对 UVC 吸收系数的影响,见表 4.7。

表 4.7　色度对 UVC 吸收系数的影响

色度(度)	1	5	10	15	20	25	30	35	40	45
吸收系数(cm^{-1})	0.025	0.08	0.12	0.16	0.20	0.23	0.25	0.32	0.35	0.40

从表 4.7 可以看出,随着色度的增加,水对 UVC 的吸收系数也在增加。根据朗伯定律可知,UVC 的衰减随着色度的增加越来越快。

浊度对 UVC 杀菌效果的影响主要表现在:水中的一些浊度物质会吸收、散射或者反射 UVC 光线,从而影响其穿透力。因此,对于一些小的微生物来说,它们可以隐藏在这些浊度物质颗粒中,避免 UVC 的直接照射,大大降低了 UVC 的杀菌效果。

UVC 的杀菌效果与海水中的铁含量有很大关系。游离态的铁对 UVC 有很强烈的吸收作用,所以 UVC 辐照出来的一部分能量将损失在铁离子上,导致作用在细菌上的剂量明显减少。因此,要考虑海水中的铁离子的前期处理,这样才能保证 UVC 的杀菌效果。

(2) 温度。

温度对于 UVC 灯管的影响很大。由于本产品开发使用的是中压灯管,而中压灯管的正常工作温度要远远的高于低压灯管。根据测量,中压灯管正常工作时的表面温度达到了 900℃。如果周围的环境能提供这样的温度,使得 UVC 灯在工作的时候没有任何热交换,其 UVC 转化效率达到 15.67%。但是这样的条件在处理压载水的过程中是不可能实现的,由于石英套管的存在,当 UVC 灯正常工作时,只能将灯表面与石英套管间的空气加热到 200℃左右,其余的热量将被水带走,在这样的情况下测量 UVC 的转化效率只有 12.33%。因此,在对 UVC 剂量计算的时候,一定要考虑温度的影响。

(3) 灯管电压。

UVC 灯管的工作电压将直接影响其照度,因此只有保证了工作电压的稳定性,才能维持杀菌效果的稳定性。通过对贺利氏 G67T5VH 低压灯管做电压变化实验可得如表 4.8 所示的数据。可以看出,UVC 灯管的辐照强度受电压的影响很大。由于该灯的额定工作电压是 230 V,而大概每下降 10 V,其照度将会减少 12~20 $\mu W/cm^2$。

表 4.8 G67T5VH 灯管在不同电压下的照度

电 压(V)	照度范围($\mu W/cm^2$)	平均照度($\mu W/cm^2$)
200	110~117	142
210	135~180	165
220	160~210	185
230	165~225	202

(4) 其他影响因素。

除以上所述的影响因素之外,UVC 剂量、微生物的种类和浓度、灯管的使用时间等,都能影响 UVC 的杀菌效果。

3) UVC 杀菌器的设计计算

UVC 杀菌器的主要结构包括:杀菌器筒体、UVC 灯管和套管、清洗机构、动力结构等部分。在处理压载水的过程中,水的流程可以分为三个阶段:进水、杀菌和出水。按照该处理过程的特点,应将 UVC 杀菌的形式定为过流式。

UVC 杀菌器的作用是灭活压载水中较小的细菌、病毒和藻类,所以它是保证良好处理效果的重要部件,是压载水处理系统的核心。考虑到船舶空间有限,要求杀菌器的处理效果在满足 IMO 压载水处理标准的同时,应该努力减少处理时间,并使杀菌器尽可能的小型化、实用化、高效化。

(1) UVC 灯管的选择。

以设计一套 300 m^3/h 船舶压载水高效处理系统,供陆基和海基实验为例。

选取 DQ3030 型中压高强 UVC 汞灯,根据其灯管的尺寸,石英套管的尺寸可以确定为内径 29 mm、外径 32 mm、长度为 430 mm。

(2) UVC 照射剂量。

UVC 的照射剂量用 D 来表示,是指在某一点的照射强度 I 与照射时间 t 的乘积。它是衡量 UVC 杀菌器杀菌能力的参数,其具体表达式为:

$$D = It \tag{4.58}$$

式中 I——对某点的辐照强度($\mu W/cm^2$);

t——对某点的辐照时间(s)。

对于整个 UVC 杀菌器而言,不同位置的辐照剂量是不同的,因此杀菌器的剂量应该用平均剂量来表示,即

$$D = I_{avg} \bar{t} \tag{4.59}$$

式中 I_{avg}——杀菌器内平均 UV 照射强度($\mu W/cm^2$);

$\bar{t}$——流体经过杀菌器所需的平均时间(s)。

一般来说,过流的平均时间由杀菌器的有效容积和流量来决定,即 $\bar{t} = V/Q$;或由过流距离与流速来表示,$\bar{t} = L/v$。辐照剂量是衡量杀菌器杀菌能力的主要参数。因此,UVC 杀菌器设计的核心问题就是设计确定 UVC 辐照剂量。由式(4.59)可知,UVC 辐照剂量大小与 UVC 灯输出功率、辐照距离和辐照时间相关。杀灭不同微生物所需 UVC 剂量见表 4.9。

表 4.9 杀灭不同微生物所需 UVC 剂量

微 生 物	剂量($\mu J/cm^2$)	微 生 物	剂量($\mu J/cm^2$)
大肠杆菌	6 000	流感病毒	6 600
伤寒杆菌	7 600	破伤风病毒	22 000
枯草杆菌芽孢	40 000	溶血性链球菌	5 500
金黄色葡萄球菌	12 000	绿色链球菌	3 800
白喉杆菌	20 000	大肠杆菌噬菌体	6 600
结核杆菌	20 000	沙门氏菌	10 000
黄曲霉菌	9 900	痢疾杆菌	4 200
黑曲霉孢子	600 000	霍乱弧菌	6 500

(3) UVC 灯管的布置。

用于 UVC 强度计算的基本模型有两种方法:径向辐射(Radial)模型和点源加和(Point Source Summation, PSS)模型。

径向辐射模型把 UVC 灯看成一个能量均布的直线型光源,计算时假设如下:UVC 灯所辐射的能量沿灯管轴向均匀分布;UVC 光线垂直于灯管轴线和石英套管外壁,以圆柱面的形式向外辐射能量;只考虑水中污染物对 UVC 的吸收,不计空气、石英和水界面的折射,以及水中污染物的散射和反射。

点源加和模型将 UVC 灯看成由无数相互独立的点光源组成,且以球面的形式向外均匀辐射,计算时假设如下:UVC 灯是由无数个各向同性的点光源组成;每个点光源相互独立,并以球面的形式向外辐射能量;只考虑水中污染物对 UVC 的吸收,不计空气、石英和水界面的折射,以及水中污染物的散射和反射。

根据目标产品的特点以及要求,径向辐射模型更适合本装置的设计计算。

由于所设计的杀菌器的筒体为圆柱形,灯管沿筒体轴向布置,因此设定坐标的形式为：筒体的轴线为 x 轴,且杀菌器有效部分的中心为原点,过原点且与 x 轴相垂直的平面为 yoz 平面,选择过原点且相互垂直的两个半径方向分别定为 y 轴和 z 轴。

若杀菌器内只有一根 UVC 灯管,其轴线位置与杀菌器轴线相重合。根据径向辐射的假设条件可得到杀菌器内部任意半径圆柱面上的任意一点的 UVC 辐照强度：

$$I_0 = \frac{P\eta}{2\pi rL} \tag{4.60}$$

式中　P——UVC 灯管的输入功率(W)；

　　　η——UVC 灯管对 UVC 的转化效率；

　　　L——UVC 灯管的有效长度(m)；

　　　r——沿灯管轴线的任意柱面半径(m)。

由于 UVC 灯管在正常工作时不能与水直接接触,需要石英套管的保护,因此当 UVC 穿过石英套管时还会有一部分功率损失,损失的大小与石英套管的吸收率 η_q 有关。UVC 经过石英套管后便进入水中,而在水中的传播规律满足前面所述的朗伯定律。故可以得到 UVC 在水中传播辐照强度 I 的数学表达式：

$$I = I_0 \eta_q e^{-\alpha_w d_w} = \frac{P\eta\eta_q}{2\pi rL} e^{-\alpha_w d_w} \tag{4.61}$$

式中　η_q——UVC 对石英套管的穿透率；

　　　d_w——水层的厚度(m)。

$d_w = r - R_q$,r 是沿灯管轴线的任意柱面半径,R_q 是石英套管的外半径。

由式(4.61)可知,I_{min} 将会出现在距离灯管轴线最远的圆柱面上,对于单根灯管来说,I_{min} 的具体位置是反应器的内壁圆柱面。

对于其平均辐照强度 $\bar{I}$,由径向辐射模型的假设条件可知,沿 x 轴的任意平面上的平均辐照强度都是相等的。因此,整个杀菌器的平均辐照强度就等于任意 x 截面上的平均辐照强度,即 $\bar{I}(x)$。

由于 UVC 杀菌器轴向任意截面为中心对称图形,故求截面的平均光强的时候,只需要计算 1/8 的圆环即可。将直角坐标变换为柱坐标,即 $x=x$,$y=r\cos\theta$,$z=r\sin\theta$,根据辐照功率等于光强与面的乘积可得：

$$I(x, r, \theta) \cdot dA = \frac{P\eta\eta_q}{2\pi rL} e^{-\alpha(r-R_q)} r dr d\theta \tag{4.62}$$

对式(4.62)两边积分得：

$$\bar{I}(x) \cdot A = \int_{\theta_1}^{\theta_2} d\theta \int_{r_1}^{r_2} \frac{P\eta\eta_q}{2\pi rL} e^{-\alpha(r-R_q)} r dr \tag{4.63}$$

根据以上边界条件可知,$A = \frac{\pi}{8}(R^2 - R_q^2)$,$\theta \in \left(0, \frac{\pi}{4}\right)$,$r \in (R_q, R)$,$R$ 为反应器

的内壁半径。代入式(4.63)可得：

$$\bar{I}(x) = \frac{8}{\pi(R^2-R_q^2)} \int_0^{\frac{\pi}{4}} d\theta \int_{R_q}^{R} \frac{P\eta\eta_q}{2\pi rL} e^{-\alpha(r-R_q)} r dr = \frac{P\eta\eta_q}{\pi(R^2-R_q^2)L} \cdot \frac{1}{0.2326}[1-e^{-\alpha(R-R_q)}]$$

(4.64)

式(4.64)为单根 UVC 灯管杀菌器的平均辐照强度。

为了保证杀菌器的杀菌效果，本例所设计的杀菌器平均杀菌剂量要在 250 000 μJ/cm² 以上。考虑到杀菌的高效性，选 14 根中压 UVC 汞灯 DQ3030，分为两个圆柱面来排列。继续沿用上述坐标建立的形式，则具体的排列方式如图 4.17 所示。

对于多杀菌器内灯管的照度计算，其任意一点的照度应该为每根灯管在这一点照度的累加值。但是当灯管数量多的时候，难免会发生一些遮挡。由于 UVC 辐照强度满足朗伯定律，因此当距离超过一定值时，对该点照度的贡献可忽略不计。所

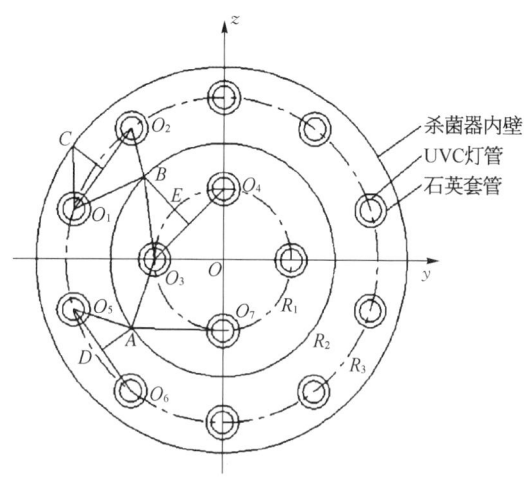

图 4.17 UVC 灯管分布图

以，针对目标杀菌器的灯管布置形式可做如下规定：

A. 在半径小于 R_1 的区域内，任意一点的 UVC 辐照强度为内圈圆周上阵列的 4 根灯管对该点的累加辐照强度。光照强度最弱的点为 O 点。

B. 半径在 R_1 和 R_3 之间的区域内，任意一点的 UVC 辐照强度为该点附近的 4 根灯管对该点的累加强度。理论上光照强度最弱的点应该在任意四根灯管所组成的四边形中心上，为了方便计算，将点 A、B 作为最小光照强度参考点。

C. 在半径 R_3 与杀菌器内壁之间的区域内，任意一点的 UVC 辐照强度为该点附近 2 根灯管对该点的累加强度。光照强度最弱的点为 C 点。

根据以上规定的条件，分别确定两圈灯管的排布圆周尺寸。

① 内圈灯管的排布半径的设计。

由于 4 根灯管在 yOz 坐标系中关于原点对称，因此利用极坐标系表示 4 根灯管的坐标。则在 4 根灯管之中的第 i 根灯管轴线的坐标为 $\left[R_1\cos\left(\frac{i-1}{4}2\pi\right), R_1\sin\left(\frac{i-1}{4}2\pi\right)\right]$，由式(4.61)可得在半径为 R_1 的圆内任意点 (x,y,z) 的紫外线强度为：

$$I_i(x,y,z) = \frac{P\eta\eta_q}{2\pi r_i L} e^{-\alpha_w(r_i-R_0)}$$

(4.65)

4 根灯管在 D_1 区域任意点 (x,y,z) 的总紫外线强度为：

$$I_1(x, y, z) = \sum_{i=1}^{4} \frac{P\eta\eta_q}{2\pi r_i L} e^{-\alpha_w(r_i - R_0)} \tag{4.66}$$

其中，r_i 为点 (x, y, z) 到第 i 根紫外线灯管轴线的距离，$i = 1, 2, \cdots, 4$。则在 $x = C$ 的界面上：

$$r_i = \sqrt{\left[y - R_1 \cos\left(\frac{i-1}{4}\right) 2\pi\right]^2 + \left[z - R_1 \sin\left(\frac{i-1}{4}\right) 2\pi\right]^2} \tag{4.67}$$

由于 4 根灯管关于原点对称，R_1 区域内紫外线强度的最低点在原点处。最小的光强为：

$$I_{1\min} = 4 \times \frac{P\eta\eta_q}{2\pi R_1 L} e^{-\alpha_w(R_1 - R_0)} \tag{4.68}$$

式中　α_w——海水对 UVC 的吸收系数，取 $0.232\,6\ \mathrm{cm}^{-1}$；

R_0——石英套管的外壁半径，取 $1.65\ \mathrm{cm}$；

L——UVC 灯管的有效长度，根据所选灯管的参数为 $30\ \mathrm{cm}$；

P——UVC 灯管的输入功率，根据所选灯管的参数为 $3\,000\ \mathrm{W}$；

η——UVC 灯管对 UVC 的转化效率，根据所选灯管的参数为 15.67%；

η_q——石英套管对 UVC 的穿透率，取 0.9。

令 $I_o = 400\ \mathrm{mW/cm^2}$，将以上参数代入式(4.68)可得：

$$R_1 = 7.13\ \mathrm{cm}$$

考虑到装配和优化光强，特将 R_1 圆整为 $7\ \mathrm{cm}$。

② 外圈灯管分布半径计算。

由第二条规定，选定 A、B 点为最小光强的参考点。同样假设 A、B 点的光强均为 $400\ \mathrm{mW/cm^2}$，则根据式(4.61)可得：

$$\begin{aligned}I_A = &\frac{P\eta\eta_q}{2\pi r_{AO3} L} e^{-\alpha_w(r_{AO3} - R_0)} + \frac{P\eta\eta_q}{2\pi r_{AO5} L} e^{-\alpha_w(r_{AO5} - R_0)} + \frac{P\eta\eta_q}{2\pi r_{AO6} L} e^{-\alpha_w(r_{AO6} - R_0)} \\ &+ \frac{P\eta\eta_q}{2\pi r_{AO7} L} e^{-\alpha_w(r_{AO7} - R_0)}\end{aligned} \tag{4.69}$$

$$\begin{aligned}I_B = &\frac{P\eta\eta_q}{2\pi r_{BO3} L} e^{-\alpha_w(r_{BO3} - R_0)} + \frac{P\eta\eta_q}{2\pi r_{BO4} L} e^{-\alpha_w(r_{BO4} - R_0)} + \frac{P\eta\eta_q}{2\pi r_{BO1} L} e^{-\alpha_w(r_{BO1} - R_0)} \\ &+ \frac{P\eta\eta_q}{2\pi r_{BO2} L} e^{-\alpha_w(r_{BO2} - R_0)}\end{aligned} \tag{4.70}$$

由于 A、B 两点的光强是其附近 4 根灯管共同照射的累加值，4 根灯管两两分别来自内外圈。因此假设内圈两根灯管和外圈两根灯管分别对该点提供 $200\ \mathrm{mW/cm^2}$ 的照射强度，故可得到：

$$I_{\mathrm{A}}=\frac{P\eta_{\mathrm{q}}}{2\pi r_{\mathrm{AO5}}L}\mathrm{e}^{-\alpha_{\mathrm{w}}(r_{\mathrm{AO5}}-R_0)}+\frac{P\eta_{\mathrm{q}}}{2\pi r_{\mathrm{AO6}}L}\mathrm{e}^{-\alpha_{\mathrm{w}}(r_{\mathrm{AO6}}-R_0)}=200\ \mathrm{mW/cm^2} \quad (4.71)$$

$$I_{\mathrm{B}}=\frac{P\eta_{\mathrm{q}}}{2\pi r_{\mathrm{BO3}}L}\mathrm{e}^{-\alpha_{\mathrm{w}}(r_{\mathrm{BO3}}-R_0)}+\frac{P\eta_{\mathrm{q}}}{2\pi r_{\mathrm{BO4}}L}\mathrm{e}^{-\alpha_{\mathrm{w}}(r_{\mathrm{BO4}}-R_0)}=200\ \mathrm{mW/cm^2} \quad (4.72)$$

由图(4.17)可知，r_{AO5} 与 r_{AO6} 相等，r_{BO3} 与 r_{BO4} 相等。而内圈的灯管分布已经确定，将 $r_{\mathrm{BO3}}=r_{\mathrm{BO4}}$ 代入式(4.71)得：

$$r_{\mathrm{BO3}}=r_{\mathrm{BO4}}=6.184\ 7\ \mathrm{cm}$$

再根据图 4.17，通过三角函数可以计算出线段 BE 的长度为 5.35 cm。故 R_2 的尺寸约为 12.35 cm。然后以该 12.35 cm 为半径，以中心为圆心画圆，在外圈灯管中任选两根，做两灯管轴线连线的垂直平分线，交半径为 R_2 的圆于 A 点，同理，由于 r_{AO5} 与 r_{AO6} 相等代入式(4.71)可得 $r_{\mathrm{AO5}}=r_{\mathrm{AO6}}=6.184\ 7$ cm，但由于外圈灯管的间距比较大，其径向距离 AD 要小于 BE，根据三角函数计算的 AD 的长度为 3.87 cm。因此，R_3 的半径为 R_2 与 AD 之和，即 16.22 cm，将其圆整为 16 cm。

(4) 反应器内壁半径尺寸的计算。

根据第三条规定，光照强度最小点是 C 点。由于杀菌器材料选用光洁度很高的不锈钢，因此在计算光照强度时，应考虑反射。根据一般经验，不锈钢反射强度在 20% 左右。因此 C 点总光照强度为 C 点的入射强度加反射强度。即

$$I_{\mathrm{C}}=1.2\times\left[\frac{P\eta_{\mathrm{q}}}{2\pi r_{\mathrm{CO1}}L}\mathrm{e}^{-\alpha_{\mathrm{w}}(r_{\mathrm{CO1}}-R_0)}+\frac{P\eta_{\mathrm{q}}}{2\pi r_{\mathrm{CO2}}L}\mathrm{e}^{-\alpha_{\mathrm{w}}(r_{\mathrm{AO2}}-R_0)}\right] \quad (4.73)$$

由于 $r_{\mathrm{CO1}}=r_{\mathrm{CO2}}$，代入式(4.73)得：

$$r_{\mathrm{CO1}}=r_{\mathrm{CO2}}=4.654\ \mathrm{cm}$$

同理，计算 C 点距离 R_3 的径向距离为 2.43 cm，为了方便石英套管两端的密封，应将此尺寸放大 3 cm，即反应器内壁半径 R 为 19 cm。

综上所述，反应器内部的灯管分布，以及内壁尺寸都得到了确定。通过该尺寸即可确定反应器的平均辐照强度和平均剂量。

根据目标反应器灯管排布的特殊形式，可用以下方法来计算其平均光强。

具体实施方法为：将内外两圈灯管独立开来，但是其在筒体中的位置不变，然后分别计算两个环的平均光强，再将计算结果相加。

对于内圈平均光强的计算，由于圆柱形杀菌器的平均光强等于沿灯管轴线任意截面上的平均光强，任取 $x=C$ 截面，根据式(4.66)可得：

$$\overline{I}_1(x)=\frac{1}{A}\iint_D \sum_{i=1}^{4}\frac{P\eta_{\mathrm{q}}}{2\pi r_i L}\mathrm{e}^{-\alpha_{\mathrm{w}}(r_i-R_0)} \quad (4.74)$$

式中　A——杀菌器内部空心部分的面积，$A=\pi(R^2-14R_0^2)$；

r_i——任意点到第 i 根 UVC 灯管轴线的距离,

$$r_i = \sqrt{\left[y - R_1\cos\left(\frac{i-1}{4}\right)2\pi\right]^2 + \left[z - R_1\sin\left(\frac{i-1}{4}\right)2\pi\right]^2};$$

R——杀菌器内壁半径,为 19 cm;

R_0——石英套管外壁的半径,为 16.5 cm。

代入式(4.74)得:

$$\bar{I}_1(x) = \frac{1}{\pi(R^2 - 14R_0^2)} \times$$

$$\frac{P\eta_q}{2\pi L}\iint_D \sum_{i=1}^{4} \frac{\mathrm{e}^{-\alpha_w\left(\sqrt{\left[y-R_1\cos\left(\frac{i-1}{4}\right)2\pi\right]^2 + \left[z-R_1\sin\left(\frac{i-1}{4}\right)2\pi\right]^2} - R_0\right)}}{\sqrt{\left[y - R_1\cos\left(\frac{i-1}{4}\right)2\pi\right]^2 + \left[z - R_1\sin\left(\frac{i-1}{4}\right)2\pi\right]^2}}$$

积分区域 D 为 $y^2 + z^2 = 19^2$,代入求解得:

$$\bar{I}_1(x) = 230.08 \text{ mW/cm}^2$$

同理,可以计算外圈平均光照强度:

$$\bar{I}_2(x) = \frac{1}{\pi(R^2 - 14R_0^2)} \times$$

$$\frac{P\eta_q}{2\pi L}\iint_D \sum_{i=1}^{10} \frac{\mathrm{e}^{-\alpha_w\left(\sqrt{\left[y-R_3\cos\left(\frac{i-1}{4}\right)2\pi\right]^2 + \left[z-R_3\sin\left(\frac{i-1}{4}\right)2\pi\right]^2} - R_0\right)}}{\sqrt{\left[y - R_3\cos\left(\frac{i-1}{4}\right)2\pi\right]^2 + \left[z - R_3\sin\left(\frac{i-1}{4}\right)2\pi\right]^2}}$$

积分区域同样为 $y^2 + z^2 = 19^2$,代入求解得:

$$\bar{I}_2(x) = 575.2 \text{ mW/cm}^2$$

则平均光照强度为:

$$\bar{I}(x) = \bar{I}_1(x) + \bar{I}_2(x) = 805.28 \text{ mW/cm}^2$$

剂量的计算与平均过流时间是分不开的,平均过流时间计算如下:

$$t = \frac{V}{Q} = \frac{\pi(R_2^2 - 14R_0^2)L}{Q} \tag{4.75}$$

式中,$Q = 300 \text{ m}^3/\text{h}$,$R_2 = 19 \text{ cm}$,$R_0 = 1.65 \text{ cm}$,$L = 30 \text{ cm}$。

将上述参数代入式(4.75)得:$t = 0.365 \text{ s}$

所以,平均剂量为:

$$\bar{D} = \bar{I}(x) \cdot t = 805.28 \times 0.365 = 293.9 \text{ mJ/cm}^2$$

由于对杀菌器的初始平均剂量要求为 250 000 $\mu J/cm^2$,而目标杀菌器所设计排列灯管照射的平均剂量达到 293 900 $\mu J/cm^2$,因此该排布方法能满足杀菌的设计要求。

4) 杀菌器结构设计

(1) 杀菌器筒体设计。

杀菌器处理的对象是海水,因此筒体选择化学稳定性高的 316L 不锈钢。由于压载水在管路中压力不会超过 0.6 MPa,故可将 0.6 MPa 作为设计压力。筒体为压力容器,其筒体的壁厚、法兰和封头等部件均按《压力容器》(GB 150—2011)标准设计。杀菌器的长度要根据 UVC 灯的长度来确定,一般要大于 UVC 灯发光弧长。内径根据灯管分布设计计算确定。UVC 照度计、进出取样口、排气管等均按标准进行设计计算,其结构如图 4.18 所示。

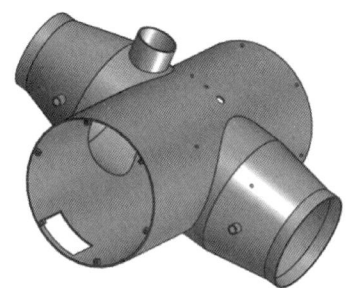

图 4.18 筒体结构

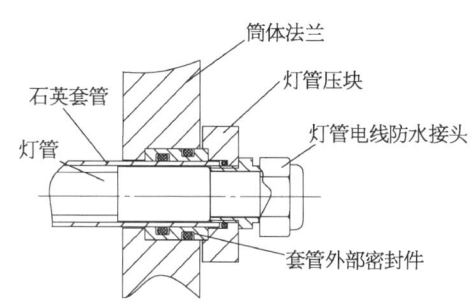

图 4.19 石英套管端部密封

(2) 石英套管端部密封设计。

使用密封压盖将 O 形圈压紧到锥面上,石英套管的端部在得到密封的同时,还具有良好的中心定位。其结构如图 4.19 所示。

(3) 套管清洗装置设计。

UVC 灯管在工作时,其表面温度很高,在石英套管表面容易结垢,因此需要清洗装置定时清洗。本例清洗装置结构如图 4.20 所示,清洗橡胶圈在一定的张紧力作用下与套管配合,通过丝杠带动清洗盘来实现刮洗套管。清洗盘在工作时,为了减少水流的阻力,在盘上开了一系列的过流孔。控制清洗盘往返运动的是限位开关,清洗盘通过往复的触碰导杆来间接接触限位开关,从而实现了预期的运动方式。

图 4.20 清洗装置结构

(4) 丝杠轴密封设计。

由于本装置中的丝杠传动机构的转数很低,因此密封的形式可以选择填料密封或者机械密封[47],填料密封的阻力比机械密封要大,故在此选择机械密封来达到密封效果。具体结构如图 4.21 所示。

(5) 丝杠和减速电机设计。

① 丝杠轴向载荷的计算。

根据工作状况可得:

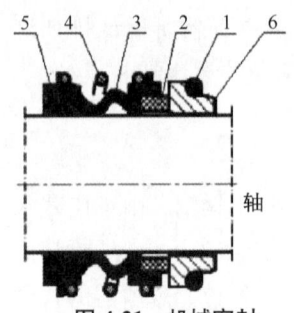

图 4.21 机械密封
1—静止环；2—旋转环；
3—弹性元件；4—弹簧；
5—弹簧座；6—辅助密封圈

$$F = F_1 + F_2 + F_3 \quad (4.76)$$

式中 F——总的轴向载荷；

F_1——初始压缩引起的橡胶圈与石英套管间的摩擦力；

F_2——水压引起的橡胶圈与石英套管间的摩擦力；

F_3——水流对清洗盘的阻力。

A. 初始压缩对每根石英套管引起的摩擦力。

根据公式：

$$F'_1 = \frac{0.2\pi^2 feEDW}{1-\mu^2} \quad (4.77)$$

式中 E——橡胶的弹性模量，取 $E = 0.0078 \times 10^9$ GPa；

μ——泊松比，取 $\mu = 0.47$；

f——摩擦系数，取 $f = 0.75$；

W——橡胶圈接触部分的厚度，根据橡胶圈的结构尺寸可得：$W = 2$ mm；

D——橡胶圈接触部分的外径，根据橡胶圈的结构尺寸可得：$D = 38$ mm；

e——压缩率，根据橡胶圈的结构尺寸可得：$e = 0.1$。

代入数据可得：

$$F'_1 = \frac{0.2 \times 3.14^2 \times 0.75 \times 0.1 \times 0.0078 \times 10^9 \times 38 \times 10^{-3} \times 2 \times 10^{-3}}{1-(0.47)^2} \approx 113 \text{ N}$$

该装置由相同 14 根管组成，故：$F_1 = 14 \times F'_1 = 14 \times 113 = 1576$ N

B. 水压引起的橡胶圈与石英套管间的摩擦力。

首先应计算清洗盘两端的压差，根据清洗盘的尺寸可得，总面积 $A_0 = 109\,804 \text{ mm}^2$，实体面积 $A_1 = 63\,132 \text{ mm}^2$，漏空出的灯管圆孔所占的面积 $A_3 = 12\,704.4 \text{ mm}^2$。因此，面积 $A_2 = A_0 - A_1 - A_3 = 33\,967.6 \text{ mm}^2$。

由于流量：

$$Q = 300 \text{ m}^3/\text{h} = \frac{1}{12} \text{ m}^3/\text{s}$$

则对于总面积的流速：

$$V_1 = \frac{Q}{A_0} = \frac{1/12}{109\,804 \times 10^{-6}} = 0.758\,928 \text{ m/s}$$

同理，对于漏空面积的流速：

$$V_2 = \frac{Q}{A_2} = 2.453\,32 \text{ m/s}$$

不计摩擦损失，取水平向右为正方向，由动量定理得：

$$F_y = \rho Q(V_2 - V_1) = 10^3 \times \frac{1}{12}(2.453\ 32 - 0.524\ 232\ 6) \approx 161\ \text{N}$$

故压差为：

$$P = \frac{F_y}{A_1} = \frac{161}{63\ 132 \times 10^{-6}} \approx 2\ 250\ \text{Pa}$$

根据以上所求，计算水压引起的单个橡胶圈与单根石英套管间的摩擦力为：

$$F_2' = \frac{f\pi(1+\mu)PDW}{1-\mu^2} = \frac{0.75 \times 3.14 \times (1+0.47) \times 2\ 250 \times 38 \times 10^{-3} \times 2 \times 10^{-3}}{1-(0.47)^2}$$
$$\approx 0.8\ \text{N}$$

由于该装置由同样的 14 根灯管组成，故：$F_2 = 14F_2' = 14 \times 0.8 = 11.2\ \text{N}$。

C. 水流对清洗盘阻力的计算。

由第二部分计算可知，正是因为水流的阻力引起清洗盘两端的压差，故水流阻力：

$$F_3 = F_y = 161\ \text{N}$$

综上所述：

$$F = F_1 + F_2 + F_3 = 1\ 748.2\ \text{N}$$

将其圆整为 1 750 N。

② 丝杠的设计计算。

根据

$$d_2 = \zeta\sqrt{\frac{F}{\varphi[P]}} \tag{4.78}$$

式中　F——丝杠的轴向载荷(N)；

$[P]$——许用压强(MPa)；

φ——可以根据螺母的形式选取，整体式螺母 $\varphi = 1.2 \sim 2.5$，剖分式螺母 $\varphi = 2.5 \sim 3.5$。

根据材料查表得，取 $[P] = 10$，$\varphi = 2$。本丝杠选用梯形螺纹，故 $\zeta = 0.8$。代入式 (4.78) 得：

$$d_2 = 0.8 \times \sqrt{\frac{1\ 750}{2 \times 10}} = 7.5\ \text{mm}$$

考虑到丝杠的长度、刚度、挠度以及丝杠轴两端的配合尺寸，查阅《梯形螺纹 第 2 部分 直径与螺距系列》(GB/T 5796.2—2005)后，取 $P = 5\ \text{mm}$、$d = 28\ \text{mm}$ 的丝杠。

当量摩擦角 ρ' 的计算：

$$\rho' = \arctan \frac{\mu_s}{\cos \frac{\alpha}{2}} \qquad (4.79)$$

由于该丝杠选取的是梯形螺纹，牙型角 $\alpha = 30°$，经查表螺旋副的摩擦系数 $\mu_s = 0.15$。

代入式(4.79)得：

$$\rho' = \arctan \frac{\mu_s}{\cos \frac{\alpha}{2}} = \arctan \frac{0.15}{\cos 15°} = 8.83°$$

螺纹升角 Ψ 的计算：

$$\Psi = \arctan \frac{L}{\pi d_2} \qquad (4.80)$$

式中　L——导程，本丝杠为单线丝杠，其导程即为螺距，即 $L = 5$ mm；
　　　d_2——丝杠的中径，$d_2 = 25.5$ mm。

将数据代入式(4.80)得：

$$\Psi = \arctan \frac{L}{\pi d_2} = \arctan \frac{5}{3.14 \times 25.5} = 3.57°$$

经计算可见 $\Psi < \rho'$，则该丝杠具有自锁性。

③ 总驱动转矩的计算。

对于螺纹转矩 T_1 的计算：

$$T_1 = F \frac{d_2}{2} \tan(\Psi + \rho') \qquad (4.81)$$

式中　F——轴向载荷，$F = 1\,750$ N；
　　　d_2——丝杠的中径，$d_2 = 25.5$ mm；
　　　Ψ——螺纹升角，$\psi = 3.57°$；
　　　ρ'——摩擦角，$\rho' = 8.83°$。

代入式(4.81)得：

$$T_1 = F \frac{d_2}{2} \tan(\Psi + \rho') = 1\,750 \times \frac{25.5 \times 10^{-3}}{2} \tan(8.83° + 3.57°) = 4.91 \text{ N} \cdot \text{m}$$

丝杠效率 η_1 的计算：

$$\eta_1 = \frac{\tan \Psi}{\tan(\Psi \pm \rho')} \qquad (4.82)$$

当轴向载荷与运动方向相反时取"+"号。根据以上数据代入式(4.82)可得：

$$\eta_1 = \frac{\tan\Psi}{\tan(\Psi \pm \rho')} = \frac{\tan 3.57°}{\tan(3.57° + 8.83°)} = 0.284$$

角接触轴承的效率 $\eta_2 = 0.95$,弹性联轴器的机械效率 $\eta_3 = 0.99$。

对于机械密封的端面摩擦转矩 T_f 的计算:

$$T_f = \frac{P_f}{\omega} = f\pi d_m b p_c \frac{d_1 + d_2}{4} \tag{4.83}$$

式中　d_m——密封端面的平均直径(m),$d_m = \frac{d_1 + d_2}{2}$;

　　　b——密封端面宽度(m),$b = \frac{d_2 - d_1}{2}$;

　　　f——端面摩擦系数,在此 $f = 0.1$;

　　　p_c——密封端面比压(Pa),在此 $p_c = 0.4 \times 10^6$ Pa;

　　　d_1——密封端面内径(m),$d_1 = 0.028$ m;

　　　d_2——密封端面外径(m),$d_2 = 0.034$ m。

代入式(4.83)得:

$$T_f = 0.1 \times 3.14 \times \frac{0.034 + 0.028}{2} \times \frac{0.034 - 0.028}{2} \times 0.4 \times 10^6 \times \frac{0.034 + 0.028}{4}$$
$$= 0.181 \text{ N} \cdot \text{m}$$

总的驱动转矩 T 的计算:

$$T = \frac{T_1}{\eta_1 \cdot \eta_2 \cdot \eta_3} + 2T_f = \frac{4.91}{0.284 \times 0.95 \times 0.99} + 2 \times 0.181 = 18.8 \text{ N} \cdot \text{m}$$

综上所述,所设计丝杠的牙型为梯形螺纹,公称直径为 28 mm。所选减速电机的型号为 NMRV40,电动机功率为 250 W,输出转矩和转数分别为 36 N·m 和 47 r/min。模型分别如图 4.22 和图 4.23 所示。

图 4.22　丝杠

图 4.23　减速电机

经过以上的设计计算,最终完成了 UVC 杀菌器的设计,具体参数如下:

处理流量:$Q = 300 \text{ m}^3$。

使用材料：316L 不锈钢。

杀菌器内径：$d = 380$ mm。

杀菌器总长度：$L = 796$ mm。

筒体内部速度：$v = 0.735$ m/s。

灯管数量：14。

进出口直径：$d_2 = 211$ mm。

进出口流速：$v = 2.38$ m/s。

最高工作温度：80℃。

UVC 杀菌器结构如图 4.24 所示。

图 4.24　UVC 杀菌器结构

4.3.2　惰性气体杀菌器的设计

惰性气体杀菌技术又称为驱氧技术，是基于任何微生物离开氧气很难生存的法则，用纯氮气或惰性气体将水中氧气驱离以达到抑制细菌繁殖的目的。对长航程的船舶可以防止微生物的再生（Re‐growth）。同时，惰性气体还可以防止舱壁的腐蚀，减少清舱功耗。

由于惰性气体杀菌技术是依据分压定律和总压定律的原理向压载水中注入大量的氮气，将溶解在压载水中的氧气从海水中驱离出来，实现抑制细菌繁殖生长的目的，因此惰性气体杀菌单元就成了整个压载水舱，只要购置氮气发生器或惰性气体发生器，将产生的氮气或燃烧清洗过的惰性气体注入压载舱，就可以达到杀灭和抑制微生物在压载舱内繁殖的目的，惰性气体向舱内注入与扩散过程如图 4.25、图 4.26 所示。因此，为了维持舱内

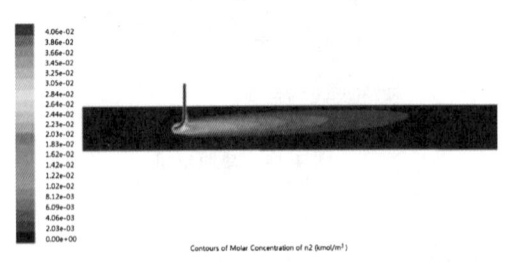

图 4.25　惰性气体注入过程模拟

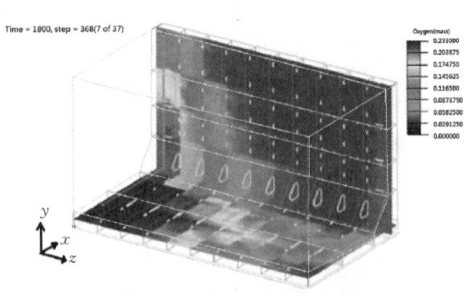

图 4.26　惰性气体在压载舱内扩散模拟

的压力,实现整个压载水舱的杀菌和抑制细菌繁殖生长的功能,在压载舱顶部需要安装呼吸阀。

为了维持舱内的压力,在压载舱顶部空气管头上安装的呼吸阀又称为 P/V 阀,如图 4.27 所示。

P/V 阀的作用是:

(1) 保持压载舱密闭和微正压,以保证在此压力下,惰性气体的分压大于压载水中溶解的氧气,使得压载水中的溶解氧溢出。

(2) 防止海水由外界进入到压载舱中。

(3) 当空气或海水进入压载舱时,防止压载舱内过度的压力或真空。

(4) 自动排水。

(5) 能够在船舶倾斜±40°时正常工作。

P/V 阀密封的主要部件是浮球,其作用是当海水倒灌时,封闭下阀盘的浮球浮起并堵住上口,防止海水倒灌进压

图 4.27　P/V 阀

载舱。浮球应具有足够的强度,当船舶发生纵、横倾斜时,即使在液舱溢流有较大的水力冲击时,浮球也不会破损。

P/V 阀的工作主要受到压差控制,如果压载舱内压力为 p_1,舱外压力为 p_2,当内外压力平衡时,即 $p_1 = p_2$ 时,P/V 阀上下阀盘均关闭;当装载时,舱内压力大于舱外压力,即 $p_1 > p_2$ 时,下阀盘顶起,在分压作用下驱除的氧气和溢出的氮气从舱内排出,释放压力,使得压载能够正常进行。通常,该压差为 0.002～0.003 MPa;当船舶卸载时,舱内压力低于舱外压力,即 $p_1 < p_2$ 时,上阀盘顶起,使得压载舱与外部环境大气相通,外界的大气进入压载舱,使得卸载能够正常进行。通常,该压差为 －0.003～－0.002 MPa。

呼吸阀与空气接头相比,在压载舱透气管系统设计选型时需要进行流速计算。根据 IACS 标准 1991 年和 2012 年修订的版本,空气管头关闭装置 P_3(P_3 Air Pipe Closing Devices)的要求,对自动关闭空气管头的内腔和外腔壁厚应不小于 6 mm。对设计完成的 P/V 阀空气管接头的可靠性要进行流量极限试验,防止阀头结构对上、下阀盘及浮球的位移有牵连,从而限制了不同工况下相关的运动部件的自由运动。

以 DN200 压载舱透气管的 P/V 阀设计为例,通过试验,测得 P/V 阀的极限流量 $Q = 380 \text{ m}^3/\text{h}$,由公式 $v_R = 4Q \times 10^6 / 3\,600 \times DN^2$ 计算得,空气的极限流速为 3.36 m/s,考虑到空气流入大气后的扩散,此时空气最大流速 $v_{max} = 80\% v_R = 2.69$ m/s。对于 DN250 的透气管,其 P/V 阀的最大空气流量 $v_{max} = 3.4$ m/s。其他通径的透气管可参见相关船级社的试验报告。通常在流动状态下,P/V 阀的附加流体阻力无论是进还是出,都约为 300 mm H_2O(1 mm $H_2O = 9.8$ Pa)高,满足压载舱所能承受的压力范围。

4.3.3　光电催化杀菌器的设计

光电催化杀菌器的设计与 UVC 杀菌器的设计基本相同,两者的区别在于光电催化

杀菌器取消了 UVC 杀菌器的机械清洗机构,此外并没有在 UVC 灯管的两侧增加 US 清洗装置,而是围绕 UVC 灯管的石英护套,在其表面烧结了一层透明的纳米 TiO_2 涂层,该涂层在 UVC 的照射下,与水作用形成·OH 自由基,其系统工作过程如图 4.28 所示。

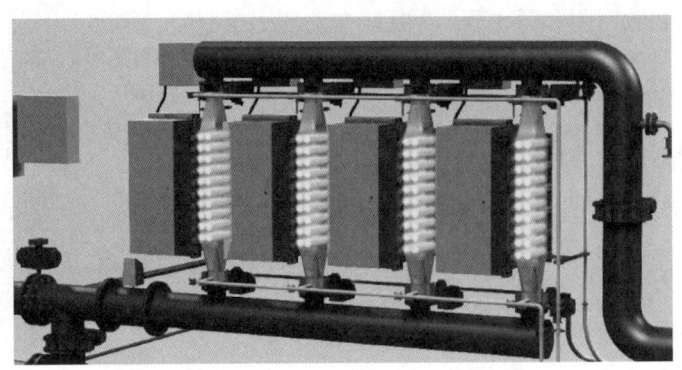

图 4.28　光电催化杀菌单元工作过程

当纳米 TiO_2 接收到能量大于等于其自身禁带宽度的光线 ($\lambda \leqslant 388\ nm$) 光子辐照时,纳米 TiO_2 的价带电子被激发跃迁到导带,从而产生光生电子-空穴对[hv 或 ($h^+ + e^-$)]。在电场作用下,电子-空穴对分离并迁移到粒子表面。光生空穴携带光子能量的主要部分,具有极强的得电子能力,可与其表面吸附的 OH^- 和 H_2O 分子反应生成具有强氧化性的羟基自由基·OH。羟基自由基溶解过程中,会诱发一系列自由基链反应,氧化分解有机物质、微生物体,最终将其降解为 CO_2、H_2O 和微量无机盐,不存在有毒有害的残留物。基本的反应式可表达如下[56,57]:

$$TiO_2 + hv \longrightarrow TiO_2 + (h^+ + e^-)$$

$$H_2O \longrightarrow OH^- + H^+$$

$$h^+ + OH^- \longrightarrow \cdot OH$$

$$h^+ + H_2O + O_2^- \longrightarrow \cdot OH + H^+ + \cdot O_2^-$$

$$h^+ + H_2O \longrightarrow \cdot OH + H^+$$

$$e^- + O_2 \longrightarrow O_2^-$$

$$\cdot O_2^- + H^+ \longrightarrow \cdot HO_2$$

$$2 \cdot HO_2 \longrightarrow H_2O_2 + O_2$$

$$H_2O_2 + \cdot O_2^- \longrightarrow \cdot OH + OH^- + O_2$$

$$H_2O_2 + hv \longrightarrow 2 \cdot OH$$

$$Organ + \cdot OH + O_2 \longrightarrow CO_2 + H_2O$$

羟基自由基杀灭微生物机理如图 4.29 所示。

因此，在 UVC 和其光催化的共同作用下，能够达到良好的杀菌效果。纯石英套管纳米 TiO_2 光催化膜制备纳米涂层的制备方法主要有化学气相沉积、溅射法、溶胶-凝胶法、水热法、黏合剂法、电脉沉积法、脉冲激光沉积法和液相沉积法等[58]。其中溶胶-凝胶法具有成本低，容易控制，合成温度低，对反应系统工艺条件要求

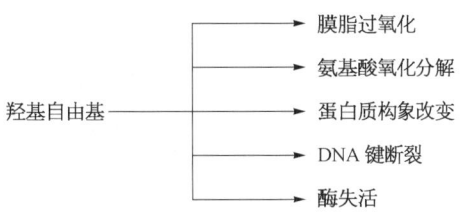

图 4.29 羟基自由基杀灭微生物机理

低，得到的产品纯度高，粒径小，成分均匀等优点。基于以上考虑，本实验采用溶胶-凝胶法制备纳米 TiO_2 溶胶，用喷雾晾干的方法在纯石英套管上沉积挂上纳米 TiO_2 镀膜，再利用烧结方法使纳米 TiO_2 镀膜烧结固化在纯石英套管上。

溶胶-凝胶法根据原料和种类，可分为有机金属醇盐法和无机盐法两种，以金属有机醇盐为原料的水解和缩聚反应式可表示为：

水解反应：

$$M(OR)_4 + nH_2O \longrightarrow M(OR)_{4-n}(OH)_n + nROH$$

缩聚反应：

$$2M(OR)_{4-n}(OH)_n \longrightarrow [M(OR)_{4-n}(OH)_{n-1}]_2O + H_2O$$

式中，M 代表金属，R 代表烷基。

总反应式可表示为：

$$M(OR)_4 + 2H_2O \longrightarrow MO_2 + 4ROH$$

TiO_2 光催化膜的制备工艺[59]、[60]如下：

0.5 mol/L 的纳米 TiO_2 溶胶的制备：以钛酸四丁酯作为纳米 TiO_2 制备前驱物，采用无水乙醇和蒸馏水为稀释剂，乙酰丙酮为络合剂，硝酸为水解催化剂。纳米光催化膜制备工艺流程如图 4.30 所示。首先，用移液管准确量取一定体积的钛酸四丁酯和乙酰丙酮，加入到所备无水乙醇的二分之一中，用搅拌器搅拌 5 min，混合均匀。然后边搅拌边加入剩余的二分之一无水乙醇，并按比例加入适量的蒸馏水和硝酸。继续搅拌至溶胶澄清透明，然后将溶胶密闭陈放待用。配制浓度为 0.5 mol/L 的纳米 TiO_2 溶胶，其溶胶中各成分的量分别为钛酸四丁酯∶无水乙醇∶乙酰丙酮∶蒸馏水∶硝酸＝1.0∶26.5∶1.0∶1.0∶0.2。

纳米 TiO_2 纯石英套管的制备：首先以纯石英套管为挂膜层载体，挂膜前对套管进行处理，先用清水洗去表面的灰尘，再用洗洁精将残留在表面的有机物洗掉，然后用稀盐酸浸泡 10 min，再用蒸馏水将盐酸冲洗干净，烘干备用。其次，将清洗、干燥好的纯石英套管直立、封口，用喷壶将制备好的溶胶均匀地喷洒到纯石英套管上，常温下晾干，放入马弗炉焙烧。以 2℃/min 的速率升温到 500℃，保温 1 h，随炉冷却，即可在纯石英套管外表面得到一层透明的 TiO_2 光催化膜。

为保证纯石英玻璃管的紫外线穿透率，纯石英玻璃管载体上应只沉积一层纳米 TiO_2 薄膜。该层膜对于纯石英玻璃管上的紫外线穿透几乎没有影响，只在某些地方隐约出现

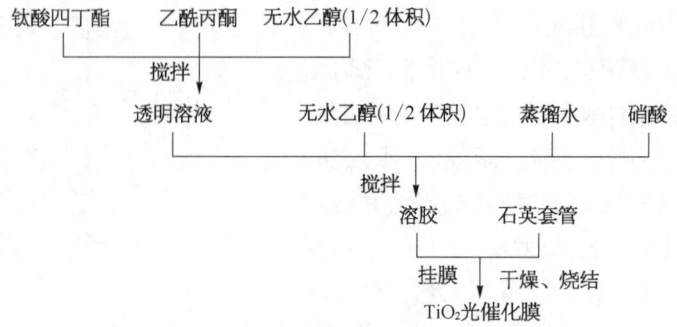

图 4.30 纳米 TiO_2 光催化膜制备工艺流程

彩色的折射光。依据文献[61],利用原子力显微镜扫描石英套管的外边面,可以得到如图 4.31 所示的薄膜电镜图(AFM 图)。所得到的纳米 TiO_2 薄膜与石英玻璃载体结合紧密,是一种起伏不平的颗粒膜。颗粒均匀致密,颗粒粒径较小(20~30 nm),晶粒尺寸在纳米范围。纳米级的 TiO_2 随着粒径的减小,表面原子数目迅速增加,光吸收效率提高,表面光生载流子的浓度增大,其参与氧化还原反应的数量增加,光催化反应速率加快,光催化活性更高。

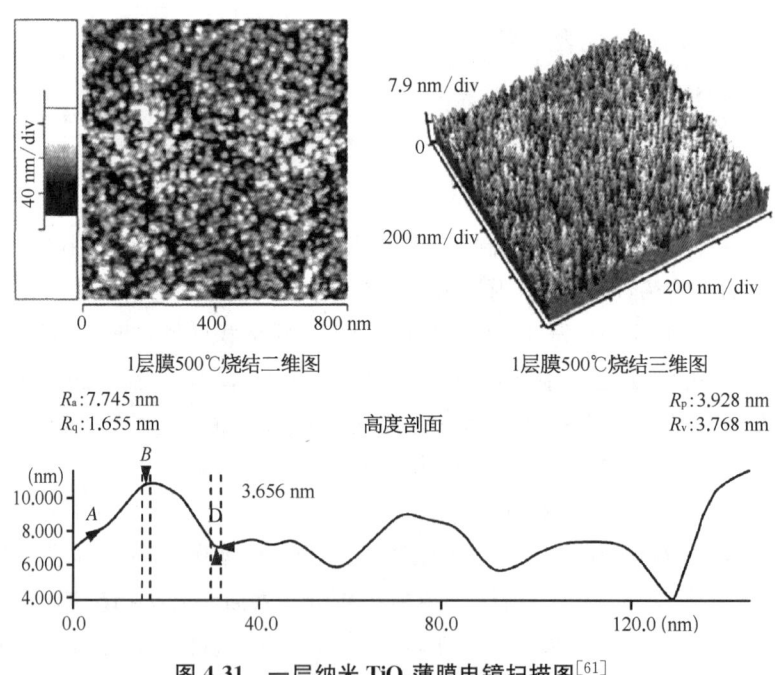

图 4.31 一层纳米 TiO_2 薄膜电镜扫描图[61]

光电催化产生的羟基自由基·OH 在自然状态下的存在时间只有 10 ns,因此除了在光电催化杀菌单元内与 UVC 配合杀菌外,其氧化性能并不会对船舶的压载管路产生腐蚀效应。同时,由于该杀菌单元设计时取消了机械清洗机构和 UVC 灯管两侧的 US 清洗装置,因此在系统处理压载水过程结束后,要利用蚁酸进行清洗,以防止石英套管表面由于 UVC 灯管的高温产生的结垢,确保石英套管的透光率。

4.3.4 电解法和药剂法杀菌器的设计

电解法和药剂法杀菌器均是利用次氯酸这种有效灭活剂,达到杀灭经过滤后残余在压载海水中的浮游生物、病原体及其幼虫或孢子的目的。

1) 电解法

电解法的核心部件是管板式电解槽。压载时经过滤后的海水一路(1%~2%)分流进入管板式电解槽,当电解槽的两端通上直流电时,海水在电极的作用下发生电解反应,在电解槽的阳极板上被电离出氯气,氯气迅速溶于海水,生成高浓度的次氯酸钠溶液,该溶液经过旋流分离器除氢,再回注入压载水主管路中,并与压载水混合至特定浓度,该浓度的次氯酸钠溶液能够杀灭过滤后残余的微生物,没有反应完成的活性次氯酸钠在压载舱内存在一定时间,起到抑制压载水中残余海洋微生物的作用。其化学反应式如下:

阳极:$2Cl^- \longrightarrow Cl_2 + 2e$

阴极:$2H_2O + 2e \longrightarrow 2OH^- + H_2 \uparrow$

氯气能溶于水产生次氯酸和盐酸:$Cl_2 + H_2O \longrightarrow HOCl + Cl^- + H^-$

总反应:$NaCl + H_2O \longrightarrow NaOCl + H_2 \uparrow$

系统的反应过程如图 4.32 所示。

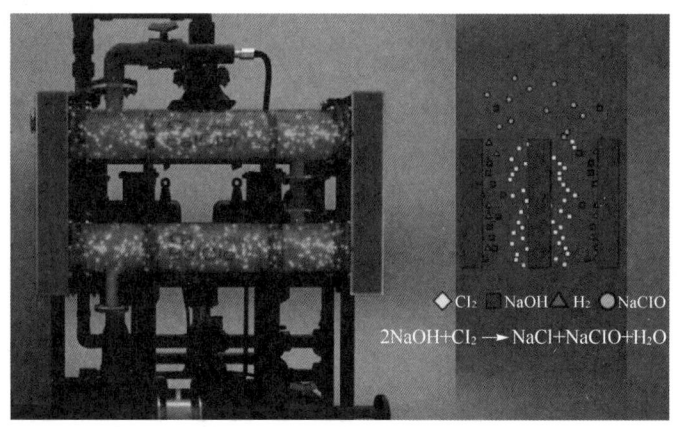

图 4.32 系统的反应过程

在旋流分离器中分离出的氢气,通过旋流分离器顶部的气/水分离片分离掉水分后,进入回流室,再由顶部的导流孔排入排氢管路。此时系统的两台大功率风机注入空气,将氢气浓度稀释到安全范围,排到甲板安全的区域,如图 4.33 所示。

卸载时,压载水无须经过电解单元和过滤器,直接排舷外,安装在压载水舷外排出口处的残留氧化剂浓度 TRO 传感器监测排出压载水的 TRO 浓度,如果 TRO 浓度高于

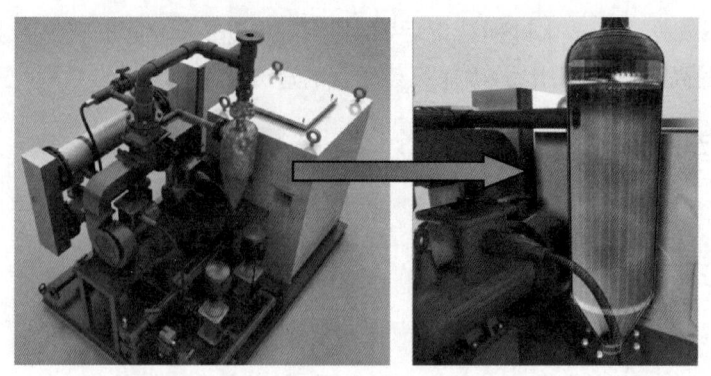

图 4.33 氢气排出过程

$0.1×10^{-6}$,系统会自动启动中和单元,向排舷外压载水中注入中和剂硫代硫酸钠($Na_2S_2O_3$),中和残余的氧化剂次氯酸钠,其中和原理为:

$$Na_2S_2O_3 + 4NaClO + H_2O \longrightarrow 2NaHSO_4 + 4NaCl$$

中和剂用量为:每 1 000 m^3 压载水需要 3~7 kg 的 $Na_2S_2O_3$ 干粉调成的中和剂。中和剂由隔膜式计量泵注入。

如果 TRO 浓度低于 $0.1×10^{-6}$,则综合单元不会启动,压载水会直接排放到目的地海域。

管板式电解槽按《次氯酸钠发生器标准》(GB 12176—1990)[62]进行设计。次氯酸钠溶液氧化能力的强弱用有效氯浓度 C 来定量表示每升溶液所具有的氧化能力,相当于若干克质量的氯气在水中所具有的氧化能力,单位为 g/L。有效氯浓度等于溶液中呈正价态氯元素浓度的 2 倍。溶液中每含有 1 g 次氯酸钠,则含有效氯 0.953 g。

管板式电解槽的氧化剂次氯酸钠的产量用有效氯产率表示,其数值等于设备在额定状态下工作时,每小时生成有效氯的质量,单位为 g/h。有效氯产率按式(4.84)计算:

$$G = CQ \tag{4.84}$$

式中 Q——每小时次氯酸钠溶液流量(L/h)。

管板式电解槽中通过一定电流后,有效氯的实际生成量与理论生成量之比,称为该电解槽的电流效率 η。根据法拉第电解定律,电解槽每通过 1 A·h 的电流,有效氯的理论生成量为 1.323 g。电流效率按式(4.85)计算:

$$\eta = G/In × 1.323 × 100\% \tag{4.85}$$

式中 I——电解电流(A);

n——电极串联级数;

1.323——每安培小时电流有效氯的理论生成量[g/(A·h)]。

管板式电解槽在额定状态下工作时,在电解槽阴阳极间施加的直流电压称为电解电压 U。在电解槽采用多对阴阳极串联供电方式工作时,电解电压用每对阴阳极间的电解电压与串联级相乘表示,如 4 V×3。

把管板式电解槽维持额定产率时,电解槽中流过的电解电流值称为额定电解电流 I。当电解槽采用多对阴阳极并联供电时,额定电解电流可用每对电极间电流与并联极数相乘表示,如 50 A×2。

管板式电解槽采用海水为电解液。电解液浓度 S 用每升溶液中含 NaCl 的克数来表示(g/L)。

管板式电解槽在额定状态下工作时,每生成 1 kg 的有效氯在电解槽中所消耗的直流电能,称为其直流电耗(PDC),单位为 kW·h/kg,计算公式按式(4.86)计算:

$$PDC = UI/G = UI/QC \tag{4.86}$$

式中　U——电解电压(V,DC);
　　　I——电解电流(A,DC);
　　　G——有效氯产率(g/h);
　　　Q——次氯酸钠溶液产量(L/h);
　　　C——次氯酸钠有效氯浓度(g/L)。

通常船舶压载水的管板式电解槽有效氯产率按 1 000 m³ 压载水需要 15～30 kg 来计算。

2) 药剂法

药剂法杀灭海洋微生物的原理与电解法相同,所不同之处是:药剂法将管板式电解槽电解海水生成次氯酸钠改成了直接使用次氯酸钠粉剂制备成一定浓度的次氯酸钠水溶液。

船舶压载时,由隔膜泵按 1 000 m³ 压载水逆向注入 15～30 kg 有效氯产率的次氯酸钠水溶液活性物,来杀灭过滤后残余的海洋微生物。在此过程中,由于没有电解氢气的产生,因此简化了系统,也确保了系统的安全。

卸载时,其工作过程与电解法相同,也是根据 TRO 传感器检测到的活性物质浓度,利用中和剂硫代硫酸钠,中和残余的氧化剂次氯酸钠。

船舶压载水管理系统开发与应用

第 5 章 压载水管理系统关键组成设备的优化

船舶压载水管理系统在处理压载水的过程中需要消耗大量的能量或需要中途补给处理药剂,从而大大增加了船舶的运营成本与能耗指数。为此,需在系统的设计上充分考虑到系统中各关键设备与单元能够最大化地对被处理的压载水进行有效的过滤、清洁与杀灭有机微生物,保证杀菌单元能够最大限度地发挥其杀菌功能,降低能源的损耗或药剂的用量,确保船舶的装载与卸载时船体的安全。

5.1 过滤设备的优化

作为压载水前置处理的关键设备,无论是反冲洗过滤器还是旋流过滤器,在压载水防海生物管理系统都起着不可或缺的作用。反冲洗过滤器的过滤精度高,但却要不断清洗,以减小压载水沿程流动的压力损失和流量的降低。旋流过滤器虽然没有压力损失与流量降低,能够过滤掉 50 μm 以上的泥沙等悬浮物,但却很难以过滤掉比海水密度小的菌丝、藻类等浮游生物,需要通过超声净化,利用超声冲击击碎这些菌丝、藻类等浮游生物,再进行二次过滤。因此,这两种过滤器设计的成败直接影响到压载水防海生物管理系统的产品性能。

5.1.1 反冲洗过滤器的优化

反冲洗过滤器的优化主要是增加滤网的过流面积,并使滤网保持始终在清洗之中,使反冲洗过滤器在工作过程中不至于在滤网上滤饼沉积,增加压载管路内的沿程流动阻力,降低流量。

反冲洗过滤器的优化改进,从增大滤网面积上考虑,通常选用带有褶皱的柱状滤芯,如图 5.1 所示,或将圆柱状滤网改为若干个小圆柱状滤网,如图 5.2 所示。这两种改进方法目的只有一个,就是增加滤网的通流面积。

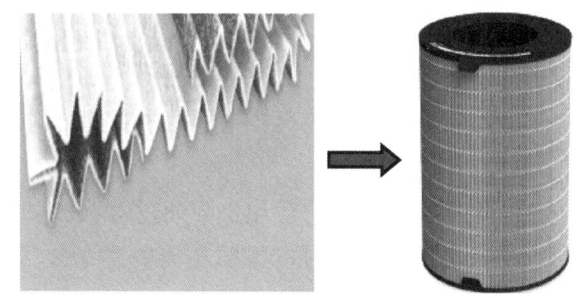

图 5.1 褶皱滤网做成的柱状芯

从两种滤芯的形式上看,由于海水混浊及在静压的作用下,杂质会附着在滤芯的滤网上形成滤渣,需要不断清洗,除去滤渣方能保证滤网的通透,显然褶皱的滤网制成的滤芯虽然增加了过滤的表面积,但在清洗吸头旋转,上下清洗滤网沉积面时,由于褶皱部分离吸头较远,吸头所形成的负压吸力并不能有效地吸走褶皱缝隙内的滤渣,而压载的连续作业要求并不允许更换滤芯,因此选用带有褶皱滤网的滤芯显然并不适合压载水防海生物管理系统的前置过滤器设计。目前,各压载水防海生物管理系统设备厂家几乎都将反冲洗过滤器的改进目光聚焦在多滤芯过滤器的研发上。

由于柱型多滤芯反冲洗过滤器在运行时,反冲洗过滤器顶部的电机带动排污管旋转,依次使柱状滤芯通大气,降低回路内部压力,形成虹吸现象,将附着在滤网上的滤渣排出,确保各滤芯的畅通,从而确保压载水的压头与流量不受损失,如图5.3所示。

图5.2　若干小圆柱滤芯　　　　图5.3　排污管与滤芯形成的回路

多滤芯自动反冲洗滤器改善了压载水的过滤过程,但对于在水域含泥沙量大的环境从事压载作业的船舶而言,这种滤器并没用从根本上解决滤网的堵塞问题,为此人们又发明了排污管固定,而由过滤器顶部电机带动滤芯固定盘旋转,与吸污管定时形成排污回路,并在过滤器对称于固定式排污管的两侧安装超声清洗器或外部高压水清洗喷嘴,对旋转到此位置的滤芯进行反向清洗的机构,如图3.5a所示。

5.1.2　旋流过滤器的优化

旋流过滤器的优化主要是通过改变其结构形状尺寸,达到尽可能大的清除压载水中的泥沙与微生物的作用。

对于旋流过滤器的优化主要通过对旋流过滤器内固-液两相流的数值计算来完成。假设旋流过滤器工作时的流动介质主要为水、泥沙两相混合物。使用FLUENT软件对旋流过滤器进行数值模拟,并针对旋流过滤器内部复杂的两相湍流流动特点,建立固-液两相流的数值计算模型。

1) 固-液两相流模型的建立

FLUENT软件中包含3种多相流模型,即VOF模型、混合(Mixture)模型和欧拉(Eulerian)模型。由于VOF模型只适用于分层或自由表面流的模拟,不适合旋流过滤器内的复杂两相流模拟,故不做讨论。

Mixture模型是一种简化的多相流模型,可用来模拟相间存在相对运动的多相流。

该模型把各相当作单相流处理,不考虑相互作用,利用滑移速度的概念,求解混合相的动量方程、连续性方程和能量方程[41]。

Eulerian 模型一般用来模拟相互作用的多相流分离。该模型针对各相建立局部守恒方程,采用平均的方法得到多相流的基本方程,引入颗粒动力学模型,充分考虑了粒子在流场中的受力情况,分别求解出各相的连续方程、动量方程和湍流控制方程,能够更全面、更合理地反映流场的实际情况,并能很好地描述固相与流体的湍流混合过程。

多相流模型选择的三个原则[42]为:

(1) 若分散相比较集中,则选择 Eluerian 模型,否则选 Mixture 模型。

(2) 当各相间的拽力比较规律,则选择 Eluerian 模型,否则选 Mixture 模型。

(3) 通常情况下,Mixture 模型的计算稳定性较好,而 Eluerian 模型的计算有着较高精确性。

综上分析,由于本例研究的固、液两相流属于典型的流动中发生了分离现象,且分散相在旋流过滤器内部比较集中,所以为了能更加准确地模拟出旋流过滤器内的两相流分布情况,本例多相流模型采用 Eluerian 模型。

根据欧拉模型建立水力旋流过滤器固-液两相流模型的连续方程。

液相连续方程:

$$\frac{\partial}{\partial x_i}(\alpha_l \rho_l u_{l,i}) = 0 \tag{5.1}$$

固相连续方程:

$$\frac{\partial}{\partial x_i}(\alpha_s \rho_s u_{s,i}) = 0 \tag{5.2}$$

式中 α_l、α_s——液相、固相体积分数;

$u_{l,i}$、$u_{s,i}$——液相、固相速度,i 为张量指标,$i=1,2,3$;

ρ_l、ρ_s——液相、固相密度。

压载水中的固相(泥沙)直径各不相同,模拟时可将不同直径的泥沙看作不同的相,因此可将旋流过滤器内的流动看作一个液相和多个固相的多相流动。考虑相互作用力,建立液相和固相的动量方程[20]。

液相动量方程:

$$\frac{\partial}{\partial x_j}(\alpha_l \rho_l u_{l,i} u_{l,j}) = -\frac{\partial}{\partial x_i}(\alpha_l p) + \frac{\partial \tau_{l,ij}}{\partial x_j} + \alpha_l \rho_l g_i$$
$$+ \sum_{p=1}^{n} \frac{\partial}{\partial x_j}[K_{pl}(u_{p,j} - u_{l,j})] + F_{\text{lift},l,i} + F_{\text{Vm},l,i} + F_{l,i} \tag{5.3}$$

固相动量方程:

$$\frac{\partial}{\partial t}(\alpha_s \rho_s u_{s,i}) + \frac{\partial}{\partial x_j}(\alpha_s \rho_s u_{s,i} u_{s,j}) = -\frac{\partial}{\partial x_i}(\alpha_s p) - \frac{\partial}{\partial x_i}(p_s) + \frac{\partial \tau_{s,ij}}{\partial x_j} + \alpha_s \rho_s g_i$$
$$+ \sum_{q=1}^{n} \frac{\partial}{\partial x_j}[K_{qs}(u_{q,j} - u_{s,j})] + F_{\text{lift},s,i}$$
$$+ F_{\text{Vm},s,i} + F_{s,i} \tag{5.4}$$

式中　　p——两相共享的压力；

u_{li}、u_{si}——液相、固相速度；

u_{pi}、u_{qi}——第 p 相、q 相速度；

g_i——重力加速度；

p_s——固相压力；

$\tau_{l,ij}$、$\tau_{s,ij}$——液相、固相的压力应变张量；

K_{pl}、K_{qs}——相间动量交换系数，K_{pl} 为第 p 相对液相 l 的动量交换系数，K_{qs} 为第 q 相和固相 s 间的动量交换系数，且 $K_{pl}=K_{lp}$，$K_{qs}=K_{sq}$；

$F_{l,i}$、$F_{s,i}$——固相、液相所受重力。旋流过滤器模拟计算时，由于离心力远大于其所受的重力，可不考虑此项；

$F_{\text{lift},l,i}$、$F_{\text{lift},s,i}$——液相、固相升力，$F_{\text{lift},l,i}=-F_{\text{lift},s,i}$。由于 FLUENT 中的模型假定粒子的直径远小于粒子间的距离，故不考虑升力；

$F_{\text{Vm},l,i}$、$F_{\text{Vm},s,i}$——液相、固相的虚拟质量力，有 $F_{\text{Vm},l,i}=-F_{\text{Vm},s,i}$。在旋流过滤器内部，粒子的加速度很小，计算时此项可忽略不计。

2）固-液两相湍流模型的建立

旋流过滤器内的流场是一种高雷诺数、强旋湍流流动，且强旋流场中的流线呈高速旋转、变化迅速等特点。对于湍流流动，常采用 Reynolds 平均法对湍流控制方程进行处理。根据对 Reynolds 应力做出的假设和处理方式不同，可将湍流模型分为标准 $k-\varepsilon$、RNG $k-\varepsilon$ 等涡黏模型和 RSM 模型。涡黏性模型对湍流做了各向同性假设，无法准确描述各向异性的旋流场[43]。而 RSM 模型摈弃了各向同性的假设，严格地考虑了湍流黏度的各向异性和可能引起雷诺应力变化的各种因素，如湍动能、湍动能耗散率、张力快速变化、旋转等，而压力张量和耗散速率被认为是使流场预测精度降低的主要因素[44]。因此，RSM 模型对于复杂流场有更高精度的预测和描述能力，更适合于本文中强旋流动的问题。故本例的湍流模型采用 RSM 模型。

建立 Reynolds 方程中的湍流脉动应力微分方程并进行求解，采用 Reynolds 时均方法对瞬时控制方程进行处理，假设湍流流动是时间平均流动和瞬时脉动流动的叠加[45]。用上标"—"代表时均值，用上标"′"代表脉动值，时均值 $\bar{\phi}$ 与脉动值 ϕ' 之间的关系如下：

$$\phi = \bar{\phi} + \phi' \tag{5.5}$$

根据时均法将流动变量表示成时均值与脉动值之和的形式，即

$$u = \bar{u} + u'; \quad v = \bar{v} + v'; \quad w = \bar{w} + w'; \quad p = \bar{p} + p' \tag{5.6}$$

对式(5.1)~式(5.4)进行 Reynolds 时均化处理，不考虑流体、颗粒密度脉动、流体速度脉动和颗粒质量脉动，并去掉时均量符号可得：

液相连续方程：
$$\frac{\partial}{\partial x_i}(\alpha_1 \rho_1 u_{1,i}) = 0 \tag{5.7}$$

固相连续方程：
$$\frac{\partial}{\partial x_i}(\alpha_s \rho_s u_{s,i}) = -\frac{\partial}{\partial x_i}(\overline{\rho'_s u'_{s,i}}) \tag{5.8}$$

液相动量方程：
$$\frac{\partial}{\partial x_j}(\alpha_1 \rho_1 u_{1,i} u_{1,j}) = -\frac{\partial}{\partial x_i}(\alpha_1 p) - \frac{\partial}{\partial x_j}(\overline{u'_{1,i} u'_{1,j}}) + \alpha_1 \rho_1 g_i + \frac{\partial}{\partial x_j}[K_{ls}(u_{1,j} - u_{s,j})] \tag{5.9}$$

固相动量方程：
$$\frac{\partial}{\partial x_j}(\alpha_s \rho_s u_{s,i} u_{s,j}) = -\frac{\partial}{\partial x_i}(\alpha_s p) - \alpha_s K_{sl}(u_{1,i} - u_{s,i}) + \alpha_s \rho_s g_i$$
$$+ K_{sl}\left[(u_{s,j} - u_{1,j}) - \frac{1}{\rho_s}(\overline{\rho'_s u'_{s,i}})\right]$$
$$-\frac{\partial}{\partial x_j}(\rho_s \overline{u'_{s,j} u'_{s,i}} + u_{s,i} \overline{\rho'_s u'_{s,j}} + u_{s,j} \overline{\rho'_s u'_{s,i}}) \tag{5.10}$$

在上述方程组中，$\overline{\rho'_s u'_{s,i}}$ 与 $\overline{\rho'_s u'_{s,j}}$ 为固相密度脉冲通量，$\overline{u'_{1,i} u'_{1,j}}$ 与 $\overline{u'_{s,i} u'_{s,j}}$ 分别为液相雷诺应力与固相雷诺应力，引入标量黏性系数的概念，则有：

$$\overline{\rho'_s u'_{s,i}} = \frac{v_s}{\sigma_s} \frac{\partial \rho_s}{\partial x_i} \tag{5.11}$$

$$\overline{\rho'_s u'_{s,j}} = \frac{v_s}{\sigma_s} \frac{\partial \rho_s}{\partial x_j} \tag{5.12}$$

可以看出，方程组中的未知量仅为固、液两相的雷诺应力，可采用基于 Eluerian 多相流模型的 RSM 混合湍流模型对时均化产生的雷诺应力进行计算。该湍流模型假设每相的湍流脉动流场相同，即

$$\overline{u'_i u'_j} = \overline{u'_{1,i} u'_{1,j}} = \overline{u'_{s,i} u'_{s,j}} \tag{5.13}$$

混合密度为：
$$\rho_m = \alpha_1 \rho_1 + \alpha_s \rho_s \tag{5.14}$$

混合速度为：
$$u_m = \frac{\alpha_1 \rho_1 u_1 + \alpha_s \rho_s u_s}{\alpha_1 \rho_1 + \alpha_s \rho_s} \tag{5.15}$$

综上，RSM两相湍流模型可表示为：

$$\frac{\partial}{\partial t}(\rho_m \overline{u'_i u'_j}) + \underbrace{\frac{\partial}{\partial x_k}(\rho_m u_{m,k} \overline{u'_i u'_j})}_{C_{ij}}$$

$$= \underbrace{-\rho_m \left[\overline{u'_i u'_k} \frac{\partial u_{m,j}}{\partial x_k} + \overline{u'_j u'_k} \frac{\partial u_{m,i}}{\partial x_k} \right]}_{P_{ij}} + \underbrace{\frac{\partial}{\partial x_k}\left[\mu_m \frac{\partial}{\partial x_k}(\overline{u'_i u'_j}) \right]}_{D_{L,ij}}$$

$$- \underbrace{\frac{\partial}{\partial x_k}\left[\frac{\partial}{\partial x_k}(\rho_m \overline{u'_i u'_j u'_k}) \right]}_{D_{T,ij}} + \underbrace{P \overline{\left(\frac{\partial u'_i}{\partial x_j} + \frac{\partial u'_j}{\partial x_i} \right)}}_{\Phi_{ij}} - \underbrace{2\mu_m \overline{\frac{\partial u'_i}{\partial x_k} \frac{\partial u'_j}{\partial x_k}}}_{\varepsilon_{ij}} \quad (5.16)$$

式中，首项为瞬时项；C_{ij} 为对流项；$D_{T,ij}$ 为湍流扩散项，$D_{T,ij} = \frac{\partial}{\partial x_k}\left(\frac{\mu_t}{\sigma_k} \frac{\partial \overline{u'_i u'_j}}{\partial x_k} \right)$，$\mu_t$ 为湍动黏度，$\mu_t = \rho_m C_\mu \frac{k^2}{\varepsilon}$，$k = \frac{1}{2}\overline{u'_i u'_i}$，$\sigma_k = 0.82$，$C_\mu = 0.09$；$D_{L,ij}$ 为分子黏性扩散项；P_{ij} 为剪切应力产生项；Φ_{ij} 为压力应变项；ε_{ij} 为黏性耗散项，$\varepsilon_{ij} = \frac{2}{3}\rho_m \varepsilon \delta_{ij}$。

在雷诺应力方程中，包含湍动能 k 和耗散率 ε，方程如下：

湍动能：$\frac{\partial(\rho_m k)}{\partial t} + \frac{\partial(\rho_m k u_{m,i})}{\partial x_i} = \frac{\partial}{\partial_j}\left[\left(\mu_m + \frac{\mu_t}{\sigma_k} \right) \frac{\partial k}{\partial x_j} \right] + \frac{1}{2} P_{ij} - \rho_m \varepsilon$ (5.17)

耗散率：$\frac{\partial(\rho_m \varepsilon)}{\partial t} + \frac{\partial(\rho_m \varepsilon u_{m,i})}{\partial x_i} = \frac{\partial}{\partial_j}\left[\left(\mu_m + \frac{\mu_t}{\sigma_\varepsilon} \right) \frac{\partial k}{\partial x_j} \right] + C_{1\varepsilon} \frac{1}{2} P_{ij} - C_{2\varepsilon} \rho_m \varepsilon$ (5.18)

式中，$C_{1\varepsilon} = 1.44$，$C_{2\varepsilon} = 1.92$，$\sigma_\varepsilon = 1$。

综上，由式(5.1)~式(5.4)、式(5.15)~式(5.18)组成了水力旋流过滤器固-液两相湍流计算模型。

3) 几何模型的构建以及网格划分

对水力旋流过滤器的几何模型进行适当的简化，根据表4.4中的结构尺寸，建立水力旋流过滤器流体域模型，如图5.4a所示。由于RSM模型对网格划分要求十分严格，为了得到高质量的网格，本文采用ICEMCFD对模型进行分区域网格划分，生成的三维结构化网格如图5.4b所示。

4) 边界条件及控制参数的设置

(1) 液相边界条件。

① 入口边界：入口边界定义为速度入口，取垂直于入口端面的平均速度：

$$u_1 = \frac{q_m}{A_{in}} \quad (5.19)$$

经计算得 $u_1 = 6.57 \, \text{m/s}$。湍流强度 $I = 0.16(\text{Re}_{D_H})^{-1/8}$，其中 D_H 为水力直径，长方形

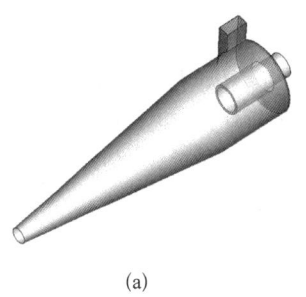
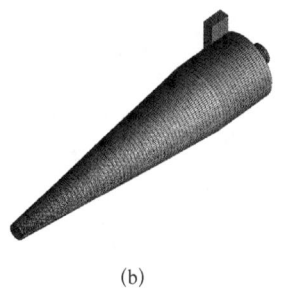

(a)　　　　　　　　　　　　　　(b)

图 5.4　水力旋流过滤器几何模型与网格图

(a) 几何模型；(b) 结构化网格图

的水力直径为 4 倍截面积除以湿边周长。

② 出口边界：溢流口和底流口分别设定为压力出口，并均与大气相通，压力设为 0。

③ 壁面条件：采用无滑移固壁条件。

(2) 固相边界条件。

① 入口边界：设定入口边界为速度入口，速度 $u_s = u_1$；入口固相体积分数 α_s 取 5%。

② 出口边界：溢流口和底流口分别设定为压力出口，并均与大气相通，压力设为 0。

③ 壁面条件：给定无滑移固壁条件。

(3) 控制参数。

设定水为基本相，密度为 998.2 kg/m³，黏度为 0.001 003 Pa·s；泥沙为固相，密度为 2 650 kg/m³，粒径为 60 μm，质量流速为 8.327 kg/s。扩散项采用中心差分格式，对流相采用二阶迎风和 QUICK 差分格式对控制方程进行了离散。对速度-压力场进行求解时选用 SIMPLEC 算法，压力插补格式为 PRESTO。首先运用 RSM 模型对基本相做定常流动计算，待其结果收敛后，激活欧拉模型，完成对固-液两相流的数值模拟计算。

5) 旋流过滤器流场分布规律

为了更好地观察和分析旋流过滤器内的速度分布、压力分布以及固相体积分数分布，分别在柱段、锥段取 5 个截面进行分析，即 $z_1 = 500$ mm、$z_2 = 740$ mm、$z_3 = 980$ mm、$z_4 = 1\,220$ mm、$z_5 = 1\,460$ mm 截面，坐标原点位于溢流口截面处，此处 $z = 0$，截面分布如图 5.5 所示。

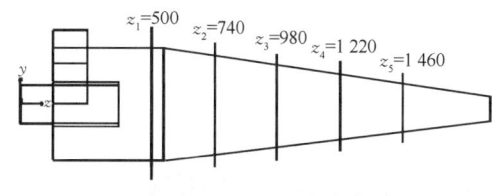

图 5.5　旋流过滤器轴截面图

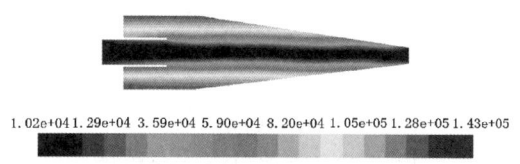

图 5.6　静压分布云图

(1) 压力分布。

如图 5.6 所示，在过轴线的截面上，静压呈对称性分布。其总体分布趋势是：从器壁

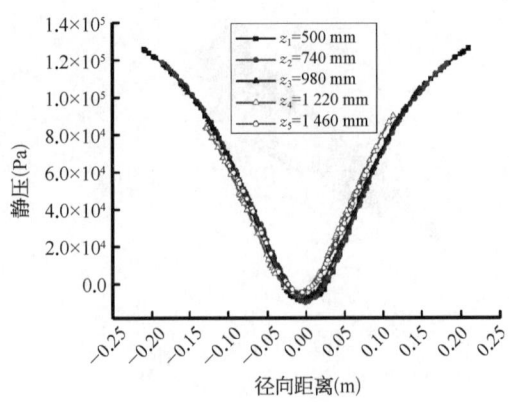

至轴线处,静压逐渐降低,等压线近似与轴线平行;从旋流过滤器柱段至锥段部分,静压也逐渐降低,这是由于运动过程中静压能转化为维持流体运动的动能,促使流体沿器壁向底流口流动,此外流体与器壁的摩擦损失也造成了静压的不断降低。

各截面压力分布如图 5.7 所示。可见,在离心力的径向传递作用下,流体内出现径向压差,且静压沿器壁向中心轴线方向单调递减。在中心的内旋流区域,静压损失剧烈,出现负压。而沿轴线方向,相同半径上

图 5.7　各截面静压力分布

的压力几乎相等,这表明轴向压力梯度几乎为零。

(2) 速度场分布。

① 切向速度。

切向速度为旋流过滤器内的固、液分离提供所需的离心力,其值决定旋流过滤器的分离性能[46]。图 5.8、图 5.9 分别为旋流过滤器内的切向速度分布云图和各截面上的切向速度分布。从图 5.8 可以看出,切向速度呈轴对称分布,且在溢流直径附近,出现了最大切向速度区域。最大速度以内,为内旋流区域,切向速度随半径的增大而增大;最大速度以外,为外旋流区域,切向速度随半径减小而增大。

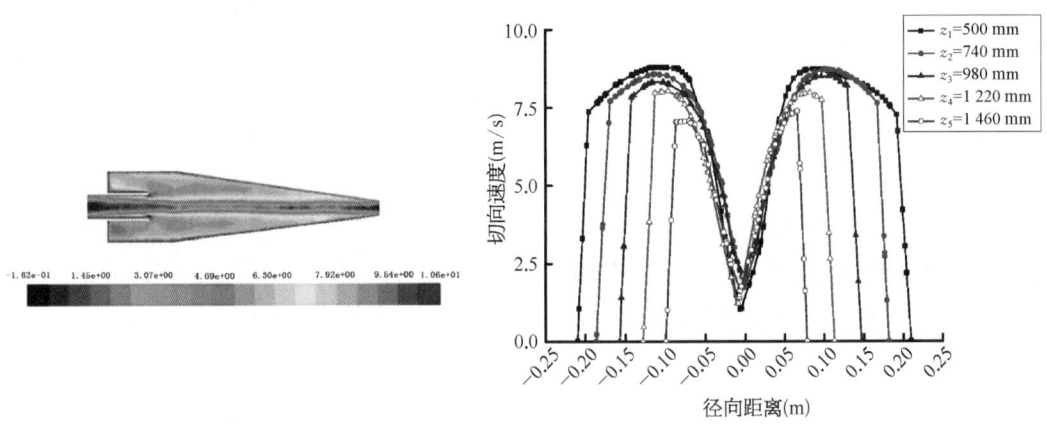

图 5.8　切向速度分布云图　　　　图 5.9　各截面切向速度分布

由图 5.9 中可见,在柱段的 $z_1=500$ mm 截面处已经形成了稳定的强旋流动,这说明所设计的旋流过滤器能为流体提供所需的切向速度。由于旋流过滤器壁处存在边界层,导致器壁上的切向速度变化非常剧烈。此外,除 $z_5=1\,460$ mm 截面外,旋流锥段内不同截面上的最大切向速度相差不大,这说明旋流锥段加速效果较好,速度损失小,有利于分离作用的发生。

② 轴向速度。

相对于切向速度,轴向速度的数值较小,且较为复杂,其流动方向决定了流体在溢流和底流中的分配。旋流过滤器的轴向速度分布云图如图5.10所示。从中可以看出,流体在近壁区速度为正,向下流动;流体在中心区域速度为负,向上流动。

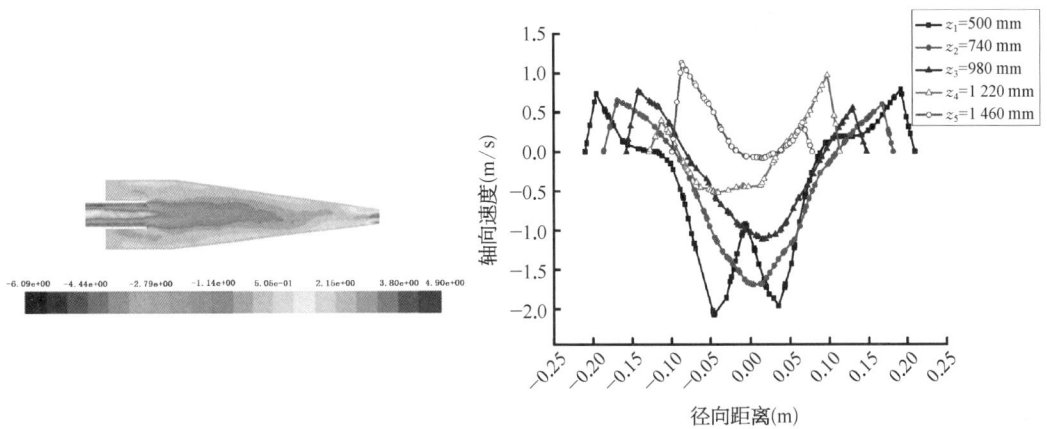

图 5.10　轴向速度分布云图　　　　图 5.11　各截面轴向速度分布

图5.11为各截面上的轴向速度分布。由图中可以看出,轴向速度呈对称分布,沿器壁到中心轴方向上速度由正变负,速度值逐渐增大,并在半径的中部经过零点,可将轴向速度为零的点绘制成一个锥形表面,即零轴向速度包络面(LZVV)[47]。旋流过滤器内以零轴向包络面为界可分为两个旋流区:内旋流区的流体边旋转边向溢流口流动,最终由溢流口排出;外旋流区的流体速度向下,流体边旋转边向底流口流动,最终由底流排出。随截面下移,外旋流向下的正轴向速度逐渐增大,而锥段截面上的轴向速度出现了不对称性,这是由于该处轴向速度受到流场中湍流和涡流的影响较大。

③ 径向速度。

在旋流过滤器的三维流动中,径向速度在数值上与其他两向速度相比要小很多。径向速度反映了流体在径向上的运动规律,它是分离相沉降时所受阻力的主要因素,对旋流过滤器的分离效果有着重要的影响作用。旋流过滤器内的径向速度分布如图5.12、图5.13所示。

由图中可以看出,旋流过滤器柱段区域流体的径向速度出现较大波动,从外壁到溢流口附近,径向速度为正值,说明流体沿远离轴线的方向运动,有利于固相颗粒向外移动进入外旋流;从溢流口附近到中心轴,径向速度变为负值,说明此处流体沿靠近轴线方向运动。流体到达旋流锥段后,径向速度分布的规律性增强,说明此时的流体运动已趋于稳定;从器壁到中心轴,由于锥段的作用,径向速度为负值,向中心运动;随半径减小,径向速度先减小后增大,并在旋流中心附近变为正值。

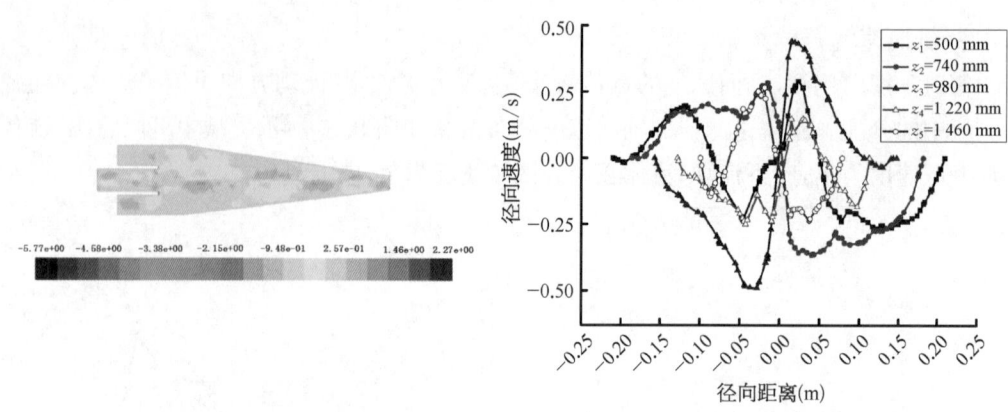

图 5.12 径向速度分布　　　　　图 5.13 各截面径向速度分布

（3）固相浓度分布。

图 5.14、图 5.15 分别为旋流过滤器内固相的体积分数分布云图和各截面的固相体积分数分布图。从图 5.14 可以看出,当固液混合流体由入口进入旋流器后,固相在离心力作用下发生分离,分离后固相主要分布在外壁区域。因此在旋流过滤器内,靠近壁面区域固相浓度较高,靠近轴线区域固相浓度较低。从图 5.15 可以看出,随着截面的下移,固相浓度逐渐增加,锥段的固相浓度大于柱段,这说明旋流过滤器内的两相分离主要是在锥段完成的。固相体积分数的分布规律充分说明本文设计的旋流过滤器能够实现固液的有效分离。

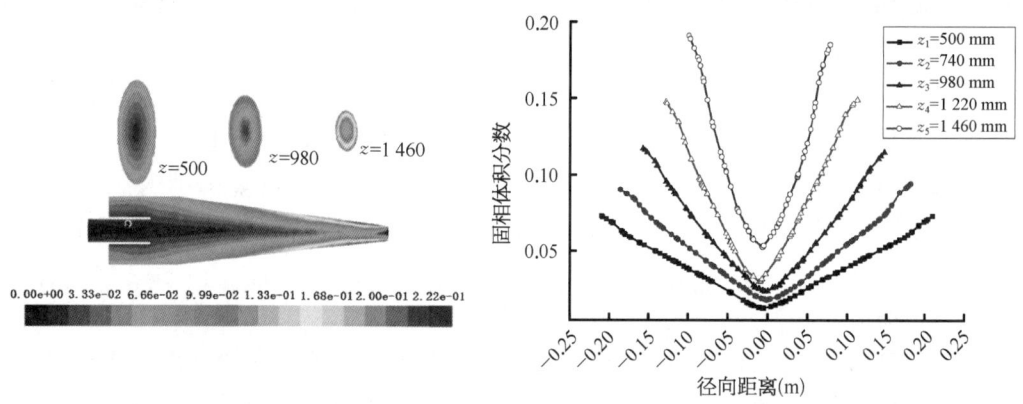

图 5.14 固相体积分数分布云图　　　　　图 5.15 各截面的固相体积分数分布

6）结构参数变化对分离性能的影响及结构参数的优选

对于旋流过滤器来说,分离效率是评价其工作性能的重要指标之一,它是描述分离效果的主要因素[48]。由旋流过滤器分离的固体颗粒从其底流口排出,因此可将分离效率定义为底流口固体颗粒的去除百分率。对于某直径颗粒的分离效率可按下式计算：

$$E = \frac{M_u}{M_i} \times 100\% \tag{5.20}$$

式中　　M_u——固体颗粒在底流口的质量流率(kg/s);
　　　　M_i——固体颗粒在入口处的质量流率(kg/s);
　　　　E——分离效率(%)。

旋流过滤器本身没有动力装置,流体在其内部流动及分离过程都要依靠内部流体的压力损失来获取动力,因此压力降是衡量旋流过滤器能量消耗大小的另一重要指标。在处理能力和分离效率相同的情况下,压力降应越低越好。设入口压力为 p_i,溢流口压力为 p_o,则溢流压力降 Δp 为:

$$\Delta p = p_i - p_o \tag{5.21}$$

此外,分离粒度则是评价水力旋流过滤器工作性能的主要指标之一。分离粒度越小,则表明在相同操作条件下,旋流过滤器能够分离的固体颗粒直径越小,其分离能力就越强。通常将分离效率曲线上分离效率为50%时所对应的颗粒粒度记为分离粒度,用 d_{50c} 表示[48]。

利用分离效率计算公式(5.20)和压降计算公式(5.21)分别计算得到本例初设结构的分离效率为 66.6%,压力降为 0.138 MPa。

(1) 溢流管壁厚对分离性能的影响。

一般来说,适当地增加溢流管壁厚,能够提高旋流过滤器的分离效率。本例针对5种不同溢流管壁厚的旋流过滤器进行了分析,分别设定溢流管壁厚为 7.5 mm、10 mm、12.5 mm、15 mm 和 17.5 mm,其他结构参数与初设结构相同,并在相同条件下,分别进行数值模拟计算。图 5.16、图 5.17 为溢流管壁厚对分离效率和压降的影响曲线图。从图中可以看出,分离效率首先随溢流管壁厚的增加而增大,当壁厚增加到一定值时,分离效率又开始随溢流管壁厚的增加而减小,且当壁厚取 15 mm 时分离效率最大,为 66.6%。压降随溢流管壁厚的增加先增大后减小,壁厚为 15 mm 时,压降为 0.138 MPa。

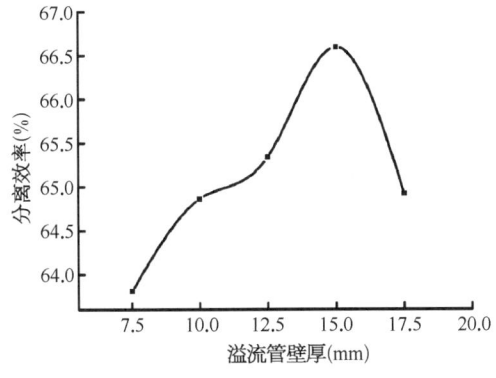

图 5.16　溢流管壁厚对分离效率影响

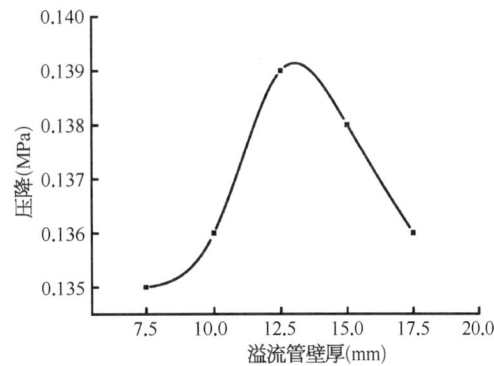

图 5.17　溢流管壁厚对压降影响

(2) 溢流管直径对分离性能的影响。

溢流直径的大小决定了流体在底流和溢流之间的分配,进而影响分离性能。随溢流直径增大,溢流压力降低,流体更趋于从溢流口流出,同时短路流也更易产生,导致更多的粒度较细的固体颗粒将随短路流从溢流口流出，从而降低分离效率；随溢流直径减小，导致溢流口附近的湍流强度增强，同时加剧循环流，导致分离效率降低。因此，在给定粒径的情况下，将存在一个最佳溢流口直径。设定溢流管壁厚为 15 mm，其他结构参数与初设结构相同，分别取溢流直径为 120 mm、130 mm、140 mm、150 mm 和 160 mm，并在相同条件下进行数值模拟计算。图 5.18 和图 5.19 为不同溢流口直径下的分离效率和压力降曲线。分析可知，随溢流直径的增大，分离效率先增加后减小，压力降呈降低趋势。当溢流直径为 130 mm 时，分离效率最高为 77.54%，压降为 0.149 MPa。

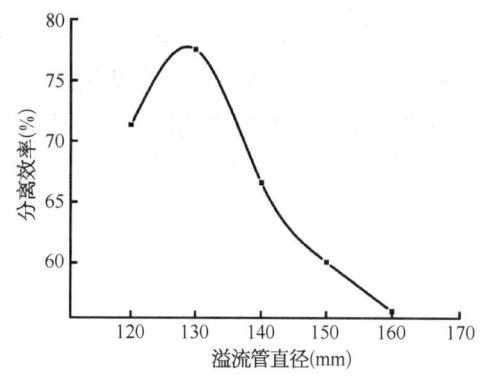

图 5.18　溢流口直径对分离效率影响　　　图 5.19　溢流口直径对压降影响

(3) 柱段长度对分离性能的影响。

旋流过滤器柱段主要起到预旋、稳定并缓冲流体的作用。当柱段长度较小时，流体将会以比较紊乱的状态进入锥段，增加湍流强度的同时也增强了短路流和循环流的影响，从而使分离效率降低；当柱段长度较长时，会导致流体的切向速度降低，不利于分离的进行，因此柱段应选择合适的长度。设定溢流管直径、壁厚分别为 130 mm、15 mm，分别取柱段长度为 330 mm、360 mm、390 mm、420 mm 和 460 mm，其他结构参数与初始设计相同，并在相同条件下分别进行数值模拟计算。图 5.20 和图 5.21 为不同柱段长度对分离效率和压降的影响曲线。由图可知，随柱段长度的增加，分离效率呈先增大后减小的趋势。当柱段长度为 420 mm 时，分离效率最高为 77.54%。随柱段长度的增加，压降呈下降的趋势，但变化幅度相对较小。当柱段长度为 420 mm 时，压降为 0.149 MPa。

(4) 锥角对分离性能的影响。

锥角适当地减小能够提高锥段中内、外旋流的轴向速度和切向速度，对小直径的固相分离起到促进作用。但锥角过小则会增加锥段内的涡流强度，降低最大切向速度，不利于实现固相的分离。因此对于特定旋流过滤器来说，将有一个最佳的锥角。选择溢流管壁厚为 15 mm，溢流管直径为 130 mm，柱段长度为 420 mm，设定锥角为 10°、12.5°、15°、17.5° 和 20°，其他结构参数与初始设计相同，在相同条件下分别进行数值模拟计算。图 5.22、图 5.23 给出了不同锥角下的分离效率和压降曲线。由图可知，随锥角的增大，分离

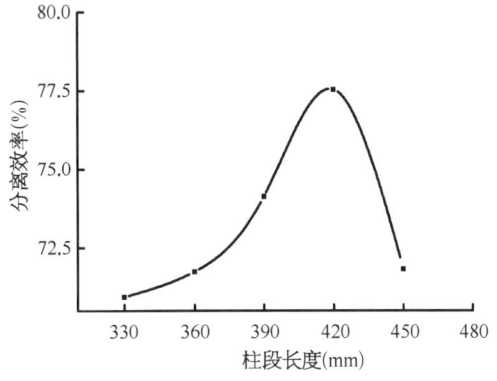

图 5.20　柱段长度对分离效率影响

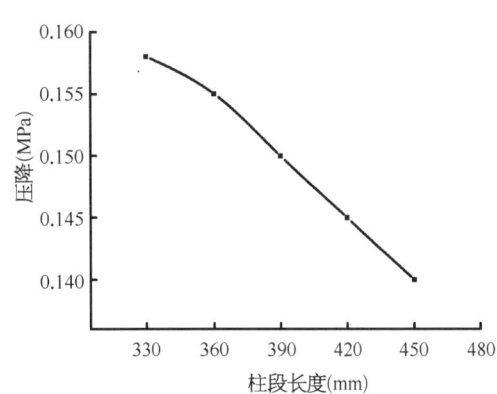

图 5.21　柱段长度对压力降影响

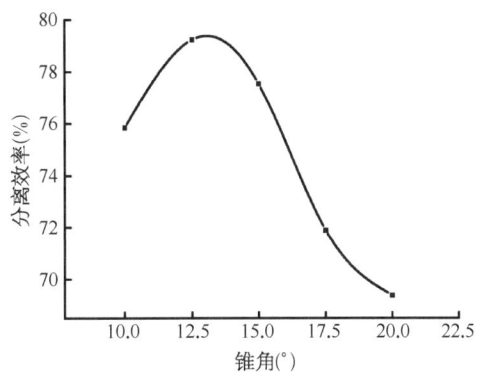

图 5.22　锥角对分离效率的影响

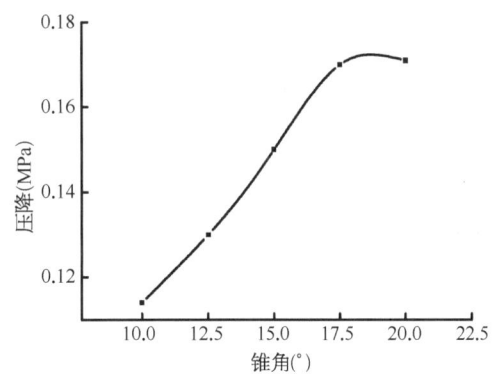

图 5.23　锥角对压力降影响

效率先增大后减小，当锥角为 12.5°时，分离效率最高为 79.24%；随锥角的增大，压降会有一定程度的增大。当锥角为 12.5°时，压降约为 0.13 MPa。

(5) 底流口直径对分离性能的影响。

底流口直径的增加会导致流场内的压强降低，能够在一定程度上减少溢流产物中的粗粒子，提高粗粒子的分离效率，但底流口直径过大，反而会恶化分离效果；底流口直径过小，会导致切向速度减小，不利于分离的发生。因此对于特定旋流过滤器来说，存在一个适宜的底流口直径。选择溢流管壁厚为 15 mm，溢流管直径为 130 mm，柱段长度为 420 mm，锥角为 12.5°，设定底流口直径分别为 85 mm、90 mm、95 mm、100 mm 和 105 mm，其他结构参数与初始设计相同，在相同条件下分别进行数值模拟计算。图 5.24 和图 5.25 给出了不同底流口直径下的分离效率和压降曲线。由图可知，随底流口直径的增大，分离效率先增大后减小，当底流口直径为 100 mm 时，分离效率最高，可达到 82.88%；随锥角的增大，压力降会发生一定程度的下降，但非线性降低。通过以上分析，底流口直径应选择 100 mm，此时的压降为 0.128 MPa。

优选后的旋流过滤器结构尺寸见表 5.1。

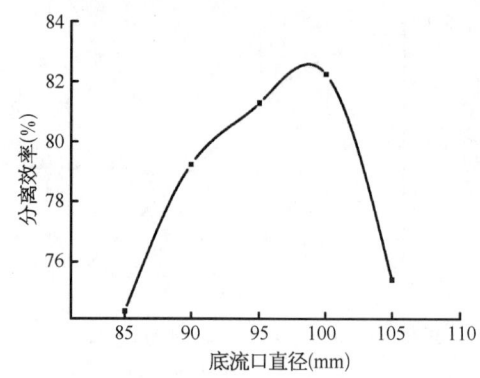
图 5.24　底流口直径对分离效率影响

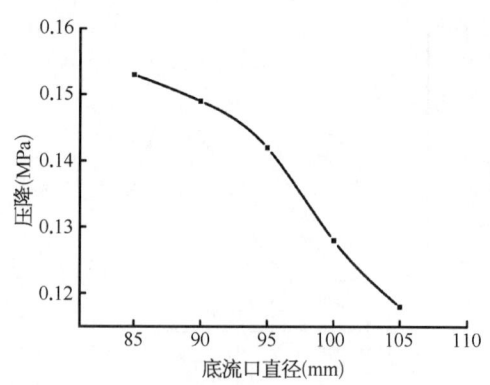
图 5.25　底流口直径对压降影响

表 5.1　优选后的旋流过滤器结构尺寸

参　数	尺　寸	参　数	尺　寸
旋流过滤器主直径	420 mm	溢流管插入深度	250 mm
入口尺寸	65 mm×130 mm	底流口直径	100 mm
溢流管直径	130 mm	柱段长度	420 mm
溢流管壁厚	15 mm	锥角	12.5°

7) 旋流过滤器入口结构的优化

《压载水公约》D-2 对压载水中颗粒物粒径范围及含量做出了明确的规定，为了更好

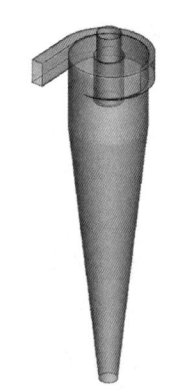
图 5.26　螺线形入口旋流过滤器几何模型

地满足此规定，则需要对水力旋流过滤器进行优化。旋流过滤器分离所需的离心力是通过入口结构来实现的。旋流过滤器的常见入口结构为切向入口，但是其流线突然变化，沿程阻力损失较大，引起的局部能量耗损较大，易产生紊流及湍流脉动等现象影响分离过程[49]。旋流过滤器入口结构还有对数形、渐开线形、同心圆形、阿基米德螺线形（以下简称螺线形）等形式。龚伟安用理论计算方法比较了这几种入口结构的阻力系数，认为螺线形入口的阻力系数最小[50]。此外，螺线形入口同切线形入口相比，具有逐渐收缩的特性，能够减少磨损，增加流体转动速度，降低局部能量消耗和湍动能。因此，本文将旋流过滤器的切向入口结构优化为螺线形，为了对比两种入口形式旋流过滤器内的流场速度以及分离效率，两种模型采用相同的结构尺寸。优化后的旋流过滤器模型如图 5.26 所示。

（1）切向速度对比分析。

将两种入口结构旋流过滤器在截面 z_1、z_2、z_3、z_4 上的切向速度进行了对比，如图 5.27 所示。从图中可以看出，螺线形入口的切向速度较切向入口均有较大的提高，螺线形入口在 z_1 截面上的切向速度平均值较切向入口增加了 59.66%，同时在 z_2、z_3、z_4 截面上的切向速度平均值也分别增加了 58.45%、41.73% 和 44.42%，切向速度的增加意味着离心力的提高，对旋流过滤器内的固、液分离起到了很大的促进作用。因此,从切向速度的角度来说,螺线形入口结构要优于切向入口结构。

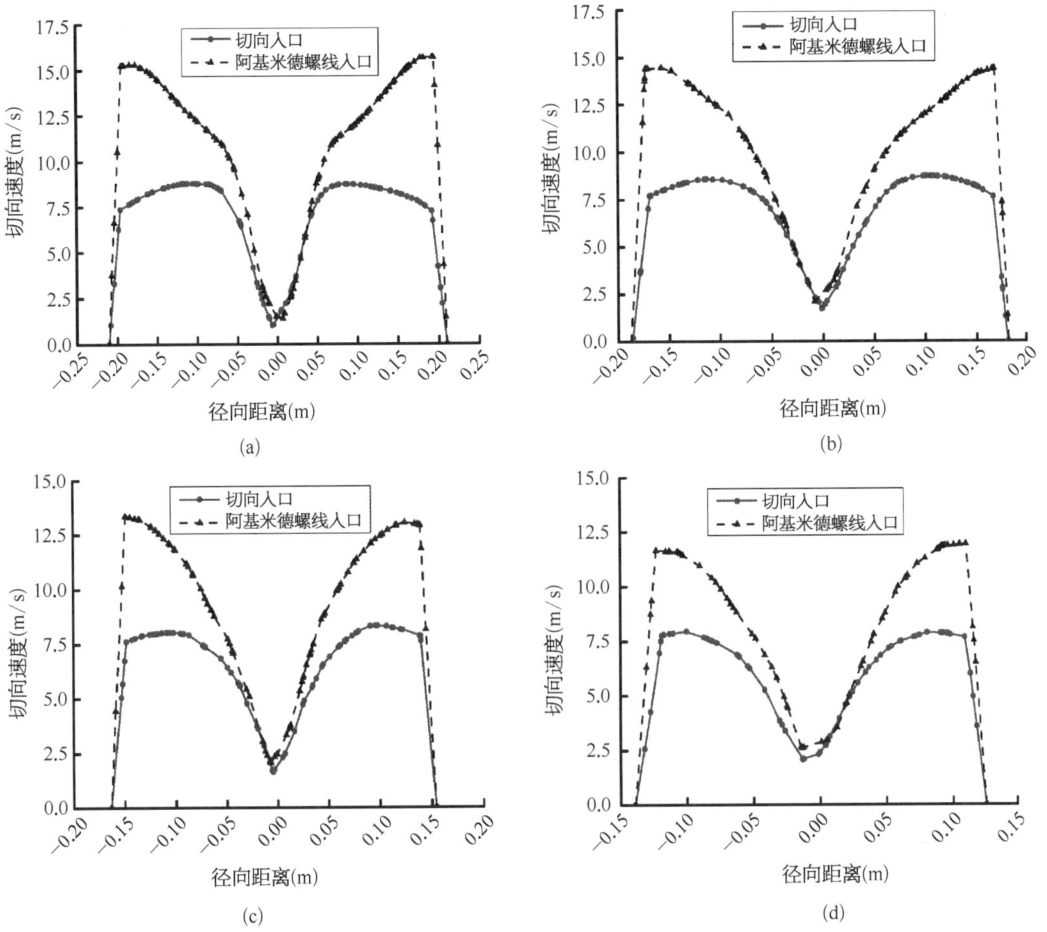

图 5.27 不同截面切向速度对比图

(a) $z_1 = 500$ mm;(b) $z_2 = 740$ mm;(c) $z_3 = 980$ mm;(d) $z_4 = 1\ 220$ mm

(2)轴向速度和径向速度的对比分析。

图 5.28 为两种入口结构旋流过滤器内 z_1、z_3 截面上的轴向速度分布对比图。从图中可以看出,螺线形入口旋流过滤器的轴向速度较切向入口也均有所增加,这说明向上的内旋流速度与向下的外旋流速增大,使得旋流过滤器内的旋流流动更加通畅,更加有利于分离过程的发生。此外,螺线形入口结构的轴向速度在轴对称分布上要优于切向入口,这说明螺线形入口受到涡流的影响相对切向入口较小。

图 5.29 为两种入口结构旋流过滤器内 z_1、z_3 截面上的径向速度分布对比图。从图中可以看出,螺线形入口结构比切向入口结构的径向速度分布更加均匀、规律,有着更稳定的流场。此外,螺线形入口的径向速度在数值上较切向入口也均有所增加,这说明固相沉降阻力减小,更有利于固相颗粒的分离。

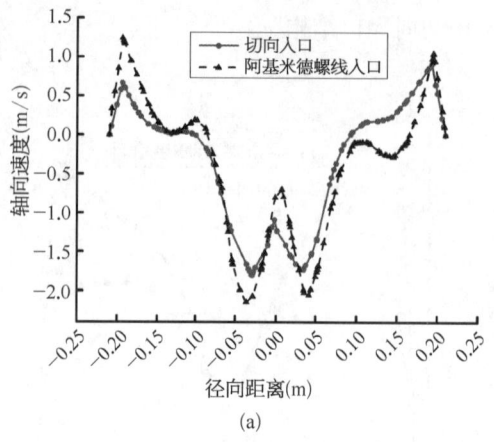
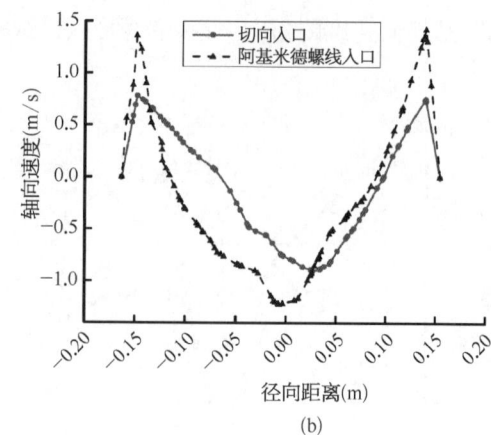

图 5.28　不同截面轴向速度对比图

(a) $z_1 = 500$ mm；(b) $z_3 = 980$ mm

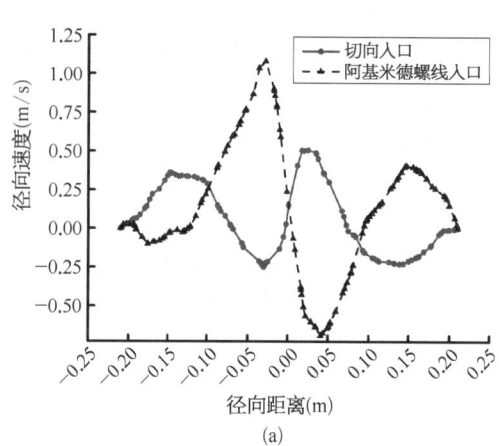
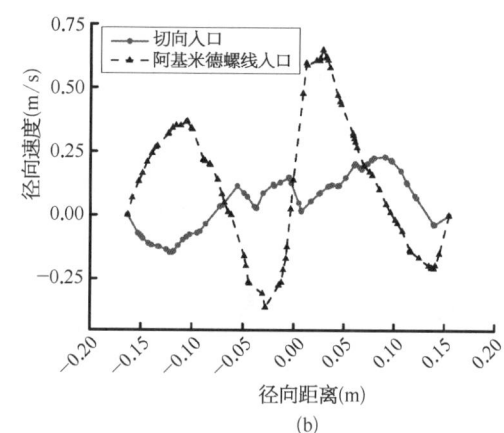

图 5.29　不同截面径向速度对比图

(a) $z_1 = 500$ mm；(b) $z_3 = 980$ mm

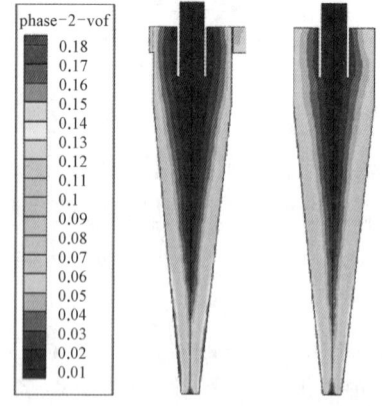

图 5.30　固相相体积分数对比云图

(3) 固相体积分数的对比分析。

图 5.30 为两种入口结构旋流过滤器内固相体积分数分布对比云图，图 5.31 为锥段 z_4、z_5 截面上的固相体积分数对比图。从图中可以看出，螺线形入口结构旋流过滤器锥段内的固相体积分数要明显高于切向入口，这说明螺线形入口结构有着更好的分离效果。

(4) 分离效率的对比分析。

经模拟计算，得到沙粒粒径分别为 30 μm、40 μm、50 μm、60 μm、70 μm、80 μm 时的分离效率，模拟结果如图 5.32 所示。

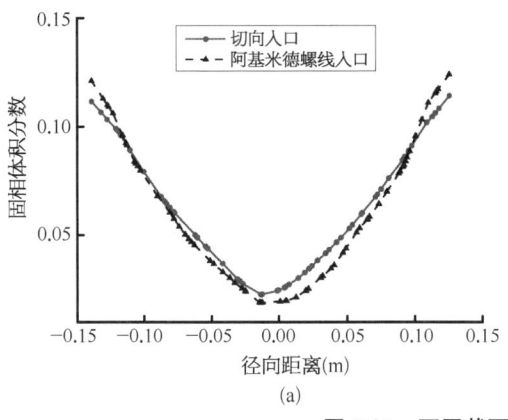 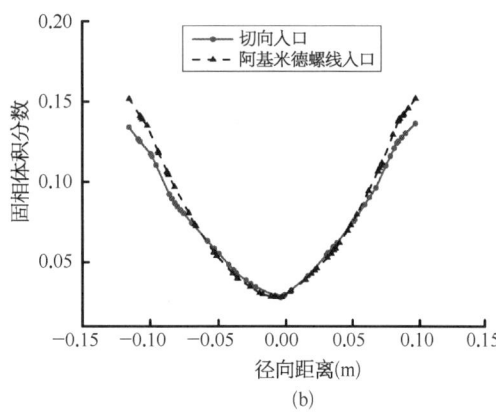

图 5.31 不同截面固相体积分数对比图

(a) $z_4 = 1\ 220$ mm;(b) $z_5 = 1\ 460$ mm

从图中可看出,在相同模拟条件下,沙粒直径越大,旋流过滤器的分离效率越高。与切向入口结构相比,螺线形入口结构对不同直径沙粒的分离效率均有所增加,分别增加了 9.5%、13.26%、12.67%、11.43%、8.93% 和 6.14%。当粒径大于 50 μm 时,螺线形入口旋流过滤器的分离效率均达到了 95% 以上,其中对直径为 60 μm、70 μm、80 μm 沙粒的分离效率分别为 95.42%、98.23% 和 99.08%。因此,从分离效率方面来看,螺线形入口结构要优于切向入口结构。

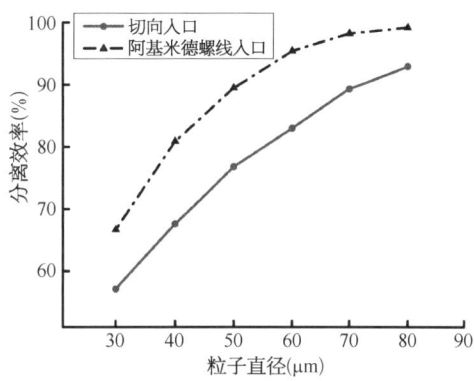

图 5.32 不同直径沙粒的分离效率

5.1.3 超声气穴净化器的优化

超声气穴净化器的处理效果除了受换能器性质参数的影响,还受净化器内水力条件的影响,只有当净化器内存在一定的死水区或水流速很小时,超声波才能发挥作用。在净化器中加装隔板可以阻挡水流,并降低大部分水的流速。应用 FLUENT 软件对超声波处理器内的流场进行数值模拟优化。

1) 模型建立及网格划分

根据所设计的超声气穴净化器的结构和尺寸,对其几何模型进行适当的简化,并考虑增加水在净化器中的处理时间,对水的通流方向进行适当的调整,尽量增加死水区,增强气穴效应,建立流体域模型和三维网格,如图 5.33 所示。

2) 边界条件设置

(1) 入口边界:定义为质量流量入口(mass flow inlet),已知处理量为 200 m³/h,经换算得质量流量 $Q_m = 55.56$ kg/s。湍流强度 $I = 0.16(\mathrm{Re}_{D_H})^{-1/8}$,其中 D_H 为水力直径,其值为入口直径,即 $D_H = 200$ mm。

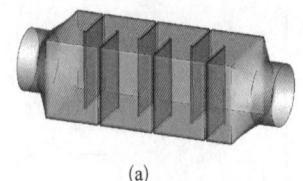 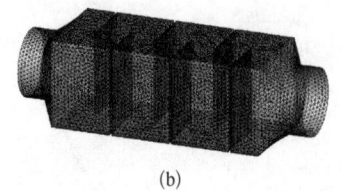

图 5.33 超声气穴净化器流体域模型与网格

(a) 流体域模型；(b) 三维网格

(2) 出口边界：定义为自由出口(outflow)。

(3) 壁面条件：壁面采用无滑移边界。

(4) 设定水为基本相：密度为 998.2 kg/m³，黏度为 0.001 003 Pa·s；运用 RSM 模型做定常流动计算。

3) 流场分析

图 5.34 为超声气穴净化器内的流场分布图。从图 5.34a 中可以看出，流体由入口进入腔体经 6 层隔板后由出口排出，期间沿流体流动方向管道的截面积逐渐达到最大，但由于隔板的阻挡使得流体总流通截面积变小，导致部分流体流速增大，出现了小范围的高速流区域；与此同时，处理器内两隔板之间出现了明显的死水区和低流速区，这满足了处理器的设计要求。此外，从图 5.34b 中可以看出，由于隔板的阻碍作用，水流在处理器内每两块隔板之间都形成了漩涡流，湍流强度增加，这使得流体每经过两块隔板之间的空间时流体的空间位置都会重新布置，进而增加了流体接受超声辐射的均匀性。

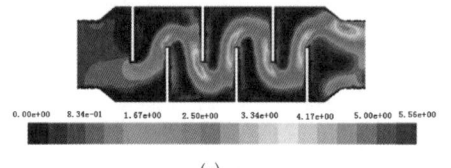 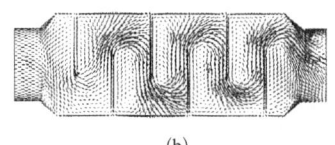

图 5.34 超声气穴净化器内流场分布图

(a) $z=0$ 截面速度分布云图；(b) $z=0$ 截面速度矢量图

4) 超声波声场分布模拟

超声气穴净化器内的声场分布对其处理效果有显著的影响，而声场的空间分布与换能器的辐射频率及处理器的结构尺寸等有关。根据平面阵列超声波换能器指向性的计算方法，计算超声换能器阵列在三维空间中的辐射声场分布。

(1) 超声波声场计算方法。

① 换能器指向性函数。

换能器的指向性函数是指辐射声场或接收阵灵敏度的空间分布函数，也称方向特征函数，它能够描述一个声源辐射声场的空间分布。指向性函数分为声压非归一化和声压归一化两种类型，分别可以用函数 $D(\alpha, \theta)$ 和 $U(\alpha, \theta)$ 表示[54]：

$$D(\alpha,\theta)=|p(\alpha,\theta)|, U(\alpha,\theta)=\frac{|p(\alpha,\theta)|}{|p(\alpha_0,\theta_0)|} \tag{5.22}$$

式中 $|p(\alpha,\theta)|$——任意方向(α,θ)上的复合声压幅值；

$|p(\alpha_0,\theta_0)|$——主波束最大值方向(α_0,θ_0)上复合声压的幅值。

声强归一化的指向函数也能描述换能器阵列的指向特性，可用$b(\alpha,\theta)$表示：

$$b(\alpha,\theta)=\frac{|I(\alpha,\theta)|}{|I(\alpha_0,\theta_0)|} \tag{5.23}$$

式中 $|I(\alpha,\theta)|$——(α_0,θ_0)方向上的声强有效值；

$|I(\alpha_0,\theta_0)|$——(α_0,θ_0)方向上的声强有效值。

根据声压和声强的关系可得：

$$I(\alpha,\theta)=\frac{1}{2\rho c}|p(\alpha,\theta)|^2=\frac{1}{2\rho c}D^2(\alpha,\theta) \tag{5.24}$$

式中 ρ——介质密度；

c——波在介质中的传播速度。

由式(5.23)、式(5.24)可得声压归一化函数与声强归一化函数的关系：

$$b(\alpha,\theta)=D^2(\alpha,\theta) \tag{5.25}$$

② 单个圆形换能器的指向性函数。

对于单个点声源，设其指向性函数为$D_{\text{point}}(\alpha,\theta,\omega)$，则点声源在距离为$r$处的声压可表示为：

$$p=KD_{\text{point}}(\alpha,\theta,\omega)\frac{1}{r}e^{j(\omega t-kr)} \tag{5.26}$$

式中 ω——超声波角频率；

k——波数，$k=2\pi/\lambda$；

K——常数，$K=p_0/\lambda$，p_0为初始声压幅值。

图 5.35 为圆形换能器的声场示意图，设其振动端面半径为a，将端面划分成面积相等的n份，S_i代表第i份面积。当$n\rightarrow+\infty$时，即可将每份小的振动面看作为一个点声源。r_i为面积S_i到远场区P的距离，也是此面积发出的声波到达P的声程。r_0为振动端面中心的面积S_0到P的距离。Δr_i是r_0相对于r_i的声程差，且每份面积S_i的振动幅值相同，因此将每个小面积S_i作为点声源时，式(5.26)中的常数K相同。

对于单个圆形换能器，其指向性函数可以表达为：

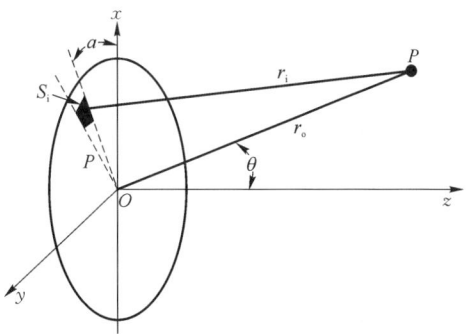

图 5.35 圆形换能器声场坐标示意图

$$D_c(\alpha, \theta, \omega) = \frac{P}{P_{\theta=0}} = \frac{\sum_{i=0}^{n-1} p_0 e^{j\Delta r_i k}}{n \cdot p_0} \quad (5.27)$$

式中 P——每个近似点声源到远场区的总声压；

$P_{\theta=0}$—— $\theta = 0$ 时每个近似点声源到远场区的总声压。

$$P = \sum_{i=0}^{n-1} p_0 e^{j\Delta r_i k} = K \frac{1}{r_0} e^{j(\omega t - k r_0)} \cdot \sum_{i=0}^{n-1} e^{jk |\vec{\rho}_i|(\cos\alpha_i \cos\alpha \sin\theta + \sin\alpha_i \sin\alpha \sin\theta)} \quad (5.28)$$

当 $t \to +\infty$ 时，求和转变为积分：

$$P = K \frac{1}{r_0} e^{j(\omega t - k r_0)} \cdot \int_0^a \rho \left(\int_\alpha^{2\pi} e^{jk\rho \sin\theta \cos(\alpha_i - \alpha)} d\alpha_i \right) d\rho \quad (5.29)$$

式(5.29)中对 α_i 积分一周时，选取从 α 到 $\alpha + 2\pi$，根据贝塞尔函数性质可求得：

$$P = K' \frac{2\pi a^2}{r_0} e^{j(\omega t - r_0 k)} \frac{J_1(ka\sin\theta)}{ka\sin\theta} \quad (5.30)$$

$$P_{\theta=0} = K' \frac{\pi a^2}{r_0} e^{j(\omega t - k r_0)} \quad (5.31)$$

由式(5.30)与式(5.31)联立可求得单个半径为 a 的圆形换能器的指向性函数为：

$$D_c(\alpha, \theta, \omega) = \frac{P}{P_{\theta=0}} = \left| 2 \frac{J_1(ka\sin\theta)}{ka\sin\theta} \right| \quad (5.32)$$

式中 J_1——一阶贝塞尔函数。

③ 换能器阵列指向性函数。

如果要从单个换能器的指向性函数推导阵列换能器指向性函数，还需要有以下几个假设条件：

A. $r \gg l^2/\lambda$，其中 r 表示换能器阵列中心到观察点的距离，l 是阵列的最大尺寸，λ 为波长，该条件表明的是一个远场条件，在该条件下声波可以看作平面波。

B. 阵列换能器的阵元在排列上对于声波没有干涉作用。

C. 不考虑阵列换能器每个阵元间的互辐射作用。

基于以上假设，根据式(5.32)，得出对于 N 个任意分布的点声源组成的离散阵三维空间的指向性函数为：

$$D(\alpha, \theta, \alpha_0, \theta_0, \omega) = \frac{\left| \sum_{i=1}^{N} \widetilde{A}_i e^{-j\Delta \phi_i} \right|}{\left| \sum_{i=1}^{N} \widetilde{A}_i \right|} \quad (5.33)$$

式中 $\widetilde{A}_i$——第 i 个阵元在远场区所接收的电压振幅；

$\Delta \phi_i$——第 i 个阵元所在方向与主极大方向的相位差。

由于各阵元具有相同的振幅,即 $\widetilde{A}_1 = \widetilde{A}_2 = \cdots = \widetilde{A}_i$,故式(5.33)可以简化为:

$$D(\alpha, \theta, \alpha_0, \theta_0, \omega) = \frac{1}{N} \left| \sum_{i=1}^{N} e^{-j\Delta\phi_i} \right| \tag{5.34}$$

对于复杂换能器阵的指向性函数的推导,可用下列两个定理来简化。

乘积定理:由 $N = N_1 N_2$ 个阵元组成的复合阵内包含 N_2 个相同的子阵,而每个子阵又由 N_1 个相同的振元组成,则该复合阵列的指向性函数 $D(\alpha, \theta, \omega)$ 等于子阵的指向性函数 $D_1(\alpha, \theta, \omega)$ 与 $D_2(\alpha, \theta, \omega)$ 的乘积:

$$D(\alpha, \theta, \omega) = D_1(\alpha, \theta, \omega) D_2(\alpha, \theta, \omega) \tag{5.35}$$

加法定理:若换能器阵列是由不同类型的子阵组成,则该复合阵列的指向性函数可看作是每个子阵指向性函数的线性组合,因此对于 m 个不同子阵组成的复合阵列,其指向性函数可表示为:

$$D(\alpha, \theta, \omega) = \frac{D_1(\alpha, \theta, \omega) \left| \sum_{i=1}^{n_1} A_{1i} \right| + \cdots + D_m(\alpha, \theta, \omega) \left| \sum_{i=1}^{n_m} A_{mi} \right|}{\left| \sum_{i=1}^{n_1} A_{1i} \right| + \cdots + \left| \sum_{i=1}^{n_m} A_{mi} \right|} \tag{5.36}$$

根据以上两个定理和换能器阵列的指向性函数一般性表达式可推导出具有 N 个相同阵元的线阵列的指向性函数为:

$$D(\alpha, \theta, \omega) = \frac{\sin\left(\frac{\pi N d}{\lambda} \cos\alpha \sin\theta\right)}{N \sin\left(\frac{\pi d}{\lambda} \cos\alpha \sin\theta\right)} \tag{5.37}$$

由 M 个线阵列组合成的 $N \times M$ 复合阵的指向性函数为:

$$D(\alpha, \theta, \omega) = \frac{\sin\left(\frac{\pi N d_1}{\lambda} \cos\alpha \sin\theta\right)}{N \sin\left(\frac{\pi d_1}{\lambda} \cos\alpha \sin\theta\right)} \frac{\sin\left(\frac{\pi M d_2}{\lambda} \cos\alpha \sin\theta\right)}{M \sin\left(\frac{\pi d_2}{\lambda} \cos\alpha \sin\theta\right)} \tag{5.38}$$

$N \times M$ 圆形活塞换能器的矩形阵列示意图如图 5.36 所示。

分别设 D_N 和 D_M 为由 N 个和 M 个阵元组成的线阵列的指向性函数,则 $N \times M$ 阵列的指向性函数可以根据乘法定理和单个圆形换能器的指向性函数推导为:

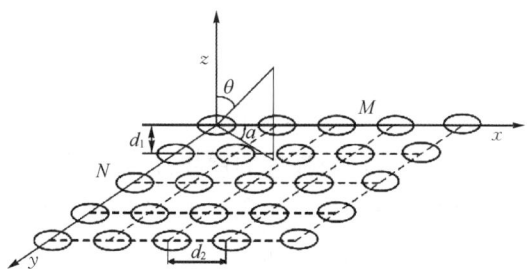

图 5.36 圆形换能器矩形阵列示意图

$$D(\alpha,\theta,\omega) = D_N \cdot D_C \cdot D_M \cdot D_C$$

$$= \frac{\sin\left(\frac{2\pi a N d_1}{\lambda}\cos\alpha\sin\theta\right)}{N\sin\left(\frac{2\pi a d_1}{\lambda}\cos\alpha\sin\theta\right)} \cdot \frac{2J_1\left(\frac{2\pi a}{\lambda}\sin\theta\right)}{\frac{2\pi a}{\lambda}\sin\theta} \cdot$$

$$\frac{\sin\left(\frac{2\pi a M d_2}{\lambda}\cos\alpha\sin\theta\right)}{M\sin\left(\frac{2\pi a d_2}{\lambda}\cos\alpha\sin\theta\right)} \cdot \frac{2J_1\left(\frac{2\pi a}{\lambda}\sin\theta\right)}{\frac{2\pi a}{\lambda}\sin\theta} \tag{5.39}$$

④ 换能器阵列声压计算。

根据式(5.31)可知,对于 $N\times M$ 矩形换能器阵列,当 $\theta=0$ 时,任意 (m,n) 处换能器在远场区处总声压可表示为:

$$P_{\theta=0} = M \cdot N \cdot K' \frac{\pi a^2}{r_0} e^{j(\omega t - kr_0)} \tag{5.40}$$

由式(5.30)可得整个阵列的指向性函数为:

$$D(\alpha,\theta,\omega) = \frac{P}{P_{\theta=0}} \tag{5.41}$$

则任意一点 (α,θ,ω) 处的声压 P 可利用 $P_{\theta=0}$ 与 $D(\alpha,\theta,\omega)$ 乘积表示为:

$$P = D(\alpha,\theta,\omega) \cdot P_{\theta=0} = D(\alpha,\theta,\omega) \cdot M \cdot N \cdot K' \frac{\pi a^2}{r_0} e^{j(\omega t - kr_0)} \tag{5.42}$$

任意一点 (α,θ,ω) 处的声压幅值 P_A 为:

$$P_A = K' \frac{\pi a^2}{r_0} \frac{\sin\left(\frac{2\pi a N d_1}{\lambda}\cos\alpha\sin\theta\right)}{\sin\left(\frac{2\pi a d_1}{\lambda}\cos\alpha\sin\theta\right)} \cdot \frac{2J_1\left(\frac{2\pi a}{\lambda}\sin\theta\right)}{\frac{2\pi a}{\lambda}\sin\theta} \cdot$$

$$\frac{\sin\left(\frac{2\pi a M d_2}{\lambda}\cos\alpha\sin\theta\right)}{\sin\left(\frac{2\pi a d_2}{\lambda}\cos\alpha\sin\theta\right)} \cdot \frac{2J_1\left(\frac{2\pi a}{\lambda}\sin\theta\right)}{\frac{2\pi a}{\lambda}\sin\theta} \tag{5.43}$$

(2) 基于 Matlab 的超声波声场模拟。

超声气穴净化器内的声场分布对超声气穴净化器效果有显著的影响。采用 Matlab 软件对所设计的超声气穴净化器内的声场进行仿真计算,仿真时可将其简化为一个有上下两个相同换能器阵列的矩形处理器。首先只考虑下面的阵列,利用式(5.43)可求出处理器内任意一点 (α,θ,ω) 处的声压 P_1,然后考虑上面的阵列,可以认为就是上层阵列倒扣过来,那么(α, θ, ω)处相对于上面的阵列只有与Z轴夹角不同,可以通过余弦定理求得。利用相同方法可求得下层阵列在(α, θ, ω)处的声压P_2,两者相加即为总声压。

由于液体中的空化效应受声压幅值和声能密度的均匀性影响较大[60],所以使用声压幅值的平均值P_{am}表示处理器中液体声压的强度,使用声场的非均匀性指数NU_I来表示处理器在声场均匀性和声能利用率方面的性能。计算公式分别为:

$$P_{am} = \frac{1}{V_0} \iiint_{V_0} |P_A| \tag{5.44}$$

$$NU_I = \frac{1}{P_{am}} \sqrt{\frac{\iiint_{V_0} (|P_A| - |P_{am}|)^2 dV}{V_0}} \tag{5.45}$$

式中,V_0为声场体积。那么声压幅值的平均值越大,声场非均匀性指数越小,超声波处理器在声场均匀性和声能利用率方面的性能就越好。

根据上述理论,采用 MATLAB 软件进行程序编写,研究处理器中液体的声压、声强分布、声压幅值平均值以及非均匀性指数,并比较不同结构尺寸下的能量利用率,确定处理器的最终结构尺寸,具体程序见附录1。

图 5.37 所示为超声气穴净化器的声场仿真结果。

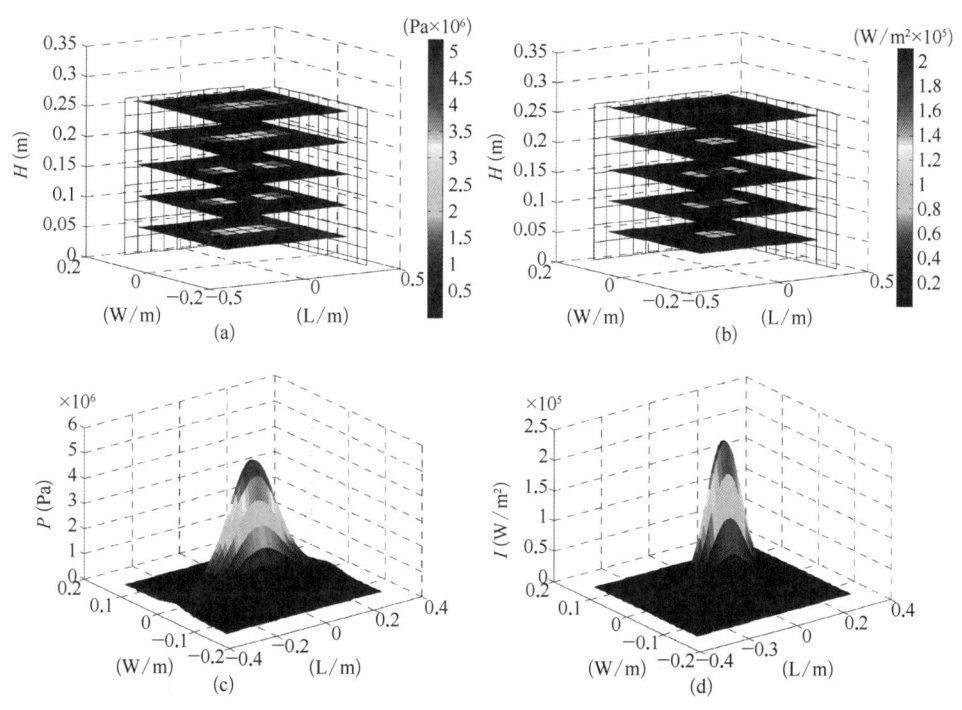

图 5.37 超声气穴净化器内声场分布图

(a) 三维切面声压分布图;(b) 三维切面声强分布图;(c) $H/2$平面声压分布图;(d) $H/2$平面声强分布图

根据模拟结果可以得出超声气穴净化器内的声场中声压幅值的最大值为 5.23×10^6 Pa,把模拟结果代入式(5.44)和式(5.45)可得声场幅值的平均值 P_{am} 为 5.05×10^5 Pa,非均匀性指数 NU_1 为 1.216 5。

(3) 腔体高度 H 对声场的影响。

超声气穴净化器结构尺寸的大小对其声场分布有很大的影响,因此通过计算不同结构尺寸净化器液体内的声场分布,以净化器腔体的高 H（即换能器的对射距离）为仿真对象,通过微调 H 来研究处理器内声场分布的变化规律,最后得出声压幅值的平均值 P_{am} 与非均匀性指数 NU_1 随 H 的变化规律。仿真时,超声频率取为 28 kHz,保持腔体的长 640 mm 和宽 280 mm 不变,腔体高度在 $H=20\times\lambda/4=259$ mm 附近变化。仿真结果见表 5.2。

表 5.2　不同腔体 H 下的 P_{am} 和 NU_1

腔体高度 H(mm)	251	253	255	257	259
P_{am}(Pa)	4.97×10^5	4.98×10^5	5.03×10^5	5.04×10^5	5.08×10^5
NU_1	1.235 5	1.232 4	1.223 4	1.224 0	1.216 5
腔体高度 H(mm)	261	263	265	267	269
P_{am}(Pa)	5.12×10^5	5.23×10^5	5.31×10^5	5.25×10^5	5.19×10^5
NU_1	1.214 4	1.208	1.203 2	1.199 2	1.190 1

声压幅值的平均值 P_{am}、非均匀性指数 NU_1 值随 H 的变化曲线如图 5.38 所示。从图 5.38a 可以看出,随 H 的增大,声压幅值的平均值 P_{am} 呈先增大后减小的变化趋势。在 H 由 251 mm 到 269 mm 的变化过程中, $H=20\times\lambda/4=259$ mm 时,声压幅值并未取得最大值；而在 $H=265$ mm 时,取得最大值 5.31×10^5 Pa。这是因为 $H=20\times\lambda/4=259$ mm 只是在理想介质中的理论最佳值,在实际情况中,声波在介质中传播时存在损耗,从而导致了取得最大 P_{am} 的 H 值偏离了理论值；从图 5.38b 可以看出,非均匀性指数

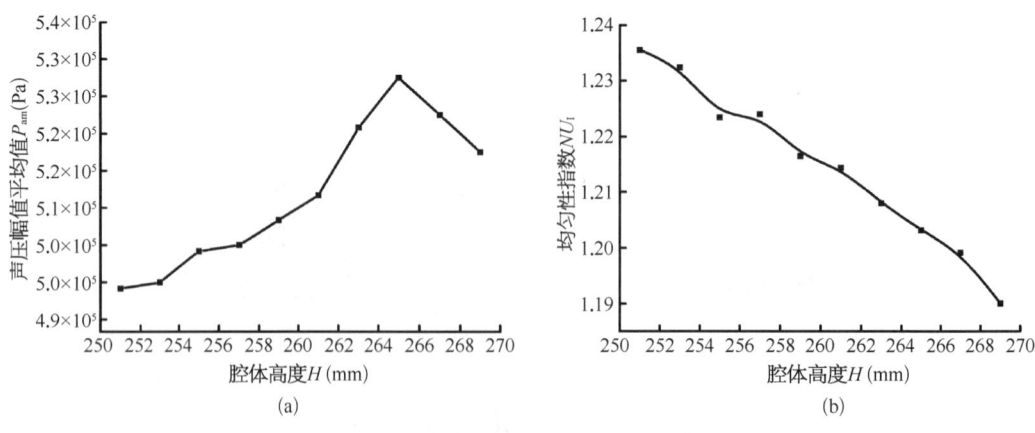

图 5.38　P_{am} 和 NU_1 随 H 的变化曲线

(a) P_{am} 随高度 H 的变化曲线；(b) NU_1 随高度 H 的变化曲线

NU_1 随 H 的增大逐渐减小,当 $H=265$ mm 时,$NU_1=1.2032$,相对来说并不大。因此,对于超声频率 $f=28$ kHz,长 640 mm 和宽 280 mm 的矩形超声气穴净化器来说,当 $H=265$ mm 时,超声气穴净化器在处理均匀性和声能利用率方面的性能达到最优。

(4) 超声频率对声场的影响。

超声气穴净化器的超声频率也会对其声场分布产生很大影响。因此,本节将主要研究在不同超声频率下,超声气穴净化器内的声场声压幅值的平均值 P_{am} 和非均匀性指数 NU_1。仿真时,保持处理器结构尺寸不变,超声频率 f 分别取为 20 kHz、30 kHz、40 kHz、50 kHz、60 kHz、70 kHz、80 kHz。仿真结果见表 5.3。

表 5.3 不同超声频率下的 P_{am} 和 NU_1

超声频率 f(kHz)	20	30	40	50	60	70	80
P_{am}(Pa)	6.18×10^5	5.02×10^5	4.68×10^5	4.42×10^5	4.41×10^5	4.14×10^5	3.7×10^5
NU_1	0.8022	1.2901	1.5259	1.6458	1.7041	1.7495	1.767

声压幅值平均值 P_{am} 和非均匀性指数 NU_1 随超声频率的变化曲线如图 5.39 所示。由图 5.39a 可以看出,声压幅值平均值 P_{am} 随频率的增高而减小,说明随着频率的增高,处理器内液体的空化效应减弱。这是因为频率的增高会导致声波膨胀时间变短,空化核无法生长成可发生效应的空化泡,即使形成了空化泡,但因为声波的压缩时间变短,而导致空化泡来不及崩溃。此外,高频超声波在液体中的能量消耗较快,为获得相同的处理效果,高频超声波需要较大的能量。由图 5.39b 可以看出,非均匀性指数 NU_1 随超声频率的增加而增大,这说明随着频率的增加,处理器的声处理均匀性和声能利用率逐渐降低。因此,对于文中的矩形超声气穴净化器来说,为了提高超声作用效果,应采用频率较低的超声波。

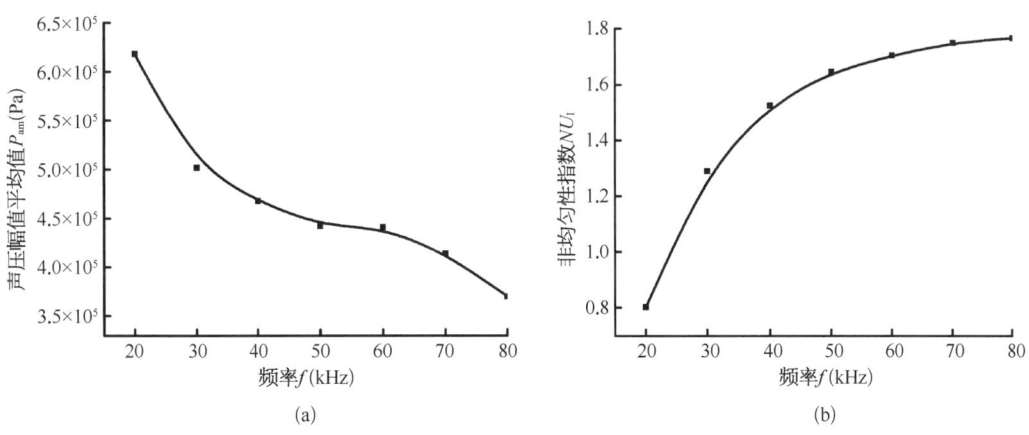

图 5.39 P_{am} 和 NU_1 随频率的变化曲线

(a) P_{am} 随频率的变化曲线;(b) NU_1 随频率的变化曲线

5.2 杀菌器的优化

5.2.1 UVC杀菌器的优化

1) 优化原理

影响紫外线处理效果的主要因素有压载水水质、微生物种类和UVC辐照剂量等。其中,UVC辐照剂量可以通过改变UVC杀菌器的自身结构来优化。由$D=It$可知,在光照强度一定的情况下,压载水在杀菌器内的停留时间越长,则辐照剂量越大,杀菌效果越好。光照强度由灯管的功率和灯管与被照射点的距离决定,而停留时间则由杀菌器自身结构决定。另外,一些UVC杀菌器由于其灯管排列不均匀或结构设计不够合理,导致流体在杀菌器内接受的辐照剂量相差很大,剂量过大的区域将会造成能量浪费,而剂量过小的区域则满足不了杀菌要求。因此,在优化时应该考虑让水流在杀菌器内得到相对均匀的辐照剂量,使杀菌更高效。

综上分析,从UVC照射剂量的均匀性和流体停留时间考虑,对UVC杀菌器进行优化:在原有UVC杀菌器的进口处加装导流叶,采用进口导流叶,可以使流体旋转进入UVC杀菌器内部,增大圆周切向速度,减小轴向速度,延长流体在紫外线辐照区域的停留时间,进而增加辐照剂量。此外,水流经导流叶后会产生扰动,促进水流形成湍流,让原有杀菌器中沿器壁流动的水流也有机会在灯管周围流动,使水流与紫外线的接触更加充分和均匀,增加了照射的均匀性。

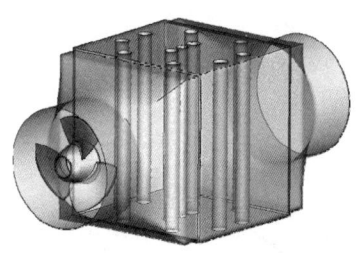

图 5.40 带导流叶的 UVC 杀菌器

2) 导流叶片设计

参照轴流泵叶轮叶片的三维设计理论,将导流叶看作是旋转速度为零的叶轮,并把叶片截面直径d_i、叶片数z、叶片厚度δ和安装角β作为关键参数进行设计。导流叶片的初始设计参数见表5.4,加装导流叶片的UVC杀菌器结构如图5.40所示。

表 5.4 导流叶片的初始设计参数

叶片截面直径(mm)	叶根最大厚度(mm)	叶梢最大厚度(mm)	叶片数(片)	安装角(°)
200	12	7	3	35

3) UVC杀菌器内的流场及停留时间模拟

(1) 模拟方法。

目前,学者们常采用脉冲示踪瞬态求解附加组分运输方程的方法来模拟某一系统内的停留时间分布。因此,运用 FLUENT 软件中的 RSM 湍流模型,结合物质运输模型(Species Transport)对杀菌器内的流场及流体停留时间进行数值模拟。为了方便观察杀菌器内停留时间以及流场分布,分别将 $x=0$、$z=0$、interface1、interface2 四个截面设为监测面,如图 5.41 所示。

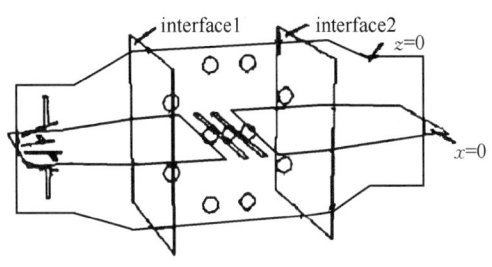

图 5.41 监测面设置图

停留时间模拟过程如下:杀菌器入口采用质量流量入口(Mass flow inlet),质量流量 $Q_\mathrm{m}=55.56$ kg/s,出口为自由出口(outflow),壁面选用无滑移条件,考虑重力作用,采用 Simple 求解器进行模拟计算。首先在反应器内通入测试流体水,在稳态条件下使用 RSM 模型进行基础流场模拟,计算得到流体流动初场。待计算收敛后激活 Species Transport 模型,在边界条件的进口组分中注入 1% 的示踪剂(其物性参数与水相同),将模型改为非稳态计算。计算过程中,分别监测 interface1、interface2 和 outlet 面上示踪剂的浓度 c 随停留时间 t 的变化规律,最后使用式(5.46)求得示踪剂到达各平面的平均停留时间 $\bar{t}$:

$$\bar{t}=\frac{\sum_i t_i c_i}{c_i} \tag{5.46}$$

将示踪剂到达紫外灯管腔体入口面(interface1)上的平均时间记为 t_1,到达腔体出口面(interface2)上的平均时间记为 t_2,则流体在紫外灯管腔体内的平均停留时间 $\bar{t}$ 即为 t_2-t_1。示踪剂到达杀菌器 outlet 面上的平均时间即为流体在杀菌器内的总停留时间。通过对原 UVC 杀菌器模拟可得,流体在紫外灯管腔体内的平均停留时间为 0.178 s,在杀菌器内的总停留时间为 1.384 s。

(2) 导流叶片结构参数对停留时间的影响。

根据导叶的截面直径、叶片数及安装角设计多种导流叶结构,基于停留时间的模拟方法,研究不同结构参数的导流叶对杀菌器内流体停留时间的影响规律。

① 导流叶片截面直径对停留时间的影响。

导流叶片截面直径过大会影响进水口的流体流量;截面直径过小则对杀菌器内的水流影响较小,发挥不出导流叶的作用,达不到预期的效果。因此,对于结构确定的杀菌器,将存在最佳导流叶片截面直径。基于杀菌器的入口直径为 260 mm,设计导流叶片截面直径 d_i 为 175 mm、200 mm、225 mm 和 250 mm,其余参数与初始设计参数相同,模拟可得停留时间曲线如图 5.42 所示。

由图可知,RTD 曲线都呈单峰分布,但不同导流叶使得流体的停留时间分布曲线峰谷略有变化。不同截面直径下导流叶片在 UVC 杀菌器内各监测面上的停留时间见

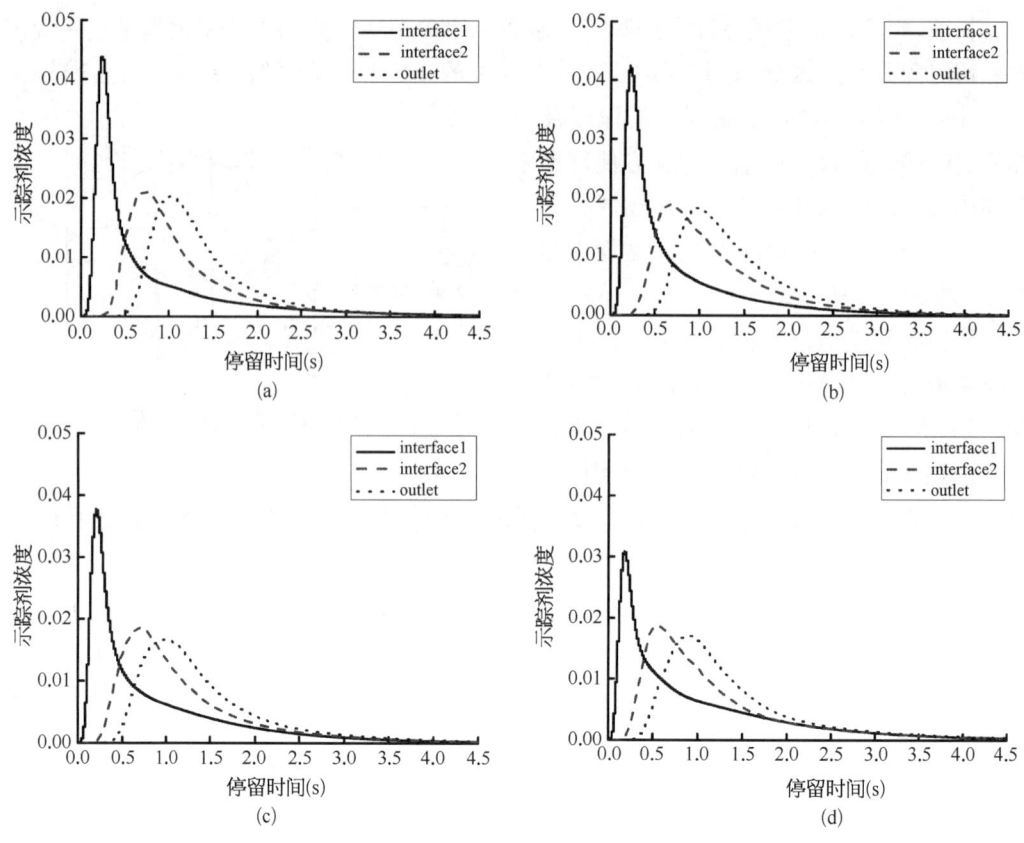

图 5.42 杀菌器内不同截面导流叶使流体停留时间分布

(a) $d_i = 175$ mm; (b) $d_i = 200$ mm; (c) $d_i = 225$ mm; (d) $d_i = 250$ mm

表 5.5。由表可知,随截面直径的增加,停留时间先增加后减小,且当截面直径为 200 mm 时,流体在紫外灯腔体内的平均停留时间最长,为 0.459 s。

表 5.5 杀菌器内不同截面导流叶使流体停留时间分布

截面直径(mm)	停留时间(s)			平均停留时间(s)
	interface1	interface2	outlet	
175	0.92	1.222	1.478	0.302
200	0.766	1.225	1.485	0.459
225	0.907	1.243	1.479	0.336
250	0.965	1.24	1.472	0.275

② 导流叶片数对停流时间的影响。

导流叶片数过少,不仅不能使进入的流体均匀充满 UVC 杀菌器腔体,还会使装置内流体流动紊乱;导流叶片数过多会,则会影响进水入口的有效截面积,从而影响处理流量。因此,对于特定的杀菌器结构来说,将存在一个适宜的导流叶片数。取截面直径为 $d_i =$

200 mm，保证导流叶的其他参数不变，分别设计导流叶片数 z 为 3 片、4 片、5 片、6 片。模拟得到停留时间曲线分布如图 5.43 所示。

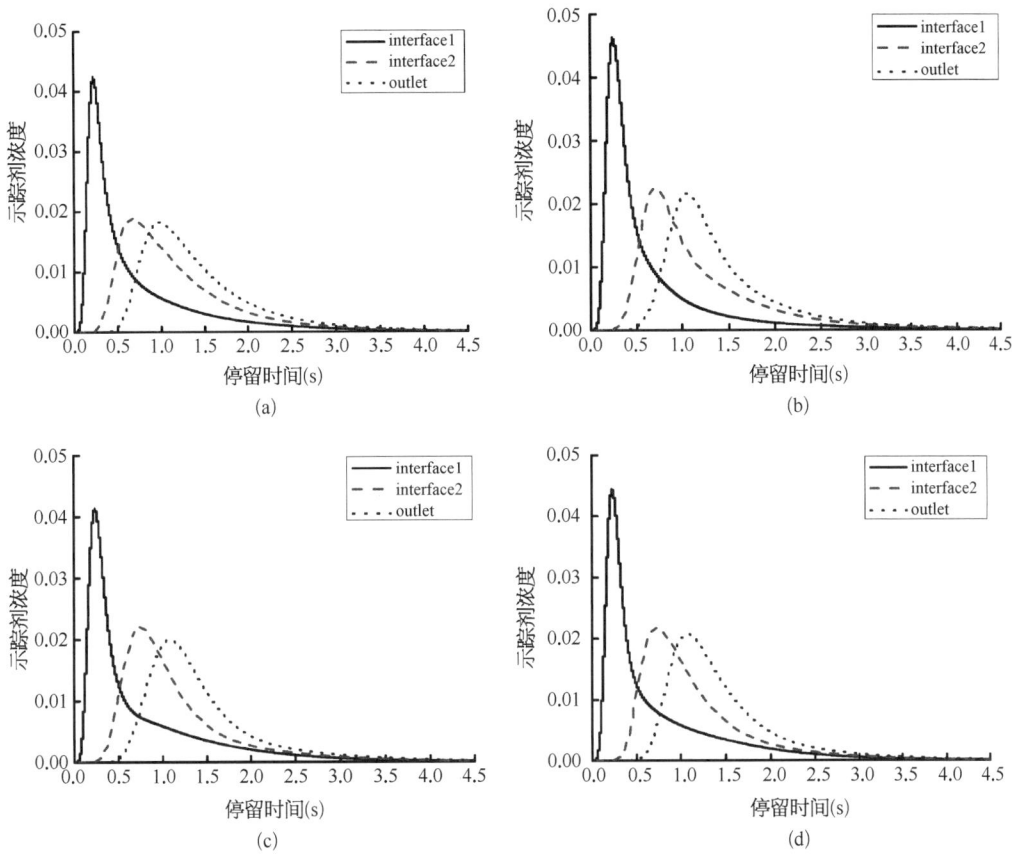

图 5.43　杀菌器内不同叶片数的导流叶使流体停留时间分布

(a) $z=3$ 片；(b) $z=4$ 片；(c) $z=5$ 片；(d) $z=6$ 片

对模拟结果处理可得不同叶片数导流叶 UVC 杀菌器内各监测面上流体的停留时间，见表 5.6。当截面直径为 200 mm 时，随导流叶片数的增加，流体停留时间先增加后减小，且导流叶片数为 4 片时，流体在紫外灯腔体内的平均停留时间最长，为 0.485 s。

表 5.6　杀菌器内不同叶片数的导流叶各监测面上流体停留时间

叶片数(片)	停留时间(s)			平均停留时间(s)
	interface1	interface2	outlet	
3	0.766	1.225	1.485	0.459
4	0.765	1.25	1.486	0.485
5	0.799	1.196	1.485	0.397
6	0.817	1.185	1.477	0.368

③ 叶片安装角对停流时间的影响。

导流叶片安装角是指叶片根部截面的翼弦与此处径向截面的夹角。叶片安装角过大,会使进入杀菌装置内的流体径向速度过大,轴向速度过小,使得流体流量过小;而安装角过小会使流体轴向速度过大,停留的时间过短,发挥不出导流叶的作用。因此,对于特定杀菌器结构,存在一个合理的安装角。取截面直径为 $d_i=200$ mm,导流叶片数为4,分别取安装角度为 20°、25°、30°、40°,其他设计参数相同,模拟可得停留时间曲线如图5.44所示。

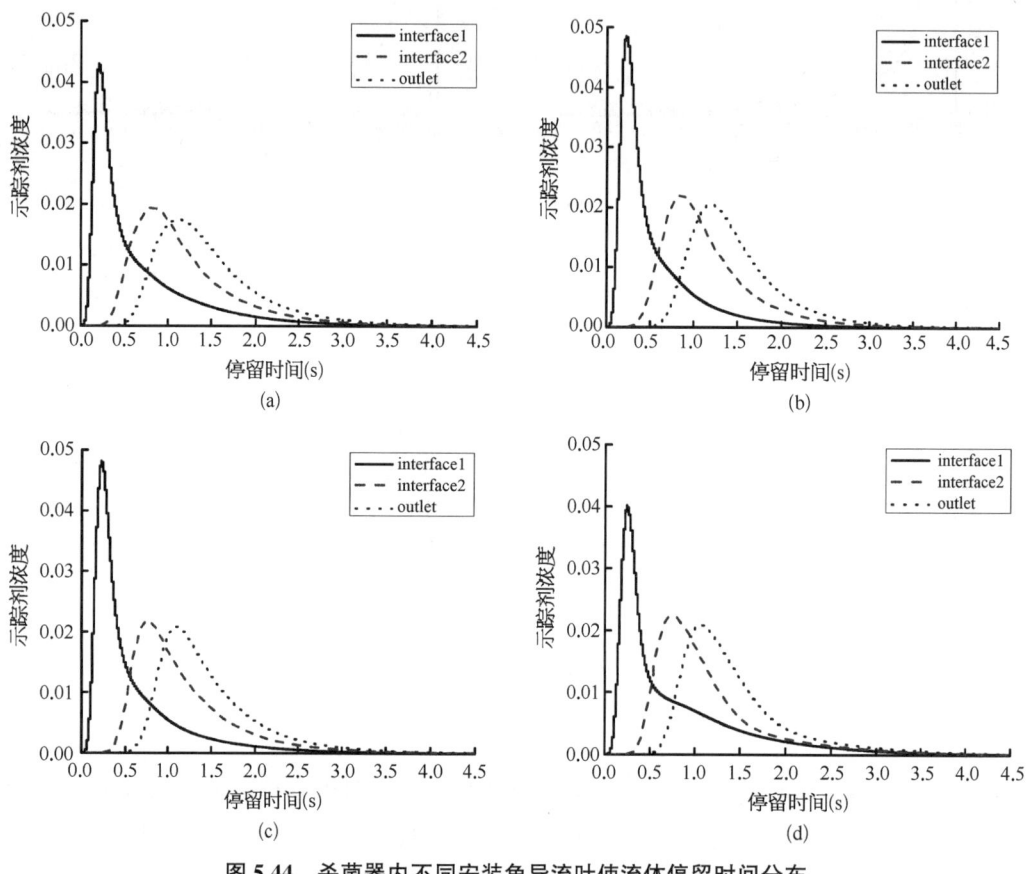

图 5.44 杀菌器内不同安装角导流叶使流体停留时间分布

(a) $\beta=20°$; (b) $\beta=25°$; (c) $\beta=30°$; (d) $\beta=40°$

对模拟结果处理得到不同安装角导流叶 UVC 杀菌器内各监测面上的停留时间,见表5.7。

从表中可看出,当截面直径为 200 mm、叶片数为 4 时,随导流叶安装角的增加,流体停留时间先增加后减小,且安装角为 25°时,流体在紫外灯腔体内的平均停留时间最长,为 0.613 s。

综上模拟结果可得,在所设计的导叶模型中,当截面直径为 200 mm、叶片数为 4 片、安装角为 25°时,流体在 UVC 杀菌器的强紫外光照区域的停留时间最长,最长平均过流

表 5.7　杀菌器内不同安装角的导流叶使各监测面上流体停留时间

安装角(°)	停留时间(s)			平均停留时间(s)
	interface1	interface2	outlet	
20	0.682	1.189	1.486	0.507
25	0.545	1.158	1.482	0.613
30	0.609	1.178	1.483	0.569
40	0.819	1.173	1.479	0.354

时间为 0.613 s,较原型增加了 0.435 s。与此同时,其整体过流时间较原型仅增加了 0.098 s,这说明添加导流叶片后不仅增加了强光照区域的流体停留时间,而且对整体处理时间影响较小,实现了优化目的。

(3) 带导流叶 UVC 杀菌器内的流场分析。

图 5.45、图 5.46 分别为原型杀菌器和带导流叶杀菌器内 $z=0$ 截面上的流场分布图。由图可知,带导流叶片的 UVC 杀菌器内最大流速为 2.59 m/s,但仅出现在杀菌器入口的局部区域,这是因为加装导流叶后使得进口流体流通面积减小的缘故,而灯管腔体区域内无明显的高速流。总的来说,由于导流叶片对水流产生了阻挡作用,灯管腔体内的大部分水流速度减小,使得紫外线辐照时间增长,特别是灯管周围的流体速度差减小,使得流场速度分布更加均匀。

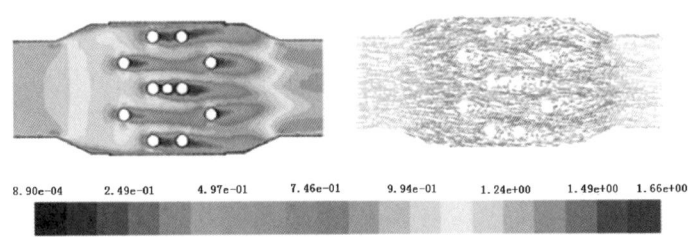

图 5.45　原型装置内速度流场分布

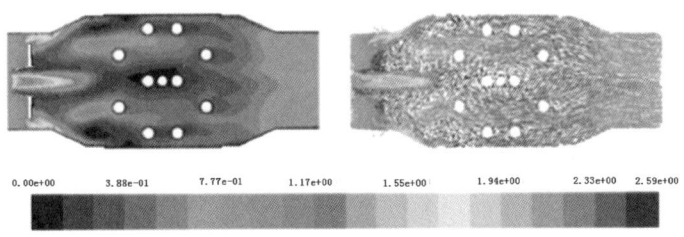

图 5.46　带导流叶杀菌器内速度流场分布

图 5.47 为杀菌器内的流线图。由图可看出,原型杀菌器内的流线除了在灯管周围出现绕流,几乎呈直线分布,同时由于杀菌器截面急剧变化,速度损失较大,杀菌器的角隅处出现了明显的涡流;而流体进入优化的 UVC 杀菌器后,经导流叶导流,杀菌器内部形成

了明显的扰动,流线呈旋转状态进入杀菌器内部,使原有杀菌器中沿器壁流动的水流也有机会在灯管周围流动,使水流与紫外线的接触更加充分和均匀,增加了照射的均匀性。此外,添加导流叶后,杀菌器角隅处的涡流现象得到改善。

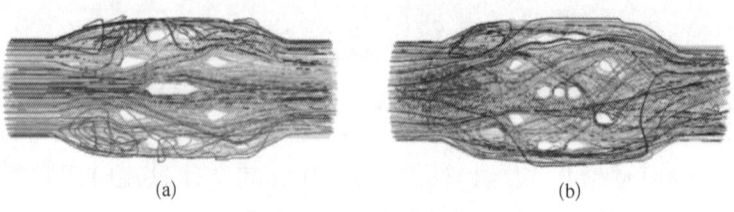

图 5.47　杀菌器内流线图
(a) 原型杀菌器；(b) 带导流叶杀菌器

(4) 基于 FLUENT 紫外光照强度与剂量的模拟。

① 紫外光照强度的模拟。

紫外光源多为圆柱形,数学上常将柱形光源假设成多个点源的聚集,光从这些点向各个方向辐射。光强计算模型包含多点源叠加(MPSS)、多段叠加(MSSS)、线源积分(LSI)、柱源(Cylinder)等模型。MPSS 模型将一个线型的灯管沿轴向划分成 n 个相同的点光源进行叠加计算；LSI 模型忽略了介质对紫外线的吸收作用,摒弃了 MPSS 模型对点源个数的限制,提高了计算精度,但该模型在计算光强较弱的装置时存在一定的局限性；Cylinder 模型不仅考虑了对紫外线的吸收作用,还考虑了紫外光的反射和折射作用,计算更加准确[65]。综合分析,本章选取 Cylinder 模型和 MPSS 模型对光强进行模拟计算。

Cylinder 模型将 UVC 灯管分割成多个柱状环微元,而 MPSS 模型又将每个柱状环微元近似为多点光源发光进行叠加计算,综合考虑光的折射、反射和介质的吸收作用对光强分布的影响,得到光强分布计算公式:

$$I(x, y, z) = \frac{P}{4\pi^2 L} \int_{x_0}^{x_1} \int_{\partial_0}^{\pi - \partial_0} \frac{\exp\left(-\lambda \sqrt{(x - x_p)^2 - 2r\sin\theta \sqrt{y_p^2 + z_p^2} + r^2 + y_p^2 + z_p^2}\right)}{(x - y_p)^2 - 2r\sin\theta \sqrt{y_p^2 + z_p^2} + r^2 + y_p^2 + z_p^2} d\theta dx$$

(5.47)

式中　P——灯管有效输出功率；

　　　L——灯管弧长；

　　　θ——折射角；

　　　λ——溶液平均透光率；

　　　r——灯管半径；

　　　x_0、x_1——灯管轴向起始、终止坐标,$x_1 - x_0 = L$。

参照光强的数学计算公式,利用 FLUENT 软件中的离散坐标辐射模型(DO)来模拟紫外线杀菌器内的光强分布规律。流体边界条件与流场模拟时所设置的边界条件相同,辐射边界条件的具体设置如下：将每根灯管的圆柱面平均划分为 8 份，设定 8 个辐射方向；设置灯管壁面类型为 semi-transparent 半透明壁面，壁面材料设为石英，根据朗伯定律计算出石英套管表面的光照强度为 10 992.8 W/m²；由于本杀菌器模拟的光照强度限定为 UVC 段，因此将波长为 254 nm 光线设定为主要波段，其他模拟参数的设置见表 5.8。

表 5.8 模拟参数设置

流体水	密度(kg/cm³)	998.2
	吸收系数(m⁻¹)	23.26
	折射系数	1.372
石英套管	密度(kg/cm³)	2 200
	吸收系数(m⁻¹)	44.62
	折射系数	1.48
	透光率	0.9

根据实际杀菌器建模，基于上述模拟方法计算得到 UVC 杀菌器内的光强分布如图 5.48 所示。

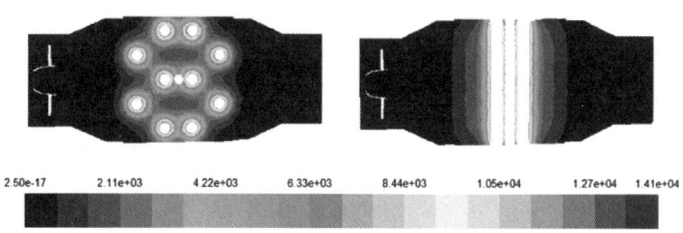

图 5.48 $z=0$ 截面光强分布图

从图中可以看出，灯管腔体内紫外强度分布相对较均匀，光强分布规律为灯管周围区域的紫外光照较强，最大强度为 14 065.8 W/m²，每根灯管之间的区域紫外线强度均较高，平均强度在 6 330 W/m² 以上；杀菌器中光强较弱的区域出现在反应器壁和杀菌器灯管腔体入口附近，且距离灯管越远，强度越弱。另外，灯管腔室两端的紫外辐照强度较小，因而流经该区域的压载水所受的紫外辐照剂量也相对较小。通过在紫外处理装置进口增加导流叶片，强制将大部分水流的流速降低，并引导水流流向紫外辐照强度较高区域，增加水流在紫外辐照强度较高的区域的停留时间，有利于增加水流照射的均匀性和集中程度。

② 紫外线剂量的数值模拟。

在连续流杀菌器中，由于微生物体积较小且密度与水近似，因此可以假设微生物的随流性很好，且在杀菌器内的流动特性与流体的相同。微生物在杀菌器内的轨迹方程可表示为：

$$\frac{\mathrm{d}x_i}{\mathrm{d}t} = u_i \tag{5.48}$$

则微生物在随流体流动过程中接受的辐照剂量方程为：

$$D = \int_0^T I(u_i) \mathrm{d}t \tag{5.49}$$

式中 $I(u_i)$——t 时刻某点处的辐射光强；

T——微生物在杀菌器内的总停留时间。

由式(5.49)可知，不同微生物的流动轨迹和在杀菌器内的停留时间都不同，因此接受的辐照剂量也不相同。为了获得杀菌器中不同微生物所接受的紫外辐照剂量，采用离散相模型(DPM)进行剂量的模拟。研究中基于流体与光强耦合的连续场，激活 DPM 模型，将入口设为面射流源，粒子以入口水流速度投射到水中，追踪杀菌器内水流方向上的各点，并在出口检测各个粒子的总停留时间。最后在后处理模式下，回收各粒子在每个时间步长 Δt 内所受到的平均辐射强度 I，计算出每个粒子在该时间步长内接受的辐射剂量($I \cdot \Delta t$)，累计所有步长内的剂量，即可得到粒子接受的总辐射剂量。模拟得到杀菌器内粒子的轨迹如图 5.49 所示。

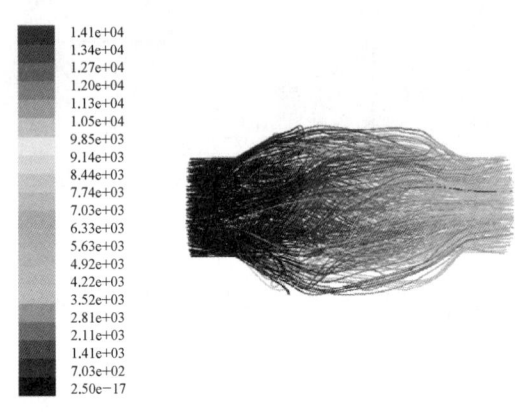

图 5.49 杀菌器内粒子的轨迹

利用统计分析方法得出不同区间的辐射剂量占总数的百分比，如图 5.50 所示。

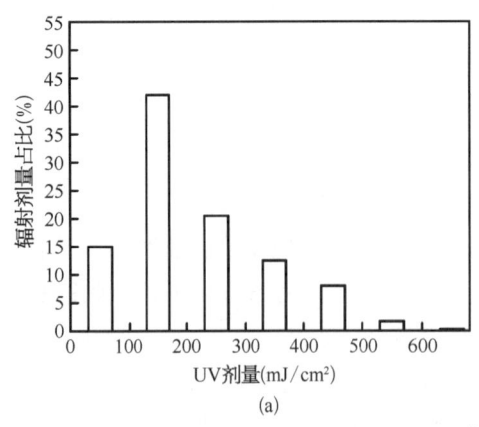 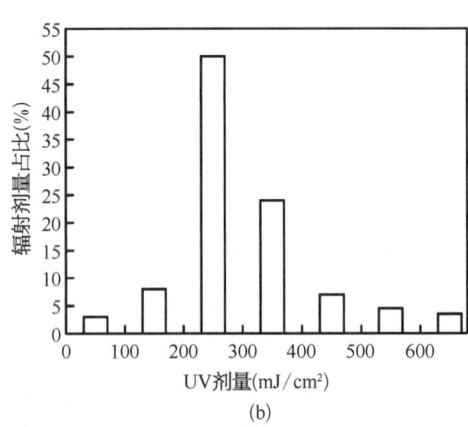

(a) (b)

图 5.50 紫外线剂量分布图

(a) 原型；(b) 带导流叶型

从图中可以看出，原型 UVC 杀菌器内的剂量主要分布在 $100 \sim 300 \mathrm{~mJ/cm^2}$ 区间内，平均 UV Dose 为 175.2 mJ/cm²；带导流叶型 UVC 装置内的剂量主要分布 200～400 mJ/cm² 区间内，平均 UV Dose 为 259.5 mJ/cm²。模拟结果表明：粒子经过改型前后的 UVC 处理装置后，受到紫外辐照剂量的平均值相比增加了 48.1%。

(5) 基于 MATLAB 紫外光照强度与剂量的仿真。

① 紫外光照强度与剂量的计算原理。

用于 UVC 强度计算的基本模型有径向辐射(Radial)模型和点源加和(Point Source Summation)模型。根据反应器形状的设计特点，选用 Radial 辐射模型计算杀菌器内部的辐照强度与剂量。Radial 模型把紫外线灯看作是一个能量均匀分布的直线光源，并做如下假设：

A. 紫外线灯辐射能量沿轴向均匀分布。

B. 紫外线垂直于灯管轴线及石英套管外壁，以柱面形式沿径向向外传播能量；

C. 只考虑水中污染物对紫外线的吸收，不计空气、石英和水界面的折射，以及水中污染物的散射和反射。

首先计算压载水在腔体内的平均停留时间，即紫外线辐照时间 t，取 Fluent 模拟值 0.613 s。

由三个假设可知，对于单根灯管，紫外线灯的输出能量在以灯管为轴线的圆柱面上均匀分布，且同一个柱面上任意点的紫外线强度都相等。设紫外灯 UVC 波段的输出功率为 P，紫外灯管的有效长度弧长为 L。则距离该灯管半径为 r 的柱面上任意一点的初始紫外线强度 I_0 为：

$$I_0 = \frac{P}{2\pi rL} \tag{5.50}$$

然而，灯管发出的紫外线能量在到达水中微生物个体的过程中除了被外层石英玻璃管吸收，还会被石英玻璃管外面的水层吸收，故在计算紫外强度分布情况时要综合考虑上述两种衰减。在实际情况中，紫外线能量在灯管与石英套管间空气中的衰减是客观存在的，衰减系数一般为 0.99。根据朗伯定律可知，距离灯管水层厚度为 d_w 处的紫外光照强度 I 可表示为：

$$I = I_0 \eta_q e^{-\alpha_w d_w} \tag{5.51}$$

式中 I_0——初始光照强度，即石英套管表面的紫外光照强度(W/cm²)；

α_w——水对光的吸收系数(cm⁻¹)，$\alpha_w = 0.2326$ cm⁻¹；

d_w——水层厚度(cm)，$d_w = r - R_0$，R_0 为石英套管外径；

η_q——石英套管对紫外光的透过率，取 $\eta_q = 0.9$。

由式(5.50)、式(5.51)可推出，对于一根灯管而言，距离该灯管轴心 r 处的紫外光照强度为：

$$I = \frac{P\eta_q}{2\pi rL} e^{-\alpha_w(r-R_0)} = \frac{P\eta_q e^{\alpha_w R_0}}{2\pi rL} e^{-\alpha_w r} \tag{5.52}$$

则该点受到这根灯管的紫外辐照剂量为：

$$Dose = It = t \cdot \frac{P\eta_q e^{\alpha_w R_0}}{2\pi rL} e^{-\alpha_w r} \tag{5.53}$$

在 Radial 模型中，杀菌器内每个点的 UVC 强度仅取决于该点的径向距离 r，与轴向坐标无关，当反应器内有若干根 UVC 灯沿环形均匀分布时，反应器内任意点的总光强即为所有 UVC 灯在该点光强的累加值。因此，对于 n 根灯管而言，该点受到的总辐照剂量为各个紫外灯管对该点的辐照剂量之和，即

$$Dose_t = t \cdot \sum_{i=1}^{n} I_i = t \cdot \sum_{i=1}^{n} \frac{P\eta_q e^{\alpha_w R_0}}{2\pi r_i L} e^{-\alpha_w r_i} \tag{5.54}$$

由于 Radial 模型中的 UVC 强度与轴向坐标无关，每个截面的光强分布规律完全相同。因此，杀菌器的平均光强等于任意截面的平均光强。故可任选一个杀菌器内的横截面来研究，如图 5.51 所示。

根据上述光强和剂量的计算公式，采用 MATLAB 软件结合 VC＋＋编程对杀菌器腔体内的光照强度及剂量进行仿真。若要计算出杀菌器内任意平面上的各点的光强，首先要知道各个点的坐标，再根据公式求解出各点的光强。因此，本研究首先通过 VC＋＋程序的编写，对截面进行取点，输出坐标 (x,y)，并计算出各点到每根灯管的距离 r；然后根据光强和剂量的计算公式利用 MATLAB 编写计算程序，坐标输出程序及紫外光照强度与剂量计算程序见附录2。

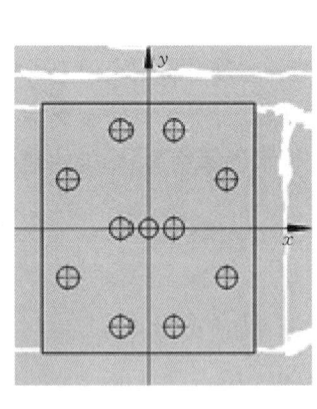

图 5.51 杀菌器灯管腔体横截面图

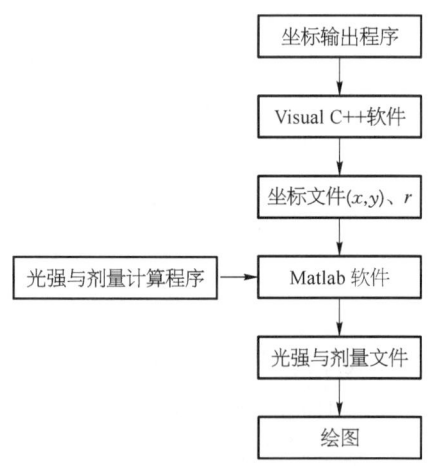

图 5.52 光强与剂量计算流程

计算时，将 VC＋＋程序的运行结果导入 MATLAB，运行光强和剂量计算程序得到截面上各点的光强和剂量，并绘平面光强和剂量分布图，整个计算流程如图 5.52 所示。

坐标输出程序运行结果如图 5.53 所示。

	A r1 Number	B r2 Number	C r3 Number	D r4 Number	E r5 Number	F r6 Number	G r7 Number	H r8 Number	I r9 Number	J r10 Number
1	37.7359	37.5366	26.9072	20.3961	30.0832	12.6491	21.6333	34.1760	11.7047	25.3180
2	37.4994	37.2022	26.5745	19.9550	29.6648	12.2230	21.3870	34.0206	11.5587	25.2508
3	37.2667	36.8702	26.5745	19.9550	29.6648	11.7987	21.1473	33.8705	11.4285	25.1915
4	37.0381	37.5407	25.9195	19.0741	28.8309	11.3764	20.9146	33.7257	11.3147	25.1401
5	36.8136	36.2138	25.5977	18.6344	28.4155	10.9563	20.2606	33.4524	11.2178	25.0966
6	36.5932	35.8896	25.2787	18.1951	28.0011	10.5386	20.4710	33.5863	11.2178	25.0612
7	36.3771	35.8896	24.9658	17.7564	27.5879	10.1237	20.2606	33.3240	11.0766	25.0338
8	36.1652	35.2494	24.6561	17.3183	27.1758	9.7120	20.0580	33.2012	11.0328	25.0144
9	35.9578	34.9337	24.3508	16.8808	26.7649	9.3038	19.8635	33.0841	11.0073	25.0032
10	35.7548	34.6208	24.0500	16.4439	26.3553	8.8996	19.6775	32.9728	11.0001	25.0001
11	35.5563	34.3111	23.4628	16.0078	25.9471	8.5000	19.5500	32.8672	11.0114	25.0050
12	35.3624	35.3624	23.4628	15.5725	25.5402	8.1057	19.3314	32.7674	11.0041	25.0180
13	35.1733	35.1733	23.1767	15.1348	25.1380	7.7115	19.1719	32.6735	11.0887	25.0392
14	34.9889	34.9889	22.8959	14.7045	24.7310	7.3364	19.0216	32.5856	11.1545	25.0684
15	34.8093	34.8093	22.6206	14.2720	24.3288	6.9635	18.8809	32.5037	11.2379	25.1056
16	34.6347	34.6347	22.3509	13.8406	23.9283	6.6002	18.7500	32.4278	11.3385	25.1508
17	34.4651	34.4651	22.0871	13.4104	23.5296	6.2482	18.6290	32.3580	11.4560	25.2040
18	34.3005	34.3005	21.8294	12.9816	23.1327	5.9095	18.5182	32.2943	11.5898	25.2650
19	33.1410	34.1410	21.5780	12.5543	22.7379	5.5866	18.4177	32.2368	11.7393	25.3340
20	33.9868	33.9868	21.3331	12.1286	22.3451	5.2823	18.3276	32.1854	11.9039	25.4107
21	33.8378	33.8378	21.0950	11.7047	21.9545	5.0000	18.2484	32.1403	12.0830	25.4951
22	33.6943	33.6943	20.8639	11.2828	21.5662	4.7437	18.1797	32.1014	12.2761	25.5872
23	33.5561	33.5561	20.6400	10.8632	21.1804	4.5177	18.1221	32.0688	12.4824	25.6868
24	33.4234	30.6027	20.4236	10.4462	21.7972	4.3270	18.0755	32.0425	12.7013	25.7938
25	33.2962	30.3453	20.2148	10.0319	20.4167	4.1761	18.0400	32.0225	12.9321	25.9083
26	33.1747	30.0926	20.0141	9.6209	20.0390	4.0697	18.0156	32.0088	13.1743	26.0300
27	33.0589	29.8444	19.8215	9.2136	19.6644	4.0112	18.0025	32.0014	13.4272	26.1589
28	32.9488	29.6011	19.6373	8.8104	19.2931	4.0028	18.0006	32.0004	13.6902	26.2949
29	32.8445	29.3626	19.4618	8.4119	18.9251	4.0448	18.0100	32.0056	13.9628	26.4379

(a)

	A X Number	B Y Number
1	−18	−16
2	−18	−15.5500
3	−18	−15.1000
4	−18	−14.6500
5	−18	−14.2000
6	−18	−13.7500
7	−18	−13.3000
8	−18	−12.8500
9	−18	−12.4000
10	−18	−11.9500
11	−18	−11.5000
12	−18	−11.0500
13	−18	−10.6000
14	−18	−10.1500
15	−18	−9.7000
16	−18	−9.2500
17	−18	−8.8000
18	−18	−8.3500
19	−18	−7.9000
20	−18	−7.4500
21	−18	−7
22	−18	−6.5500
23	−18	−6.1000
24	−18	−5.6500
25	−18	−5.2000
26	−18	−4.7500
27	−18	−4.3000
28	−18	−3.8500
29	−18	−3.4000

(b)

图 5.53 运行结果

(a) 截面各点到每根灯管的距离 r；(b) 坐标 (x, y)

② 仿真结果分析。

计算得到仿真结果如图 5.54 和图 5.55 所示，分别表示为 UVC 腔体中任意截面上的剂量与光照强度的二维分布和三维分布。

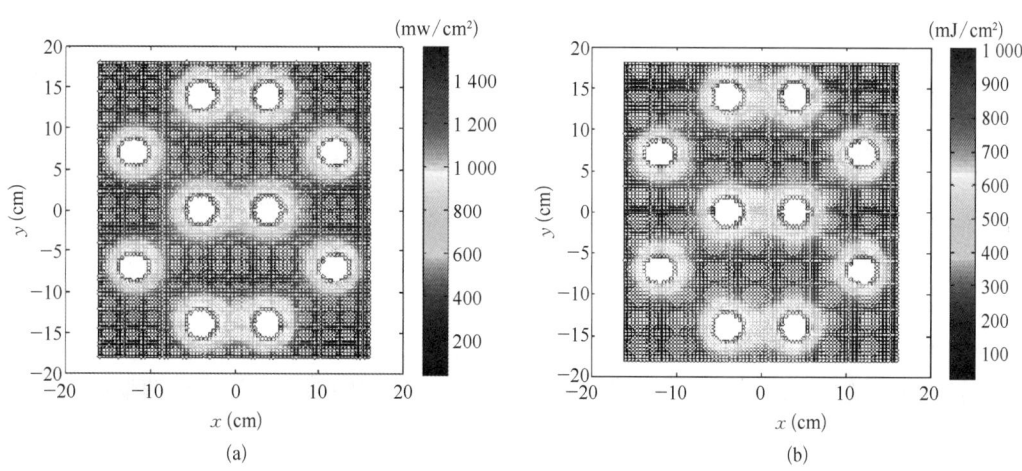

图 5.54 腔体中任意截面剂量与光强二维分布

(a) 光强；(b) 剂量

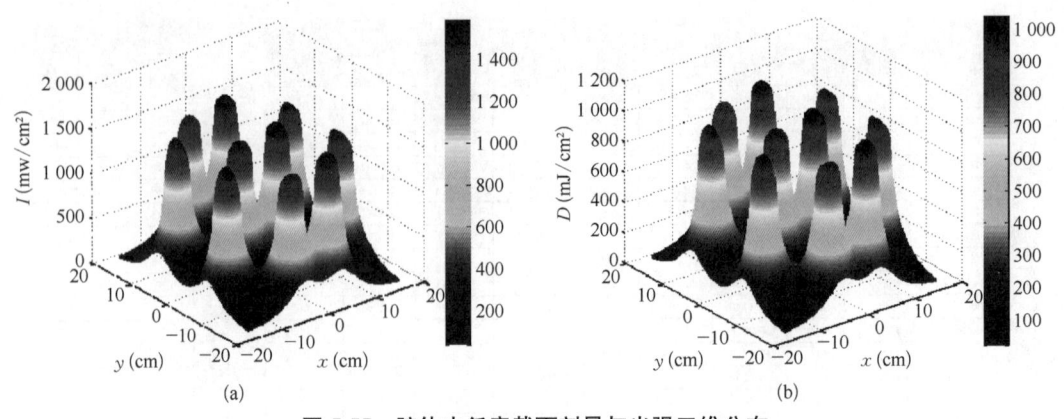

图 5.55 腔体中任意截面剂量与光强三维分布
(a) 光强；(b) 剂量

从辐照剂量分布情况可以看出，反应腔体内径向紫外剂量分布相对较均匀。由于各紫外灯的辐射叠加，灯管周围区域的紫外辐射剂量较高，距离灯管越远，剂量逐渐减少；石英套管壁离紫外灯管较近，紫外衰减少，故紫外辐射剂量最高，紫外辐照剂量的最大值约为 944.1 mJ/cm^2。紫外辐射剂量在紫外线装置腔体四周分布相对较低，且腔体入口与挡板附近辐射剂量较小，剂量最小值约为 21 mJ/cm^2。仿真结果的具体数值见表 5.9。

表 5.9 具体仿真结果

剂量(mJ/cm^2)		辐射强度(mW/cm^2)	
最大辐射剂量	944.1	最大辐射光强	1 540.1
最小辐射剂量	21	最小辐射光强	34.3
平均辐射剂量	278.5	平均辐射光强	455.9

图 5.56 为 UVC 剂量等值线分布图。从图中可看出，各微生物接受剂量值大部分都在 248.1～473.8 mJ/cm^2 之间。根据仿真结果计算得出腔体内紫外剂量的平均值为 278.5 mJ/cm^2。

通过对比 FLUENT、MATLAB 两种方法的模拟结果可知，前者模拟得出最大紫外辐照强度为 14 065.78 W/m^2，微生物接受剂量值范围大部分都在 200～400 mJ/cm^2 之间；后者模拟得出最大紫外辐照强度为 15 401 W/m^2，微生物接受剂量值范围大部分都在 248.1～473.8 mJ/cm^2 之间，虽然两种方法的模拟结果有所不同，但总体相差不大，且两种模拟方法各有优势：

A. FLUENT 离散计算法综合考虑了水力条件的影响，使模拟结果更加符合实际情况，但其模拟过程中参数的设置以及灯管网格的划分比较烦琐。

B. MATLAB 法是根据平均紫外辐照强度与停留时间的乘积来计算杀菌器内的平均剂量，能够直接利用辐射强度和剂量的计算公式编程仿真得到 UVC 杀菌器内各截面上的紫外剂量的分布规律，使模拟更加简单直观，且运算量小。但由于其不考虑杀菌器水力条件的影响，往往会高估杀菌器的实际 UVC 剂量值。另外，编写的程序也可适用于其他

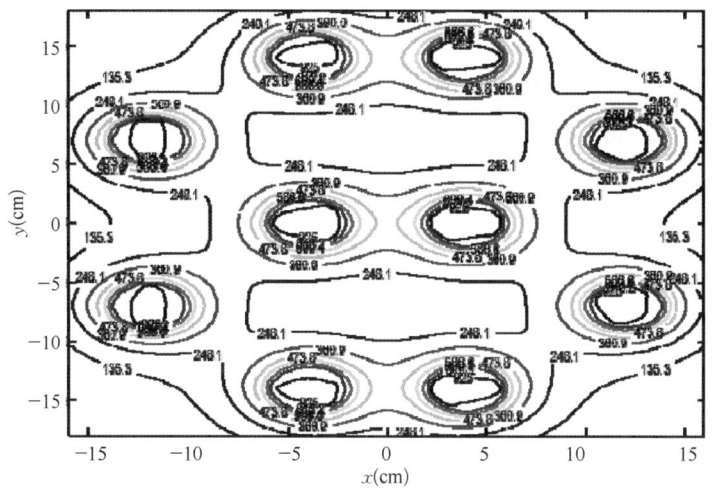

图 5.56 UVC 辐照剂量等值线分布

结构的紫外器的强度模拟,只需更改部分参数即可,因此有着广泛的实用性。

以上两种方法均可对杀菌器内的辐照强度和剂量值进行估算,在今后的研究过程中可以根据实际情况选择使用,不仅能够大大减少研究人员的工作量,而且也为改进结构设计提供了方法。

5.2.2 惰性气体法与药剂法杀菌系统的优化

惰性气体法和药剂法杀菌系统的优化主要是要考虑气体和药剂在压载水中扩散的均匀性,以及扩散的速度问题。通常由于电解法从杀菌机理上来讲,也是用次氯酸钠溶液杀灭微生物,因此又可将其统归为药剂法。

1) 惰性气体法杀菌系统优化

无论惰性气体是由分子筛过滤产生的氮气,还是通过燃烧器燃烧掉空气中的氧气,洗涤后形成的气体,都具有抑制压载水中微生物滋生的效果。

在船舶压载时,系统向压载管路内充入惰性气体,为了使得惰性气体在压载水中能够迅速溶解、扩散,驱离出水中的溶解氧,系统采用带有背压的水中注入惰性气体的方法,且惰性气体注入管口应与来流的方向相反,如图 5.57 所示。研究表明,当惰性气体注入带有一定流动压力的压载

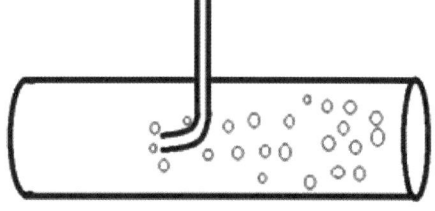

图 5.57 惰性气体注入压载水过程

水时,惰性气体会迅速地在水中扩散,在不超过注入惰性气体的压载管路 5 倍管径的距离内溶解于压载水中。

2) 药剂法杀菌系统优化

药剂法又分为直接药剂法和电解法。其中,直接药剂法指直接将配置好的次氯酸钠

图 5.58 引流喷头

水溶液按剂量由隔膜泵输送到药剂注入管,压载水通过引流喷头,将注入的次氯酸钠溶液迅速与压载水混合。直接药剂法的系统设计主要是要对混合药剂与压载水的引流喷头进行优化,避免对压载管路的压头造成损失。图 5.58 所示为药剂引流喷头。

电解法在药剂注入上与直接药剂法无本质的区别,但是由于电解法是对海水的电解,直接产生次氯酸钠溶液,因此当船舶进入内陆河流的淡水航线进行装载作业时,对于压载水的处理需要通过盐度传感器进行检测,并及时将压载水系统的工作模式转为淡水模式,从压载水总管引入 1%~2% 分流淡水,将粗盐溶解,再送入管板式电解槽,电解后产生次氯酸钠按剂量回注入压载水总管,达到杀灭微生物的作用,为了使得与压载水混合后的压载水中次氯酸钠浓度低于对船舶压载舱涂层腐蚀影响的 10^{-5},因此进入压载舱管道口上的 TRO 传感器将实时监测压载水中的活性物质浓度,并控制管板式电解槽输入电极的功率,实现对压载水中的活性物质浓度的控制。

船舶压载水管理系统开发与应用

第 6 章 压载水管理系统控制系统的开发

船舶压载水管理系统是为环保要求而开发的法规性产品。人们利用各种原理与方法,本着安全、节能、环保、操作便捷、自动化以及系统操作可追溯的要求,对其工作过程的控制与管理系统进行设计与开发。

围绕着船舶的压载与卸载,以及涉及船舶安全的应急操作,按照《压载水公约》的要求,系统控制单元的主要功能包含了压载水装载管理、信息记录、系统功能巡回检测、故障报警、自动操作执行和系统工作过程显示等。对压载水管理系统控制单元的设置,除了在机舱内安装自动操纵控制站外,还要接入远端集控遥控站。

各种类型的压载水防海生物管理系统,由于采用的原理与方法的不同,其系统的运行与自动控制操作的方式不尽相同。但是其主要工作过程都是对压载水装载流量、装载位置GPS坐标、操纵控制过程的信息进行存储、打印;对系统工作流程中的各单元进行检测,确保系统能够有效杀灭微生物,保护船舶途经的流域水域不受外来物种侵袭。

因此,各种类型压载水管理系统的控制单元都依据其各自的工作原理,安装了多种传感器以保障系统的正常运行。并在控制单元的设计上,尽可能地采用工业控制器,以保证控制单元高效可靠的运行。在人机界面上采用触摸屏与工业组态软件,使压载水的管理控制过程直接明了,方便船员的操纵。

6.1 压载水管理系统的检测传感器

由于压载水管理系统的开发原理不同,其系统检测传感器不尽相同。以本书所列举的构成压载水管理系统各单元模块来看,除了系统工作全流程中检测系统流量变化的流量传感器和检测过滤预处理单元压差变化的压差变送器外,其杀菌器的主要形式有紫外、光催化、惰性气体、电解与药剂等多种。因此,这些单元上安装的传感器除常规的温度、压力及限位外,针对不同原理开发的杀菌单元还有紫外强度、TRO、盐度传感器和计量泵[63]。

1) 流量计

压载水管理系统中,由于输送的压载水流量大,因此流量传感器多选取电磁流量计来监测系统压载与卸载的流量变化。

这是一种利用法拉第电磁感应定律开发的流量监测传感器,由流量传感器和转换器两大部分组成。测量管上下装有激磁线圈,通激磁电流后产生磁场穿过测量管,一对电极装在测量管内壁与液体接触,引出感应电势,送到转换器。激磁电流则由转换器提供。该传感器的优点是:测量通道是一段无阻流检测件的光滑直管,因不易阻塞,适用于测量含有固体颗粒或纤维的液固二相流体;不产生因检测流量所形成的压力损失,仪表的阻力仅是同一长度管道的沿程阻力,节能效果显著,对于要求低阻力损失的大管径供水管道最为适合;所测得的体积流量不受流体密度、黏度、温度、压力和电导率变化的影响;前置直管段要求较低,测量范围度大,通常为(20∶1)~(50∶1),可选流量范围宽;满度值液体流速可在0.5~10 m/s内选定;口径范围可从几毫米到3 m。可测正反双向流量,也可测脉动流量,只要脉动频率低于激磁频率很多;仪表输出本质上是线性的;易于选择与流体接触件的材料品种,可应用于腐蚀性流体。

电磁流量计如图6.1所示。其主要技术参数见表6.1。

图6.1 电磁流量计

表6.1 流量计主要技术参数

负载电阻	0~1.5 kΩ
频率输出范围	1~5 000 Hz
输出脉冲范围	0~100 脉冲/s
最高承受电压	36 V,DC
最大负载电流	250 mA

压载水管理系统中的安装如图6.2所示。从图中可以看出,流量计的正确安装位置应选择在充满液体的直管段,如管路的垂直段(流向自下而上为宜);或充满液体的水平管道(整个管道最低处为宜),在测量过程中不得出现非满管情况。

2) 压差变送器

反冲过滤单元中压差变送器对反冲过滤器滤网两侧的压差进行实时监测,控制滤网清洗器电机的启停,对滤网进行清洗,从而改善滤网

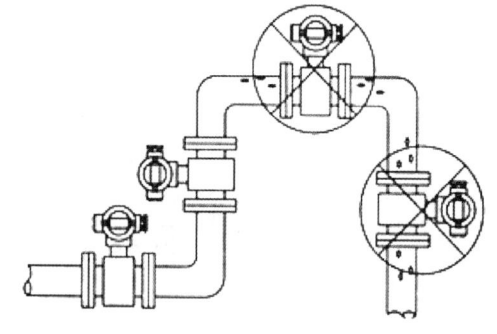

图6.2 流量计安装示例1

的流通性,防止滤网被杂质堵塞。压差变送器如图6.3所示。其主要技术参数见表6.2。

图6.3 压差变送器

表6.2 压差变送器主要技术参数

供电电源	24 V,DC
工作温度	−40~80℃
防护等级	IP65
材 质	合金铝

压力变送器是通过直接测量作用在膜片表面的压力,当压力使膜片产生微小的形变,测量膜片上的高精度电路将会把这个微小的形变变换成为与压力成正比的高度线性与激

励电压也成正比的电压信号,然后采用专用芯片将这个电压信号转换为工业标准的 4~20 mA 电流信号或者 1~5 V 电压信号。

3) 温度传感器

温度传感器主要是用来监测紫外和光电催化杀菌器腔内温度,防止工作水温过高在紫外灯管石英护套上产生结垢,或因压载水管路中海水的流动性差而造成的腔内高温温度过高损坏密封原件。温度传感器如图 6.4 所示。其主要技术参数见表 6.3。

图 6.4 温度传感器

表 6.3 温度传感器主要技术参数

规　　格	0~150℃
供电电源	24 V,DC
输　　出	4~20 mA
精　　度	0.5%
安装螺纹	M20×1.5

温度传感器有多种形式,如热电偶、热电阻等。由于紫外杀菌器腔体内温度预设为 50℃,因此在温度传感器的选择上选用热电阻。通常热电阻是由电阻体、绝缘套管和接线盒等主要部件组成,它是由铜丝或钼丝双线绕在绝缘骨架上,然后插入护套内制成的。其生产工艺上采用双线并绕,目的是使热电阻没有附加的电感量。铜热电阻测量范围为 -50~150℃。温度传感器与 PLC 的接线采用 4 线制,其接线方法如图 6.5 所示。

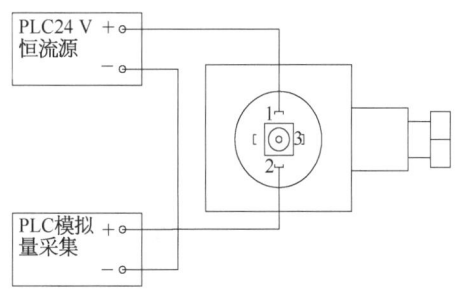

图 6.5 温度传感器与 PLC 接线方法

4) 接近传感器

接近传感器主要是用来监测过滤器与紫外杀菌器上的清洗机构的运动限位。对过滤器,它用来监测清洗吸头上下移动的上位和下位;对杀菌器,它用来监测紫外灯管石英护套刮板移动的左位与右位。接近传感器如图 6.6 所示。其主要技术参数见表 6.4。

图 6.6 接近传感器

表 6.4 接近传感器主要技术参数

工作温度	-25~+75℃
电压范围	10~30 V,DC
消耗电流	<10 mA
负载电流	<150 mA
反接保护	有
防护等级	IP67

接近传感器与 PLC 的接线如图 6.7 所示。

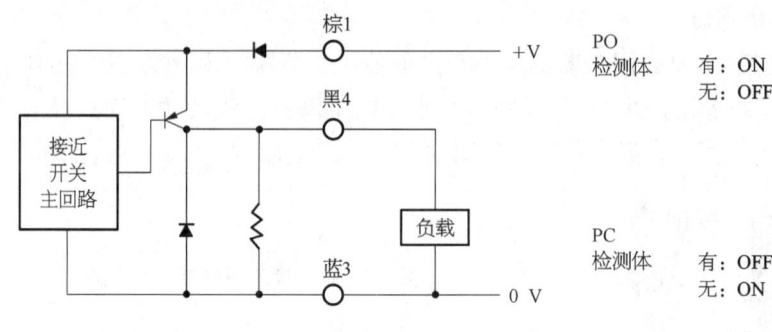

图 6.7 接近传感器与 PLC 的接线

5) 压力传感器

压力传感器主要是监测惰性气体驱氧杀菌法由分子筛分离出的氮气或由惰性气体发生器生成的惰性气体注入压载水的压力。确保注入压载水的分压比高于溶解于压载海水中的氧气，从而驱离压载水中的氧气，达到杀菌的效果。压力传感器如图 6.8 所示。其主要技术参数见表 6.5。

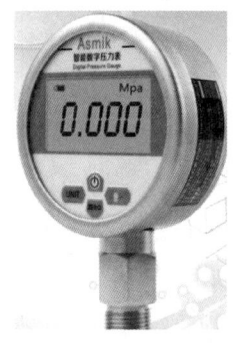

图 6.8 压力传感器

表 6.5 压力传感器主要技术参数

规　　格	0～10 kPa
供电电源	24 V，DC
输　　出	4～20 mA
精　　度	0.5%
安装螺纹	M20×1.5

压力传感器工作原理是压力通过膜片或活塞作用在晶片上，产生电荷，经放大后由显示或记录仪器显示或记录，实现对压力的测量。其特点是具有频响宽、可测压力范围大、体积小、质量小、安装方便、可测多向压力等特点。

6) 紫外线强度传感器

紫外线强度传感器用于检测杀菌器腔内的紫外线强度，对因紫外灯管损坏或石英护套结垢造成的腔内紫外线杀菌剂量降低发出清洗灯管护套或停机更换紫外灯管的指令。紫外线强度传感器如图 6.9 所示。其主要技术参数见表 6.6。紫外线强度传感器只对 185～260 nm 狭窄范围内的紫外线进行响应，而对其他频谱范围的光线不敏感。它是一个封闭且能透过紫外线的玻璃管，管内充满了一种特殊的气体。玻璃管内部有一对由金属引线引出的电极——阳极和光电阴极,其中光电阴极由只对紫外线敏感的金属材料制成,在紫外线照射下发射光电子。

表 6.6 紫外线强度传感器主要技术参数

输出信号	4~20 mA 线性输出
供电电源	24 V,DC
负载阻抗	250~680 Ω
功 耗	<0.5 W
工作温度	−10~60℃
连接方式	G3/4′外螺纹
材 质	不锈钢

图 6.9 紫外线强度传感器

7) TRO 传感器

TRO 传感器[64]又称为总剩余氧化物质检测仪或余氯检测仪,是判断水中有效活性成分是否充分的重要参数。该传感器主要应用于药剂法和电解法杀菌压载水系统,用于监测压载水卸载时,压载水中剩余氧化物的浓度,以帮助系统确认是否要向卸载的压载水中添加中和剂。TRO 传感器如图 6.10 所示。其主要技术参数见表 6.7。

表 6.7 TRO 传感器主要技术参数

测量范围	0.00~15.00 mg/L
精 度	±5%
分辨率	0.01 mg/L
通信端口	带 Modbus RTU 协议的 RS-485 端口
工作温度	0~55℃(32~131℉)
电 源	AC100/220 V、50/60 Hz,或者 DC24V
环境条件	≤95%相对湿度(无冷凝)

图 6.10 TRO 传感器

TRO 传感器运用了比色皿法对水中的含氯量进行在线测量,可自动测数并显示读数,具有高可靠性及测量精度。

8) 盐度计

盐度计[64]是用电解杀菌法判断船舶是在内陆河流还是在海洋航行的监测仪器,以便电解压载水处理系统自动判别是否需要转换到用粗盐调配电解液产生次氯酸钠的操纵模式。

盐度计可准确测量电导、盐度、TDS 和温度,内置微处理器计算、补偿所测定参数。使用 DC24V 供电,彩色液晶显示屏可实时同步显示 TDS、盐度、电导和温度,采用多种方式输出测量信号。传感器采用感应式探头,无电极,因此无极化反应。可以对重度污染及易沉淀的介质和溶液进行测量。测量和介质完全电气隔离。其工作原理主要是利用光线从一种介质进入另一种介质时会产生折射现象,且入射角正弦之比恒为定值,此比值称为折光率。利用盐溶液中可溶性物质含量与折光率在普通环境下成正比例的特点,可以测定出盐溶液的折光率,这样盐度计/折射仪就可测出盐的浓度。盐度计如图 6.10 所示。其主要技术参数见表 6.8。

表 6.8 盐度计主要技术参数

测量范围	浓度:0.00～20.00% NaCl
分 辨 率	0.01%、0.1℃
电极常数	1～55.0 cm,由软件设定
温补范围	自动 0～99.9℃,手动 0～99.9℃
精　　度	±2.0%(校准误差≤0.05%),±0.3℃
电流隔离输出	4～20 mA(负载<750 Ω)。
报警继电器	AC220 V、3 A,报警信号隔离输出
通信接口	隔离 RS485(选配)
电　　源	AC220 V±22 V,50 Hz±1 Hz
防护等级	IP65
工作条件	环境温度 0～60℃,湿度≤90%
质量、尺寸	0.8 kg,200 mm×150 mm×108 mm

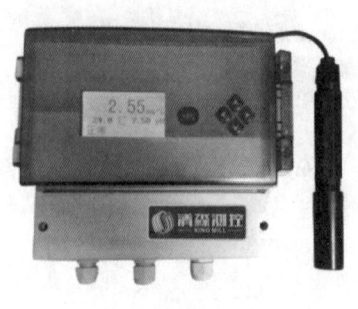

图 6.11　在线盐度计

9) 计量泵

计量泵[65]是船舶在压载或卸载过程中控制次氯酸钠溶液或中和剂溶液注入压载水内剂量的设备。

计量泵有隔膜式、往复柱塞式、齿轮式、蠕动式、螺杆式等,这些泵均采用溶剂法,定量输送药剂。由于压载水系统用药量较大,因此系统中多选用隔膜泵。隔膜泵如图 6.12 所示。其主要技术参数见表 6.9。

表 6.9　隔膜泵主要技术参数

冲　　程	在静态及动态条件下均可调节
最大液体温度	40℃
稳态精度	±2%(10%～100%)
最大吸程	3 m 水柱
最大吸入压力	20 m 水柱
可选结构	双隔膜泵头
建议维护周期	≤1.0 MPa,4 000 h;≤0.7 MPa,8 000 h

图 6.12　隔膜泵

隔膜泵的特点为:可变偏心机构调节,脉动平缓;泵头结构可选 PVC、PVDF、316SS、高黏及浆料泵头;机械驱动 PTFE 膜片;物料侧无隔膜护盘,便于物料通过;具有三种自动控制方式,适合各种控制需要,手动/电动冲程调节。

10) 电动蝶阀

电动蝶阀安装在压载水管理系统的管路上,其作用是控制和调节进入系统的海水,从而实现压载、卸载、紧急压载和紧急卸载四个工况。电动蝶阀如图 6.13 所示。其主要技术参数见表 6.10。

表 6.10　电动蝶阀主要技术参数

回转角度	0～90°可调
环境温度	−25～60℃
阀体执行标准	GB/T 3036—94
电源型式	AC220 V
0～90°开闭时间	30 s
电动执行器材料	铝合金
电动执行器防护等级	IP67

图 6.13　电动蝶阀

6.2　压载水管理系统的控制单元设计

压载水管理系统的控制单元[63]是对压载水装载与卸载管理工作的大脑,它主要由控制模块对整个系统的动力模块、检测反馈模块及执行模块进行管理,严格地按 IMO 的相关要求,对压载水的装载与卸载过程加以控制,保证系统的正常运行。

1) 压载水管理系统的控制过程分析

如前所述,由于压载水管理系统是为适应环保要求而开发的法规性产品,人们利用各种原理与方法开发了多种类型产品,因此从这些系统的工作过程来看,无外乎是对压载水的装载与卸载作业过程中的阀组进行开关控制,对预处理过滤单元的滤网进行清洗控制;对不同原理和方法开发的杀菌单元进行控制。

例如,对紫外线或光催化杀菌单元进行紫外灯管的开/关控制,以及紫外灯管工作状态的巡回检测,对紫外线杀菌单元的清洗机构进行控制,依据紫外线光源的照度及清洗机构的限位开关,控制清洗机构的驱动电机正/反转;对光催化杀菌单元依据工作顺序,在压载或卸载结束后启动蚁酸清洗输送泵和相关的电磁阀,对杀菌器腔体内部及灯管护套进行除垢清洗;对没有清洗机构的紫外线杀菌单元,控制杀菌单元上的超声清洗器,在系统压载或卸载过程中对杀菌器进行清洗。

再如,惰性气体杀菌系统的运行管理比较简单,其预过滤处理单元使用了过滤精度更高的、孔隙率仅为 10 μm 的膜滤芯,与反冲洗过滤器的操作相似,当压载水通过膜元件时,水中悬浮物杂质被拦截在膜元件内表面,过滤后净水排出。如果膜孔被悬浮物大量阻塞,膜组件进出口压差会增大,达到压差设定值时,反冲泵将自动启动,压缩空气打开,膜元件过滤后的净水变成反冲洗水,在大的压差作用下对膜表面进行气水混合冲洗。同时,在过滤后的净水注舱过程中,系统打开氮气罐,向水中注入氮气。为了保证压载水注入的连续性,该系统采用了多个膜过滤器单元,在反冲洗时采用压差模式或时间模式进行控制。当压差控制器到达系统设定值 0.05 MPa 时,压差开关闭合,反冲泵启动,执行反冲洗程序,30 s 后停止;或当系统运行达到时间模式所设定的 30 min 时,系统接收到反冲洗指令,1 号膜组进水阀关闭 30 s,反冲气动打开 30 s,压缩空气电磁阀打开 10 s,反冲泵启动,对 1 号膜组进行反冲,30 s 后对下一组膜组进行反冲洗,当第 n 个膜组反冲洗完成后,系统停止运行,30 min 后进入下一清洗循环。由此可见,此压载水管理系统的控制除了对氮气分子筛发生器的启停控制,以及对氮气储气罐的压力监测外,主要是对膜组过滤的时序清洗控制。

又如,电解法制备次氯酸钠和药剂法直接加入次氯酸钠杀菌系统,其控制系统除了对预过滤处理单元进行时序控制,防止其阻塞外,主要还是对加药系统进行控制。对电解法系统而言,其控制的主要对象在压载时,除启动正常的压载管路阀门外,还要打开电解水分支旁通电磁阀,引入 1‰~2‰ 的压载海水进入管板式电解槽,启动直流电解电源,开启除氢风机和药剂注入计量泵,向压载水中注入次氯酸钠溶液。在船舶卸载时,要依据 TRO 传感器监测到的卸载水中有效活性成分的含量进行控制,若大于 10^{-7},则打开中和系统的电磁阀和中和药剂输送计量泵向卸载压载水中注入中和剂,避免对卸载海域造成活性物质污染。而对于直接药剂法系统,控制系统的操纵管理就更为简便,除控制系统阀门按压载或卸载的要求自动开启外,就是对预处理过滤单元按压差或设定时间进行时序清洗,对压载过程启动计量泵按计量向压载水中注入药剂,卸载时依据 TRO 传感器监测到的卸载水中有效活性物质的含量进行控制,当活性物质含量大于 10^{-7} 时,打开中和系统的电磁阀和中和药剂输送计量泵,向卸载压载水中注入中和剂。

从上述的分析可知,无论何种压载水管理系统,其控制单元均按照 IMO 所规定的对压载水管理系统进行管理控制,其控制管理方式包含以下几个环节:按压载水的装载与卸载,对压载水管理系统的阀组进行管控操作;对压载水预处理过滤单元的清洗机构按压差与时序程序进行操纵管理;对杀菌单元的电源功率进行调节管理和运行巡回检测;对工作过程中或工作结束后的杀菌器进行除垢清洗等。因此,以下将以 UVC 杀菌系统为例,着重介绍压载水管理系统控制单元的设计技术。

2) 压载水管理系统控制单元的核心组件设计

从系统运行的可靠性出发,目前压载水管理系统的控制单元[63,66]各生产厂家均选用工业控制 PLC 模块构建其控制单元,并以工业用触摸屏幕结合,运用组态软件开发的人机界面,形成完整的满足 IMO 的压载水管理规范的控制单元模块。

PLC 作为压载水管理系统控制单元的核心主件,具有以下优点:

(1) 抗干扰、可靠性高。

(2) 模块化组合式结构,使用灵活方便。

(3) 编程简单,便于普及。
(4) 可进行在线修改。
(5) 网络通信功能,便于实现分散式测控系统。
(6) 与传统的控制方式比较,线路简单。

由于,PLC 省略掉了系统开发人员对电路的设计,只需通过 PLC 模块的选型以及按控制信号的类型进行接线,并按照管理的逻辑要求编写控制程序,因此使得对压载水控制单元的开发方便易行。图 6.14 所示为 PLC 的外形图。由图中可见,在设计 PLC 控制器时,除选用 PLC 主控模块 PLC1 外,设计者还要依据控制单元的控制点数以及控制点输入/输出信号的类型扩张选用 PLC2、PLC3、…,形成对开关量的输入/输出控制和对模拟量的输入/输出控制。

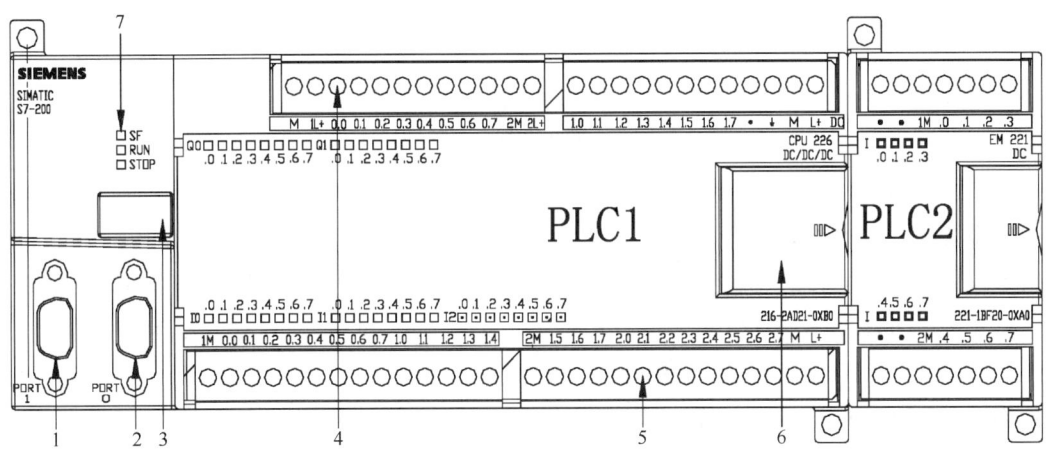

图 6.14 PLC 的外形图

PLC1 主控模块为一个整体式的结构,它包含了可编程序控制器的电源、CPU、存储器、I/O,整个控制系统的集成都围绕着这个基本的单元结构。其上包含了:MPI 通信接口;DP 接口;存储器卡插口;DO 顶部电源及输出端子;DI 底部电源及输入端子;RUN/STOP 开关机电位器扩展 I/O 连接;状态 LED。

以一台处理 500 m^3/h 的 UVC 压载水管理系统为例,其控制系统的开发包含了控制部分和电源部分两个机柜,控制部分主要是对压载水管理系统各个阀门、清洗电机、UVC 杀菌灯管整流器的通断电管理。系统启动后,通过时序程序完成对压载或卸载阀门的开关启动调整,完成对 UVC 杀菌灯管整流器的通电与断电管理,输出的为开关信号。系统运行中,又通过对压差信号、紫外照度信号、温度信号等模拟量信号进行监测,并依据系统编好的判断程序,对压差与紫外照度、温度监测的阈值作出判断,并启动反冲过滤器或杀菌器清洗机构的驱动电机和排污阀,对过滤器和杀菌器进行清洗,通过其各自的限位开关对清洗电机进行换向控制,按程序的时序设计完成清洗。设计的控制部分面板及接线模块如图 6.15 所示。

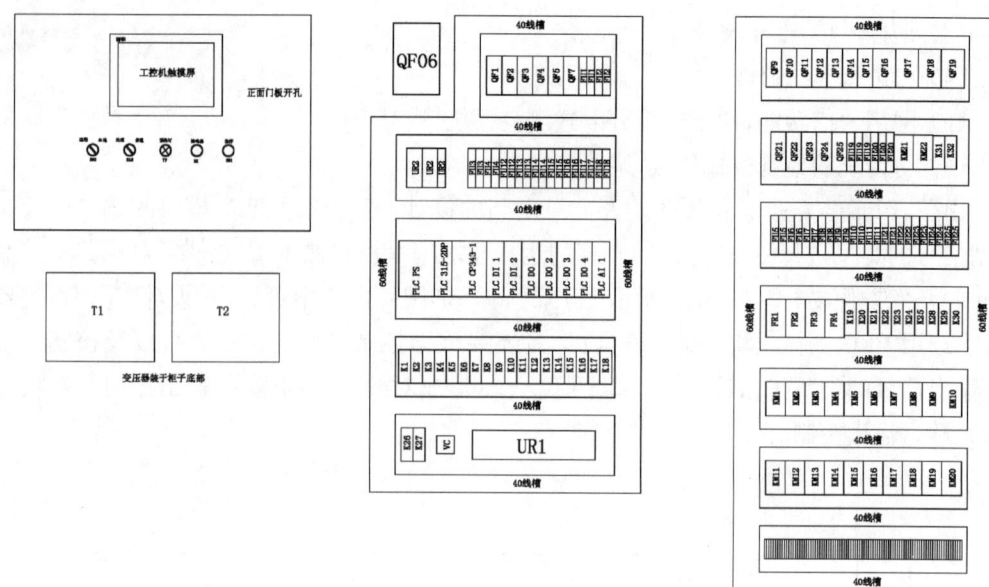

图 6.15　控制柜面板及正反面接线

系统的控制原理如图 6.16 所示。从图中可见交流电源 L01、L02 分别给 PLC 和工控机触摸屏供电,同时给直流电源 UR1 供电,UR1 为控制柜提供 24 V 直流供电;并且给 UR2 和通过 K3、K4 开关给杀菌器 YP 供电。工控机触摸屏通过以太网与 PLC 相连,PLC CP 的 PU124、PU125 与 Profibus 总线相连负责和上位机通信,工控机触摸屏与 GPS 相连,记录系统操作过程的位置信息。

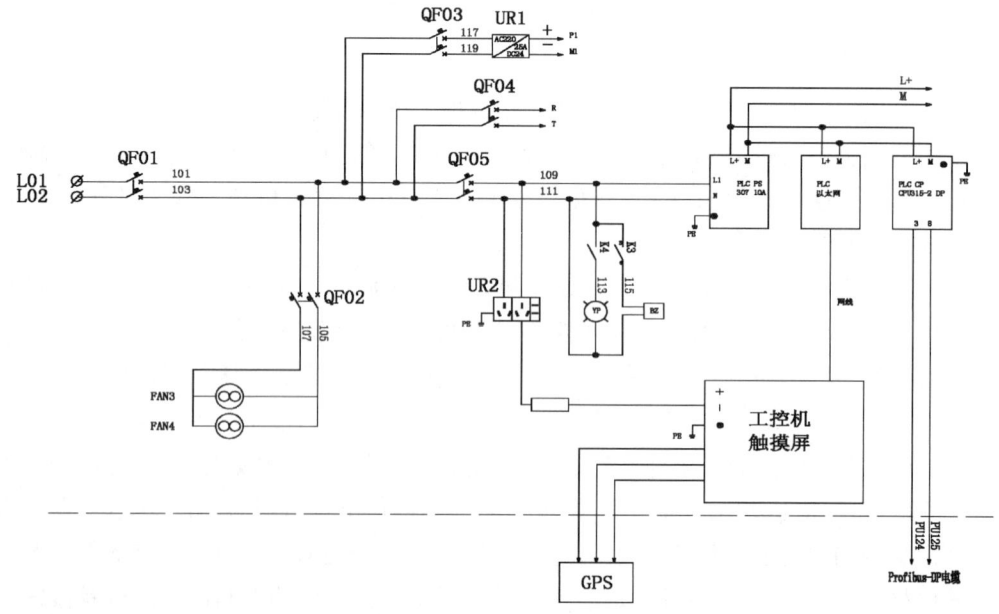

图 6.16　控制系统原理

PLC通过其模拟量输入端子,监测流量计、紫外线消毒器的紫外强度传感器、进/出口温度传感器、过滤器的进/出口压力的 4~20 mA 信号。PLC 模拟量输入端子接线如图 6.17 所示。

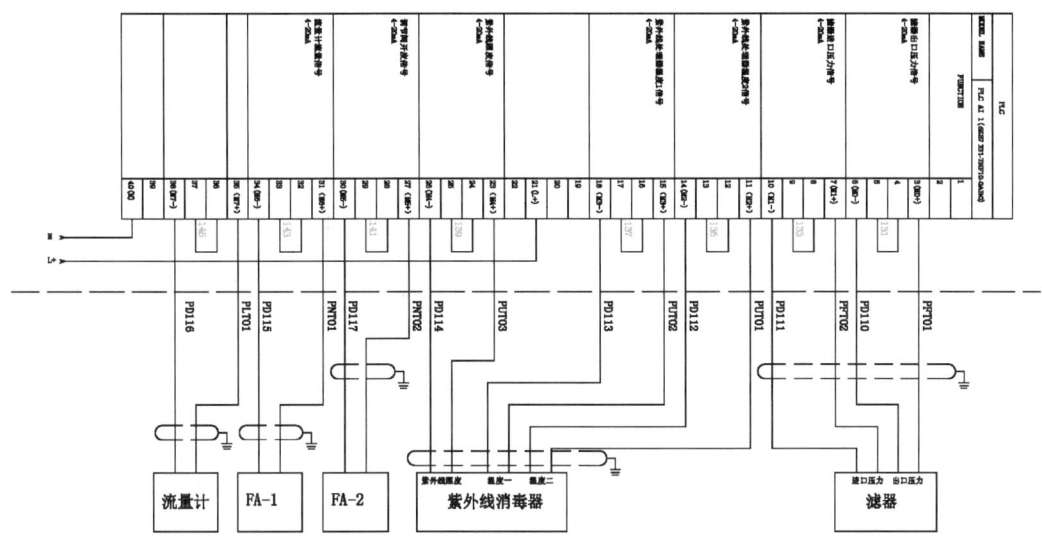

图 6.17　PLC 模拟量输入端子接线

PLC 的开关量输入端子分别接取样阀、溢流阀、紫外线消毒器的清洗机构的左/右限位开关和过滤器的上/下限位开关。电源 L+,M 在开关 SA1、SA2 的控制下,向紫外杀菌器的整流器供电,如图 6.18 所示。

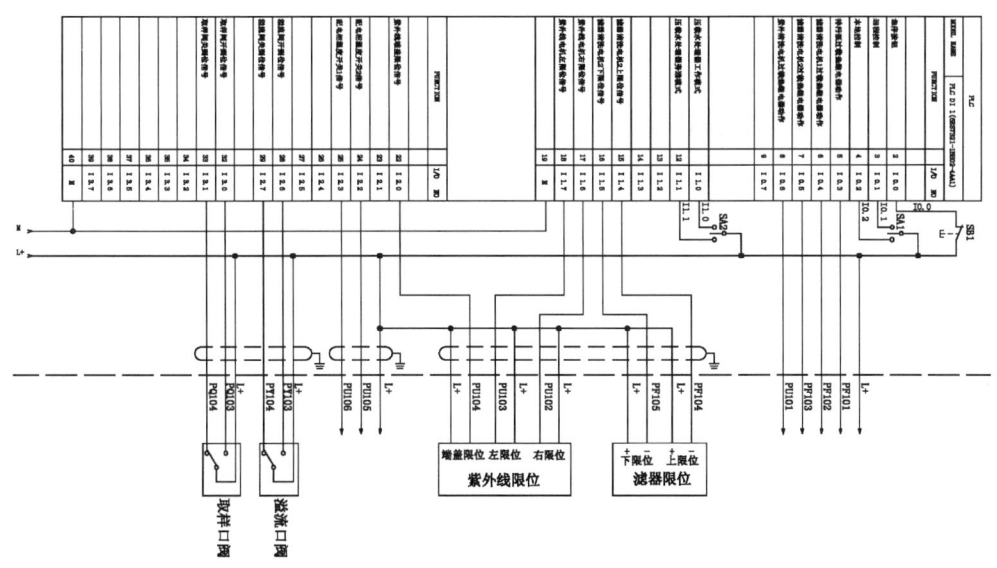

图 6.18　PLC 开关量输入端子接线

PLC 的开关量输出端依据 PLC 预置的时序程序,按照压载与卸载的工作程序控制 1~6 号蝶阀的开闭和调节阀的开度,并依据流量计的测量变化量控制 1~2 号压载泵的工作,如图 6.19 所示。

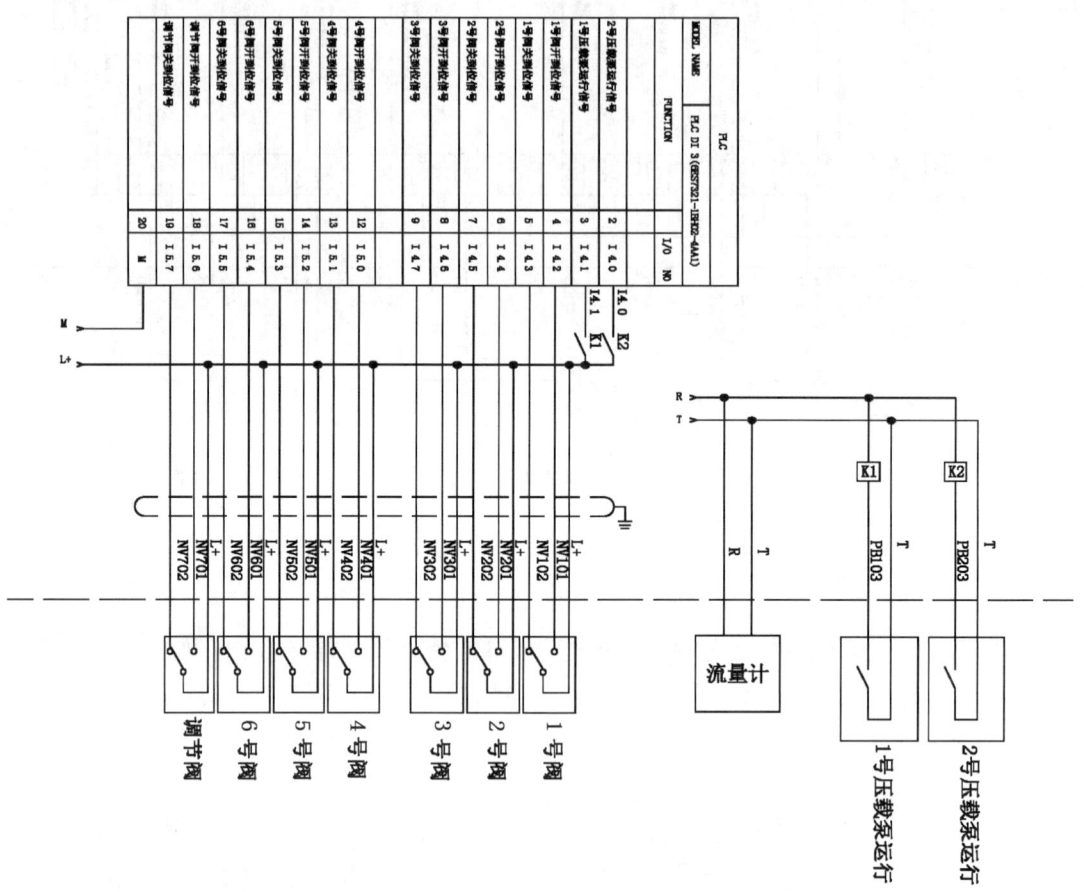

图 6.19　PLC 开关量输出端控制蝶阀与压载泵接线

图 6.20 和图 6.21 分别是 PLC 输出端子与系统各阀组和指示灯的接线,以及与 1~12 号整流器及紫外线灯管的接线。

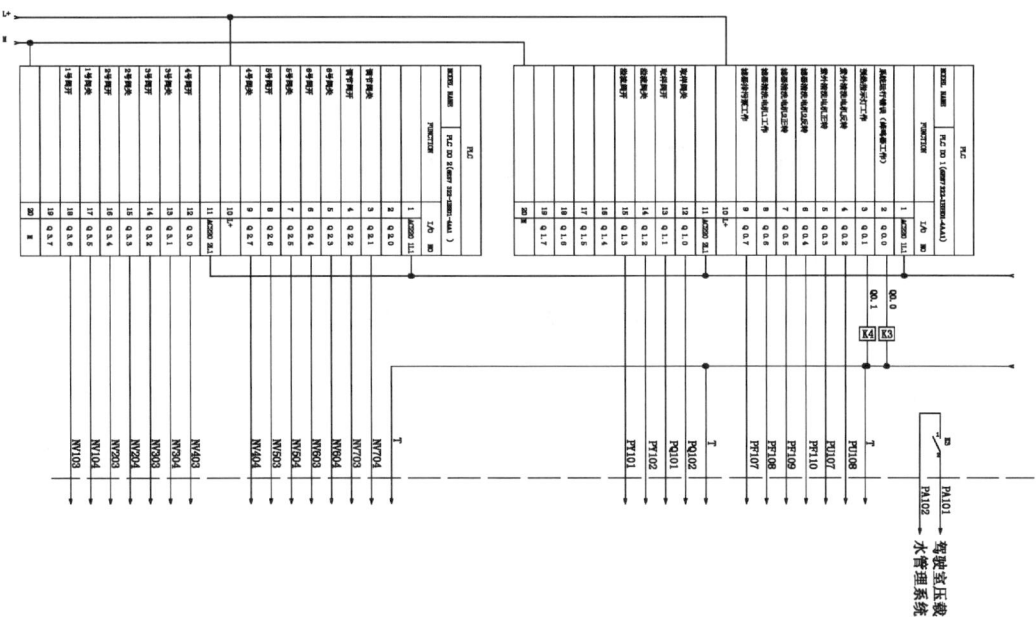

图 6.20 PLC 开关量输出端与系统各阀组和指示灯的接线

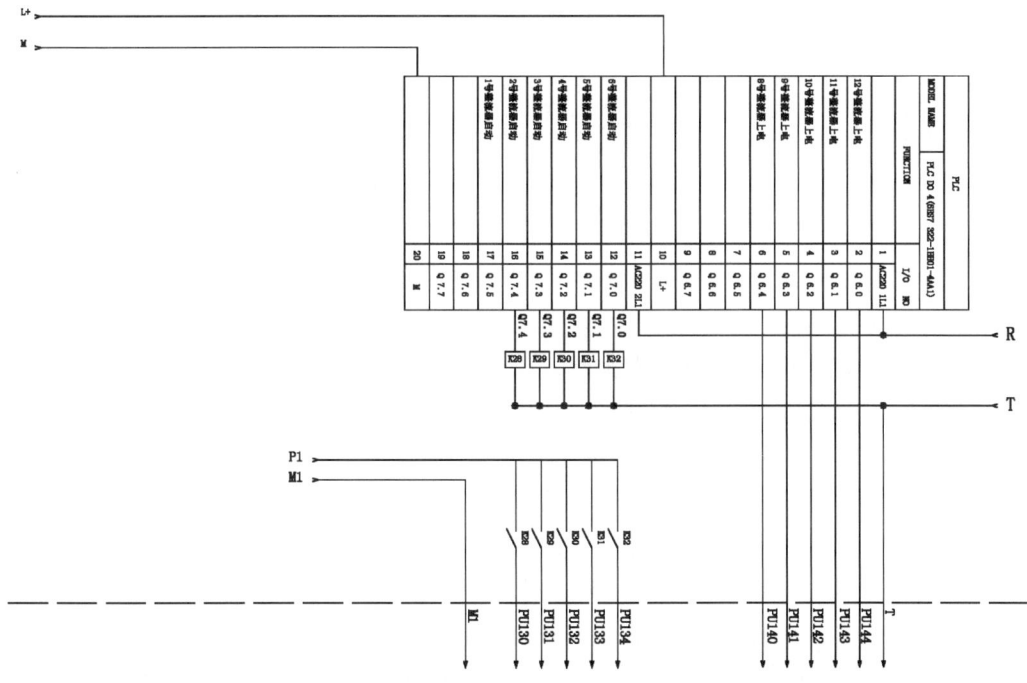

图 6.21 PLC 开关量输出端与 1～12 号整流器及紫外线灯管的接线

6.3 压载水管理系统控制单元人机管理界面设计

压载水管理系统的控制单元人机管理界面[63,67]由预装在工控机触摸屏内的组态软件按IMO对压载水管理的要求开发而成。图6.22所示为紫外杀菌系统的压载流程。压载水注入时,海水由海底门经压载泵进入反冲洗过滤器(Filter),再经过中压紫外线杀菌装置(UV Unit)后进压载舱。此时,DVT、DV1、DV2、DV5阀门为打开状态,DV3、DV4、DV8阀门为关闭状态。

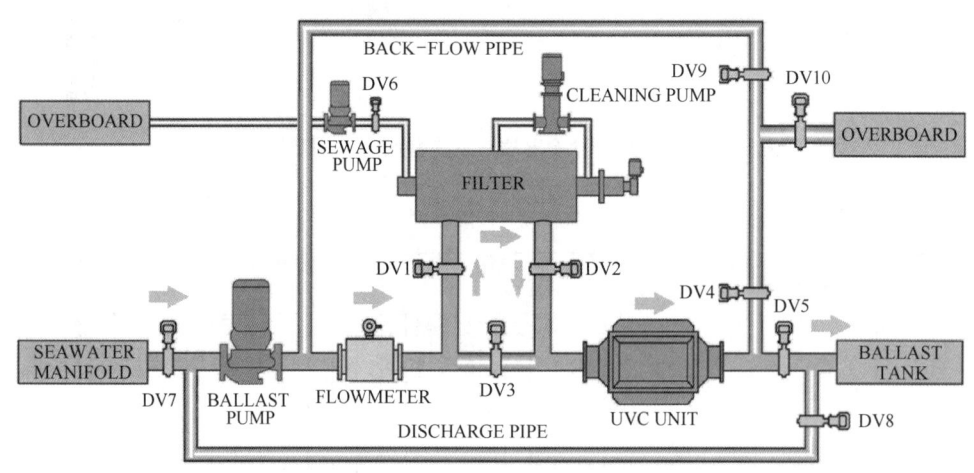

图6.22 紫外线杀菌系统的压载流程

图6.23为紫外线杀菌系统卸载流程。压载水排放时,海水由压载舱经压载泵进入中压紫外线杀菌装置,处理后排放至舷外。此时,DV8、DV3、DV4、DV10阀门为打开状态,DV7、DV1、DV2、DV5、DV9阀门为关闭状态。

压载水管理系统运行前,首先需检查系统全部阀门、仪表是否齐全完好;其次检查高压清洗泵、污水泵是否出现卡阻,必要时盘车;再次检查系统接线情况;然后,按下系统启动按钮后,电源指示灯亮,触摸屏进入运行状态;运行后,再次检查系统各个设备、仪表、接线情况,并确认无误。压载水管理系统总控界面如图6.24所示。

1) 压载的运行控制

(1) 压载启动模式工作界面。

① 将控制柜面板上的选择旋钮转到"自动"模式。点击显示屏上的"进入系统主界面"按钮,进入系统主界面,如图6.25所示。

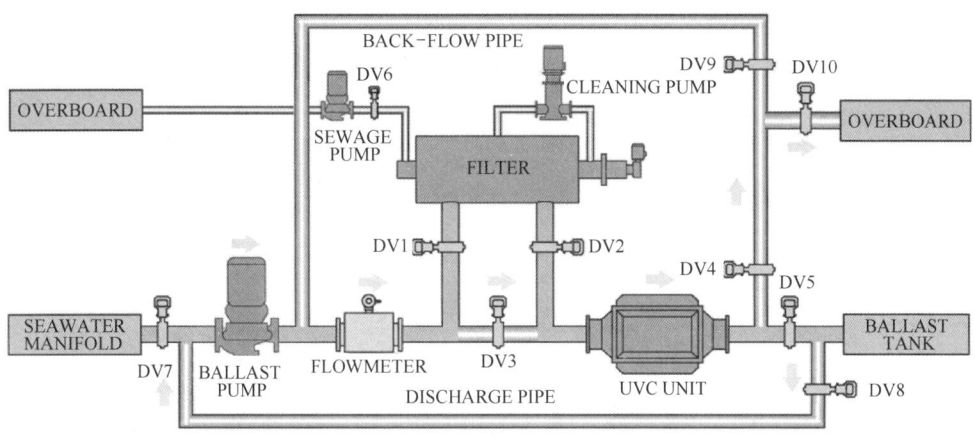

图 6.23　紫外线杀菌系统卸载流程

图 6.24　压载水管理系统总控界面

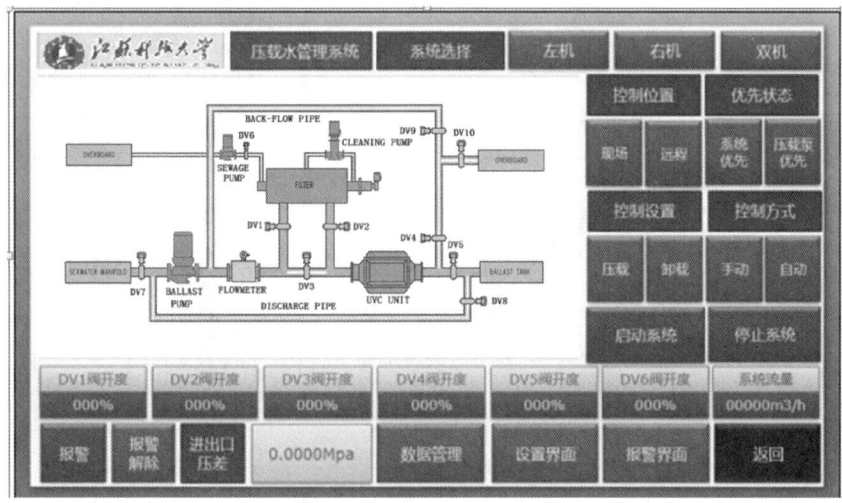

图 6.25　压载管理主界面

② 根据设备和船舶情况选择"左机"、"右机"或"双机"模式。在"控制位置"选项下选择"现场"或"远程",此时所选择项由深绿色转变为浅绿色。压载操作模式选择如图 6.26 所示。

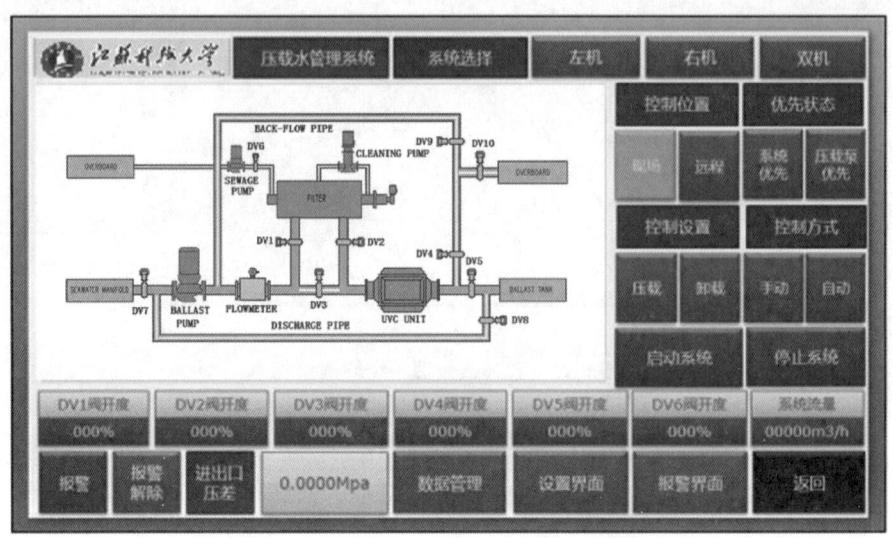

图 6.26　压载操作模式选择

③ 在"优先状态"选项下选择"系统优先",此时所选择项由深绿色转变为浅绿色。压载优先模式选择如图 6.27 所示。

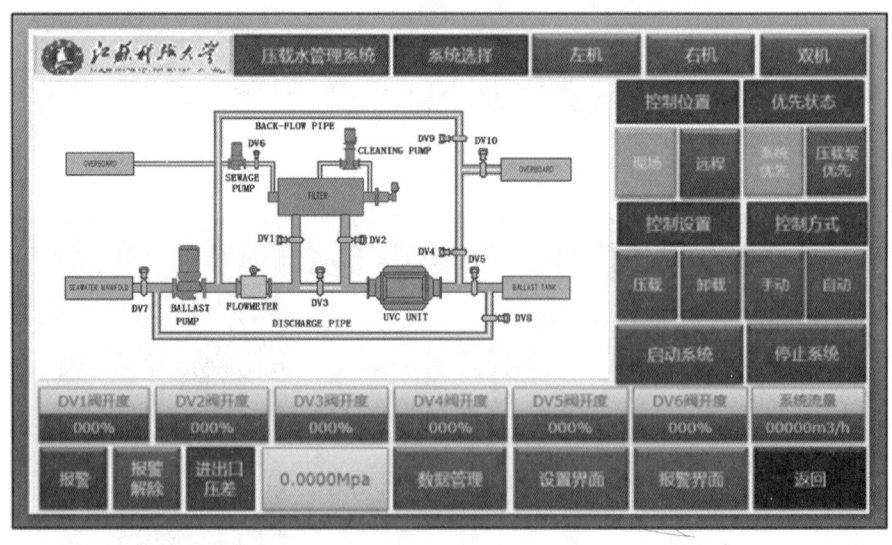

图 6.27　压载优先模式选择

④ 在"控制设置"选项下选择"压载",此时所选择项由深绿色转变为浅绿色。压载控制方式设置如图 6.28 所示。

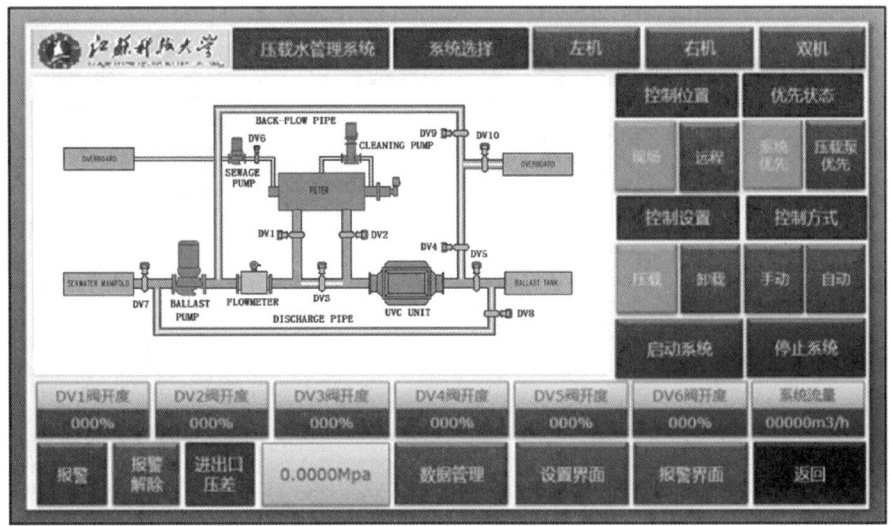

图 6.28 压载控制方式设置

⑤ 在"控制方式"选项下选择"自动",此时所选择项由深绿色转变为浅绿色。压载自动控制方式如图 6.29 所示。

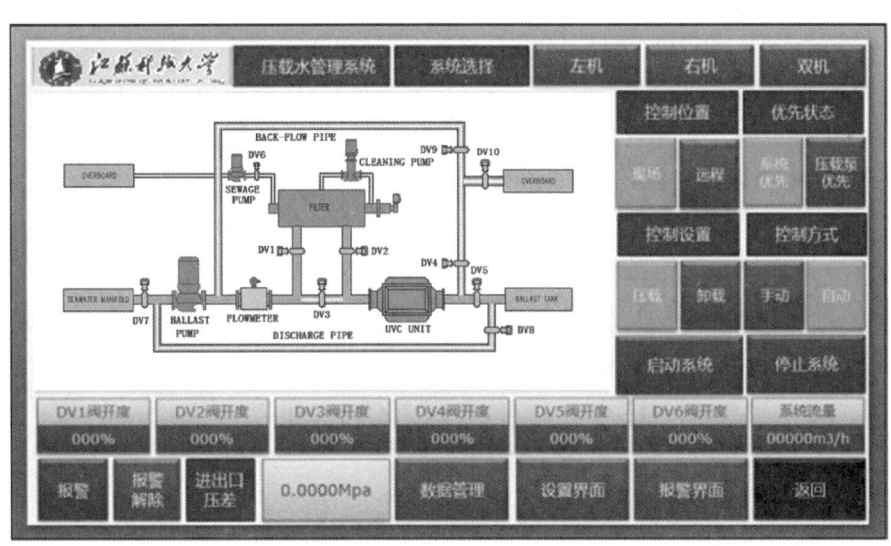

图 6.29 压载自动控制方式

⑥ 此时系统压载模式控制界面的准备工作已经就绪,再次检查系统中各单元、设备的状况,并确保其正常。点击系统启动选项,系统开始压载模式运行,此时所选择项由深绿色转变为浅绿色。系统压载运行模式如图 6.30 所示。

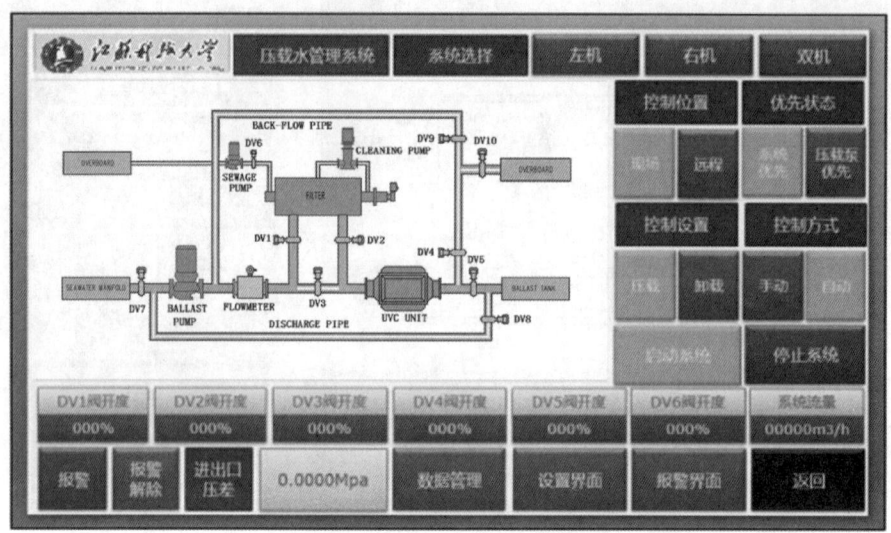

图 6.30 系统压载运行模式

（2）压载启动模式工作过程。

系统启动后，DV7、DV1、DV2、DV4、DV9 阀开启，阀门开启后压载泵启动。海水经压载泵流入反冲洗过滤器、中压紫外线杀菌装置，经回流管内部循环。待紫外线杀菌装置达到稳定状态时，DV4、DV9 阀关闭，DV5 阀开启，进入正常压载运行程序。正常压载运行程序时，通过海水流量和 UVC 强度的计算，对所得的 UVC 剂量与设定剂量进行对比，控制单元将自动调节 UVC 强度与 DV5 阀的开度；同时，如果反冲洗过滤器压差过高，反冲洗过滤器将自动进入自清洗程序，如图 6.31 所示。

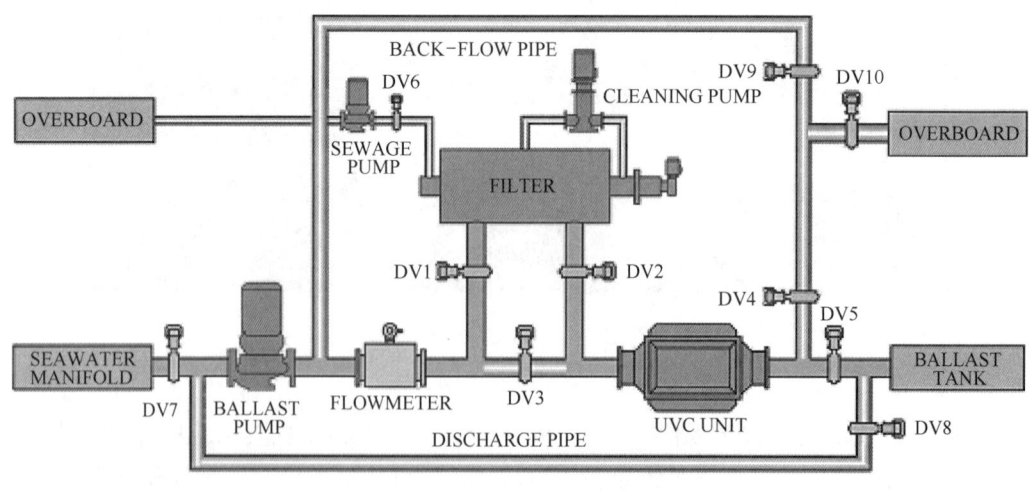

图 6.31 压载模式流程图

(3) 压载停止模式工作界面。

当压载模式完成,需要停止系统时,只需点击显示屏上的"停止系统"选项,系统会自动关闭各个设备、阀门,进入停止状态,如图 6.32 所示。

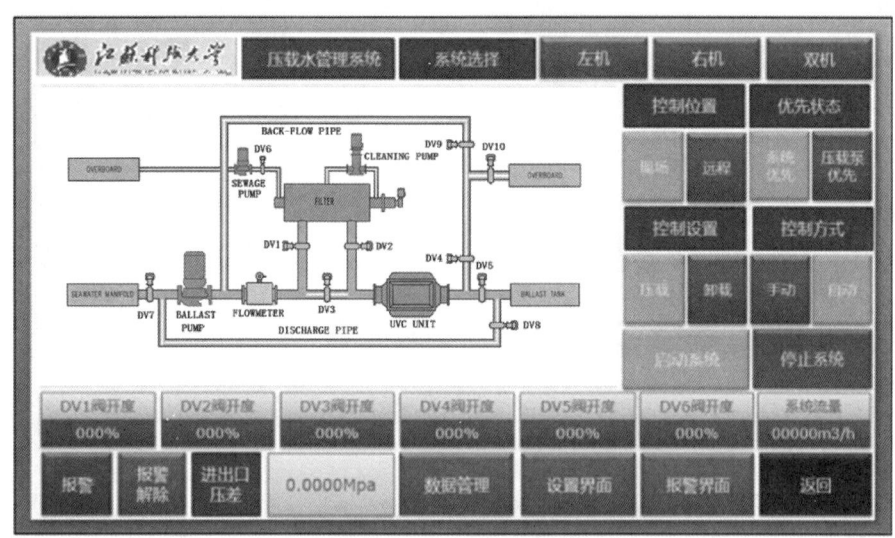

图 6.32 压载停止模式

(4) 压载停止模式描述。

系统进入停止程序时,首先 DV4、DV10 阀开启,DV5 阀关闭,此时系统进入反冲洗过滤器和中压紫外线杀菌装置的清洗程序。清洗程序完成后,中压紫外线杀菌装置停止工作,待 30 s 的冷却时间结束后,压载泵停止工作。DV1、DV2、DV4、D10 阀关闭,整流器停止工作(此过程大约 10 min),系统回到待机状态。

注:系统在启动过程中,若意外或误操作点击停止选项,系统仍会一直启动到正常运行模式,而后自动进入停止程序。

2) 卸载的运行控制

(1) 卸载启动模式工作界面。

系统进入卸载模式后,其工作界面与压载模式的工作界面一致,但压载水的流程不同,其具体操作步骤如下:

① 将控制柜面板上的选择旋钮转到"自动"模式。点击显示屏上的"进入系统主界面"按钮,进入系统主界面,如图 6.33 所示。

② 根据设备和船舶情况选择"左机"、"右机"或"双机"模式。在"控制位置"选项下选择"现场"或"远程",此时所选择项由深绿色转变为浅绿色。卸载操作模式选择如图 6.34 所示。

③ 在"优先状态"选项下选择"系统优先",此时所选择项由深绿色转变为浅绿色。卸载优先模式选择如图 6.35 所示。

④ 在"控制设置"选项下选择"卸载",此时所选择项由深绿色转变为浅绿色。卸载控

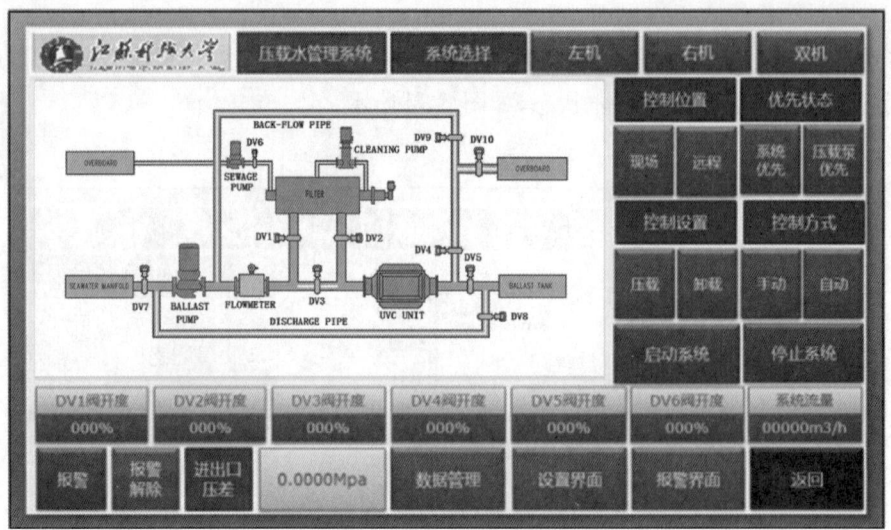

图 6.33 卸载管理主界面

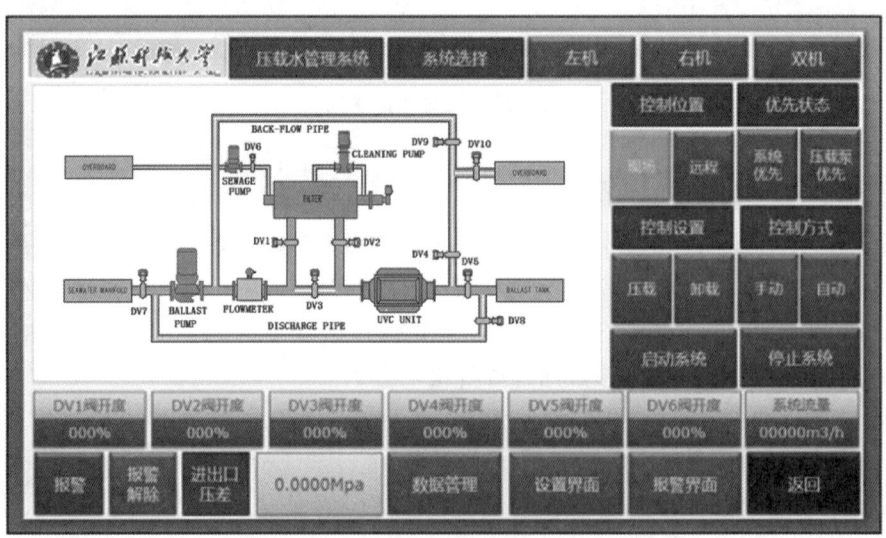

图 6.34 卸载操作模式选择

制方式设置如图 6.36 所示。

⑤ 在"控制方式"选项下选择"自动",此时所选择项由深绿色转变为浅绿色。卸载自动控制方式如图 6.37 所示。

⑥ 此时系统卸载模式控制界面的准备工作已经就绪,再次检查系统中各单元、设备的状况,并确保其正常。点击系统启动选项,系统开始卸载模式运行,此时所选择项由深绿色转变为浅绿色。系统卸载运行模式如图 6.38 所示。

(2) 卸载模式描述。

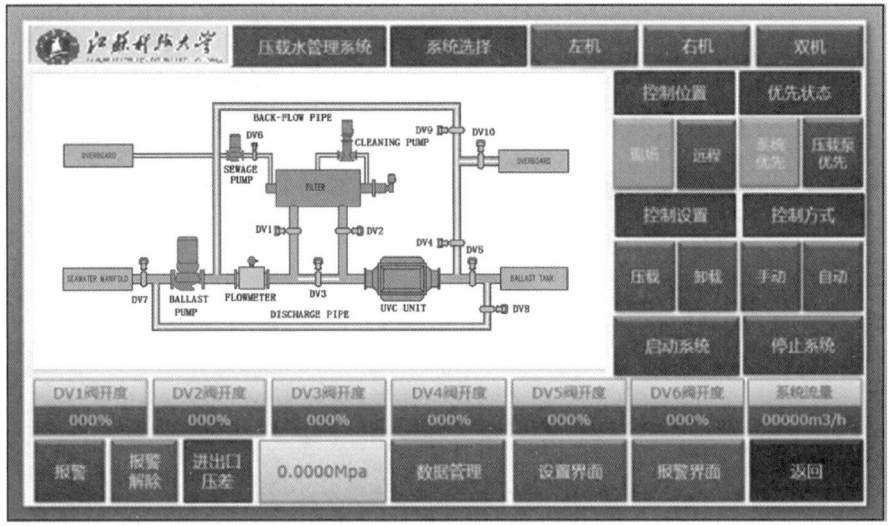

图 6.35 卸载优先模式选择

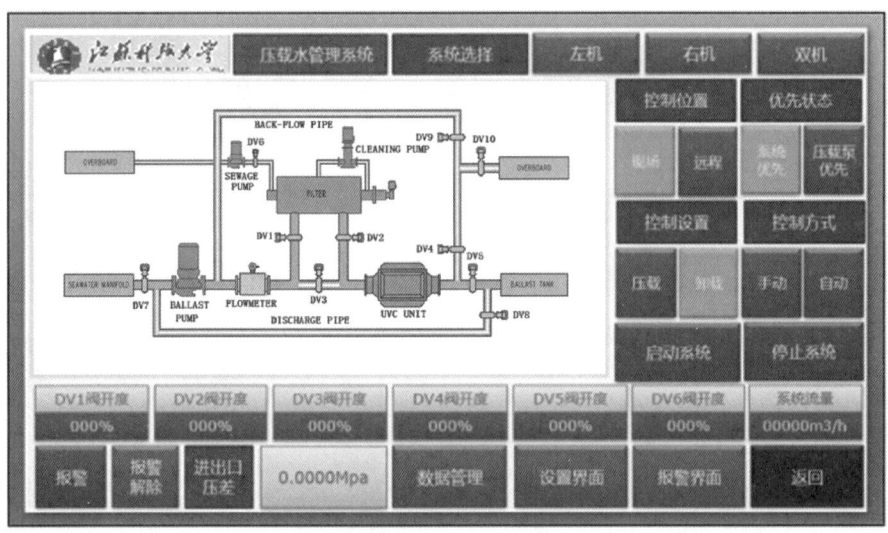

图 6.36 卸载控制方式设置

系统启动后，DV8、DV3、DV4、DV9 阀开启，阀门开启后压载泵启动。海水经压载泵流入中压紫外线杀菌装置，经回流管内部循环。待中压紫外线杀菌装置达到稳定状态时，DV9 阀关闭，DV10 阀开启，进入正常卸载运行程序。正常卸载运行程序时，通过海水流量和 UVC 强度的计算，对所得的 UVC 剂量与设定剂量进行对比，控制单元将自动调节 UVC 强度与 DV4 阀的开度，如图 6.39 所示。

（3）卸载停止模式

当卸载模式完成，需要停止系统时，只需点击显示屏上的"停止系统"选项，系统会自动关闭各个设备、阀门，进入停止状态，如图 6.40 所示。

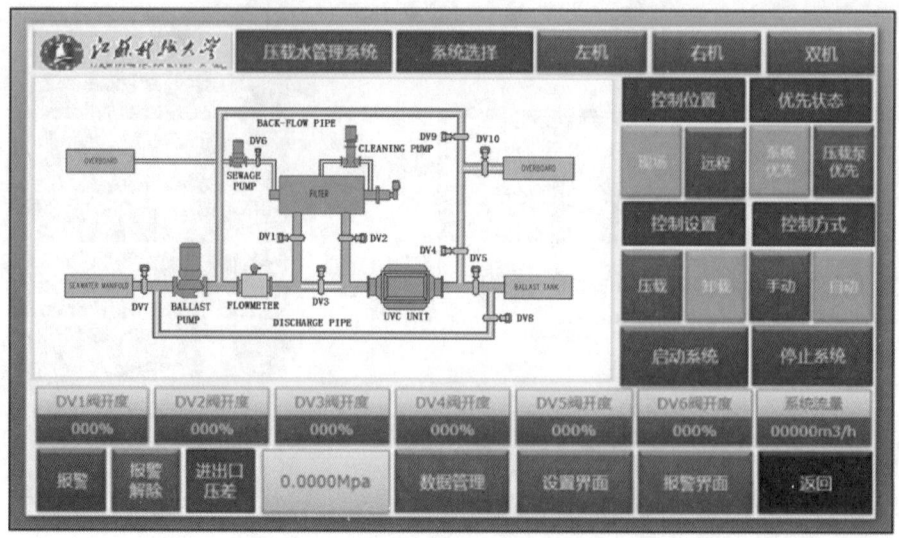

图 6.37 卸载自动控制方式

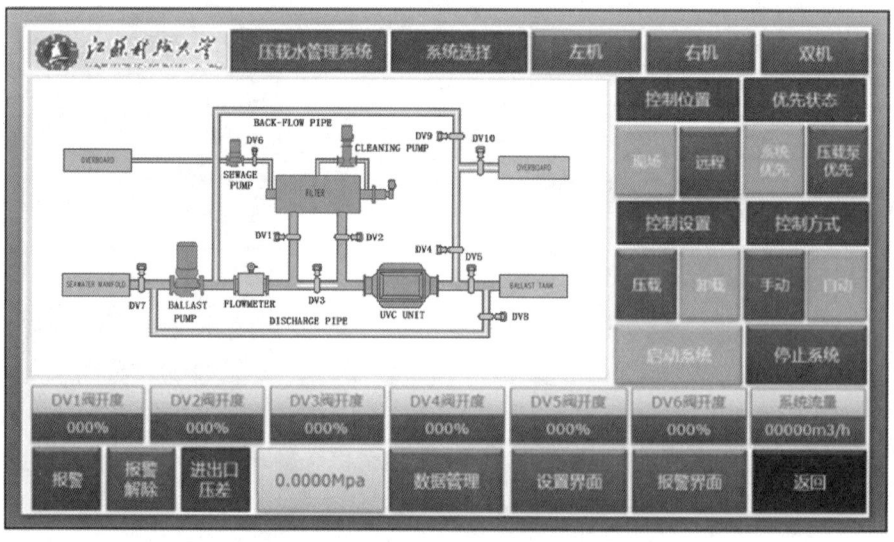

图 6.38 系统卸载运行模式

(4) 卸载停止模式描述

系统进入停止程序时,首先 DV4、DV9 阀开启,DV5、DV7 阀关闭,此时中压紫外线杀菌装置停止工作,压载舱内的压载水经回流管内部循环。待 30 s 的冷却时间结束后,压载泵停止工作。DV3、DV4、DV8、DV9 阀关闭,整流器停止工作(此过程大约 10 min),系统回到待机状态。

注:系统在启动过程中,若意外或误操作点击停止选项,系统仍会一直启动到正常运行模式,而后自动进入停止程序。

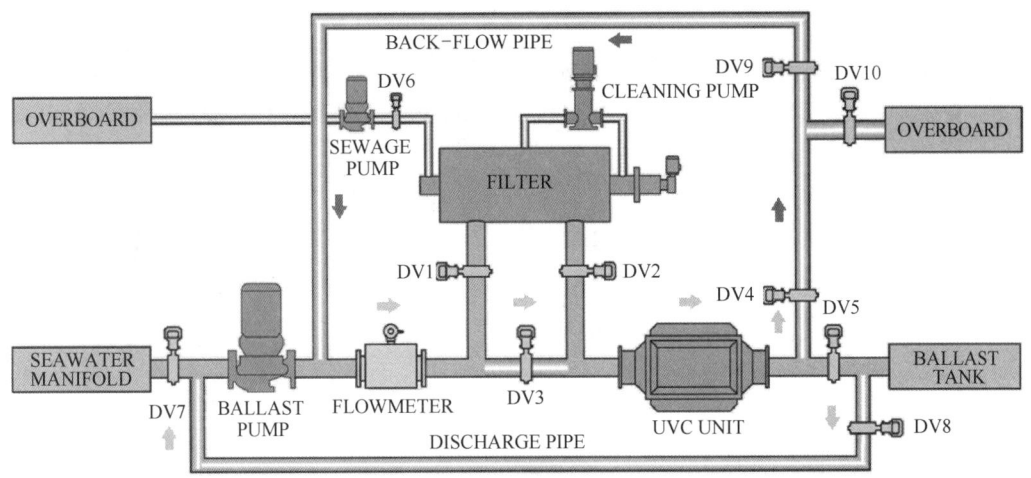

图 6.39 卸载模式流程图

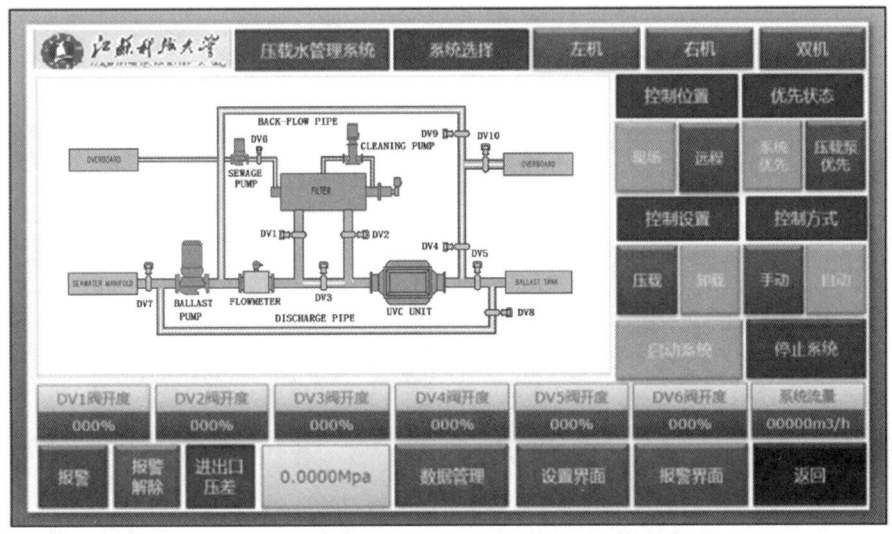

图 6.40 卸载停止模式

3) 紧急工况操作

当出现压载水管理系统无法正常工作时,打开压载水管理系统旁通管路手动蝶阀。将压载水管理系统从压载水系统中切除,海水将绕过压载水处理装置运行。这时再检查压载水处理装置出现故障的原因并予以排除。故障排除后,即可开始正常运行操作。

在进入紧急事故状态时,系统自动记录开始和结束时间。

系统各工况参数在出厂时已经设定,调试人员可以根据实际需要修改和设定参数,如图 6.41 所示。

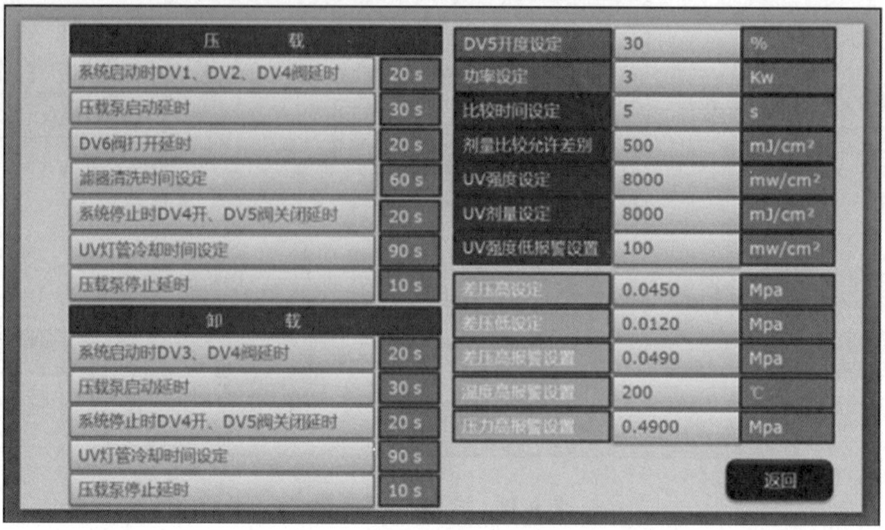

图 6.41　参数修改与设定界面

4）用户数据参数设定

进入系统主界面,在系统主界面中点击"数据管理"选项。用户可设定相应的参数和信息,设定完毕后点击"保存"选项,如图 6.42 所示。

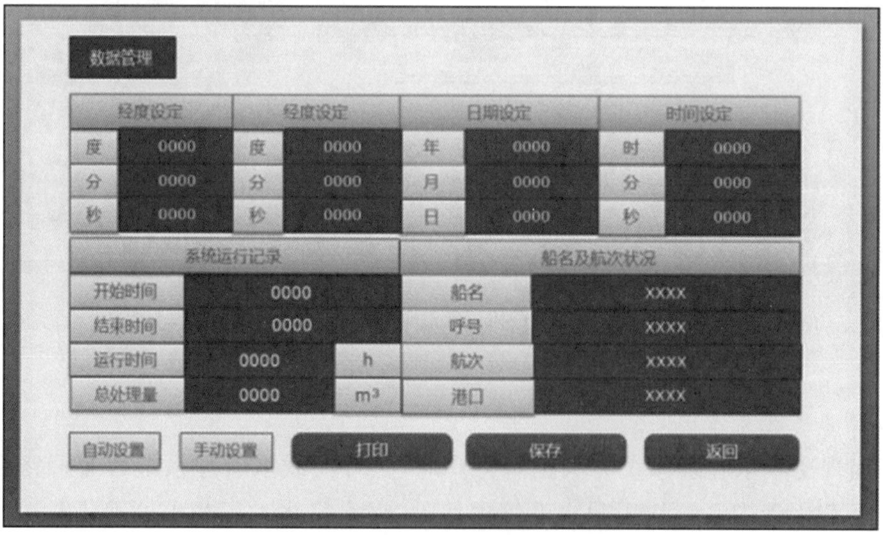

图 6.42　数据管理界面

要结束系统运行,在控制柜上按下红色"停止"按钮,系统将切断电源(此过程为手动操作),即系统结束工作。

失电时,系统停止运行。当电力恢复后,显示屏恢复到主界面。系统的记忆功能将自动保存未失电状态下的工况参数设定数据,只需按照正常压载或卸载操作即可,如图 6.43 所示。

图 6.43　系统恢复后的总控界面

船舶压载水管理系统开发与应用

第 7 章　压载水管理系统的应用[63]

压载水管理系统无论是采用紫外法、惰性气体法,还是采用电解法或药剂法,在系统的运行中都会遇到故障现象,需要船员进行必要的维护。由于压载水管理系统周边存在着电力、高温、腐蚀、噪声、湿滑及跌落等多种危险状况,因此在压载水管理系统模块单元的周边均贴有相应的危险警示标贴。此外,按不同原理和方法开发的压载水管理系统,其维护由于系统单元的不同而各不相同。因此,要分别对待。

7.1 压载水管理系统警示标贴

压载水管理系统模块单元周边警示标贴见表 7.1。

表 7.1 压载水管理系统模块单元周边警示标贴

警示标识	警示标识说明
⚠	注意警示标识
⚡	带电危险
🔒	在对设备进行操作、维护、清洗和检修前必须将所有的电源切断并标记。电源包括配电或备用电源
☢	在对中压紫外杀菌装置维护时,请戴防紫外线面具
😷	在没有保护的情况下,长时间紫外线辐射会灼伤眼睛和皮肤。除非您穿戴操作员工具柜中提供的防紫外线面具,否则应避免直接目视开启的灯管
🧤	请戴保护手套!在对设备进行维护和检修时,应戴保护手套
🎧	请戴耳套!除惰性气体系统空压机产生噪声外,其他的压载水管理系统不产生噪声,但操作人员应当注意保护听力不受船舶中其他可能存在的噪声影响
👢	请穿安全工作靴!当对系统进行维护和检修时,请穿安全靴
⚠	小心腐蚀! 清洗液可能会造成操作人员不适,避免吸入、摄取或者溅入眼睛和皮肤上。应当穿上工作服,戴上橡胶手套
⛑	请戴安全帽!请根据系统设备处所的有关安全规定穿戴适当的安全帽
⚠	防滑!系统底座及其他表面在有油污或水时可能湿滑
⚠	防止失空陷落!在系统附近工作时应小心谨慎。在将设备或零件取出或放回后应注意将连接螺栓紧固
⚠	小心失足!在对系统进行工作前,应小心可能失足的地方

(续表)

警示标识	警示标识说明
3~	三相交流电
~	单相交流电
I	开（电源）
O	关（电源）
⏚	接地保护
	维修时请参照电工手册
	热危险，等到电气设备和灯管冷却下来才能触摸。烧伤危险，不锈钢表面或暴露在太阳光下面，除非戴上手套，否则不要去碰设备不锈钢表面

7.2　压载水预处理过滤设备的维护

7.2.1　反冲洗过滤器的维护

1) 反冲洗过滤器概述

压载水管理系统的反冲洗过滤器是一种全自动反冲洗过滤器，材质为 SUS316L 不锈钢。由粗、细滤网对海水进行过滤。反冲洗过滤器一端的减速机带动传动轴与清洗管做同步圆周运动，清洗管上的吸污管与清洗管分别安装一定数量的吸污嘴和清洗嘴。反冲洗过滤器进、出口连接有压差变送器，由系统控制中心控制，检查反冲洗过滤器进、出口的压力差。

反冲洗过滤器如图 7.1 所示，在整个系统中对海水进行过滤预处理。凭借粗、细滤网的双重过滤，将海水中大于 50 μm 的固体杂质排除，使海水具有良好的净度和透光度。

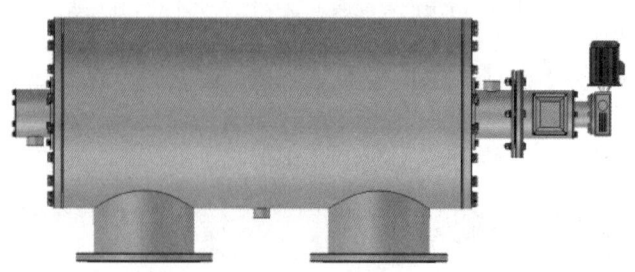

图 7.1　反冲洗过滤器

反冲洗过滤器的性能指标见表7.2。

表7.2 反冲洗过滤器性能指标

性 能 指 标	参 数
最小工作压力	2 bar
最大工作压力	10 bar
过滤器压力损失	0.1 bar
最高工作水温	65℃
过滤精度范围	20~50 μm
自清洗所需水量	根据设备型号而定
自清洗时间	30 s
自清洗控制方式	压差、时间及手动

注:1 bar=0.1 MPa。

安装方式包括线上型、线内型,可以根据现场工况对反冲洗过滤器进行水平安装。

以江苏科技大学研制的YP≈BWMS®压载水管理系统为例,船舶压载水管理系统反冲洗过滤器型号参数见表7.3。

表7.3 YP≈BWMS®压载水管理系统反冲洗过滤器型号参数

型 号	进出口 D_1	设计流量(m³/h)	D(mm)	L(mm)	L_1(mm)	L_2(mm)	H(mm)
YP-JUST-200F	DN250	300	560	755	1 296	1 989	714
YP-JUST-500F	DN300	500	660	855	1 521	2 214	814
YP-JUST-800F	DN350	800	750	1 000	1 250	2 563	906

YP≈BWMS®压载水管理系统反冲洗过滤器尺寸如图7.2所示。

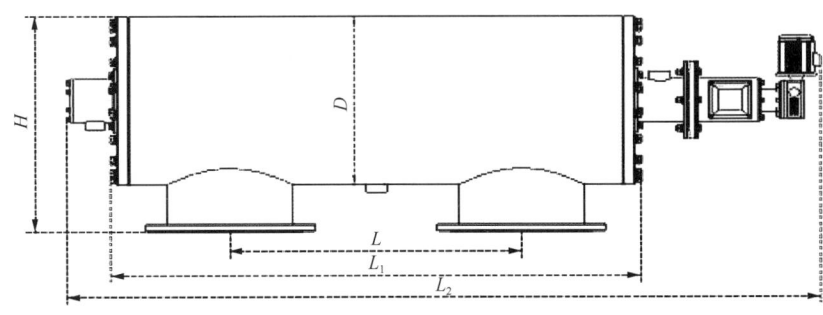

图7.2 反冲洗过滤器尺寸

YP≈BWMS®压载水管理系统反冲洗过滤器压损如图7.3所示。由图可知,所有基线均在设备正常运作情况下。数值采用自由空气下20℃的水,运动黏度$\gamma = 1 \text{ mm}^2/\text{s}$。

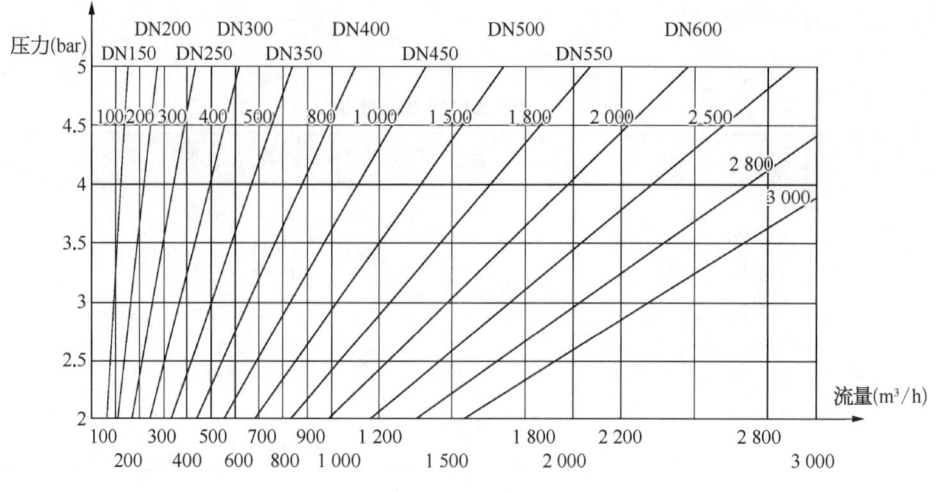

图 7.3 反冲洗过滤器压损

2) 反冲洗过滤器主要部件

(1) 粗滤网。

粗滤网如图 7.4 所示,为 SUS316L 不锈钢板直接冲孔制成,耐压性能好,表层过滤,可反复使用,寿命长。其参数见表 7.4。

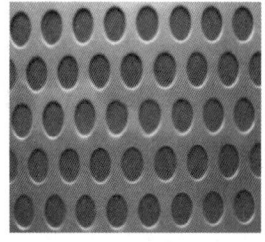

图 7.4 粗滤网

表 7.4 粗滤网参数

过滤精度	2 mm
材　　质	SUS316L 不锈钢
滤网长度	根据反冲洗过滤器型号而定
滤网直径	根据反冲洗过滤器型号而定
过滤方向	由外向内

(2) 细滤网。

细滤网如图 7.5 所示,为多层烧结金属网,采用多层金属编制丝网,通过特殊的叠层压制与真空烧结工艺制造而成,具有较高机械强度和整体刚性结构。其参数见表 7.5。

表 7.5 细滤网参数

过滤精度	40 μm
材　　质	SUS316L 不锈钢多层烧结网
滤网长度	根据反冲洗过滤器型号而定
滤网直径	根据反冲洗过滤器型号而定
过滤方向	由内向外

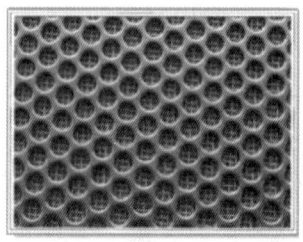

图 7.5 细滤网

(3) 接近传感器。

接近传感器安装在距离行程碟片 1 mm 处。其外形、技术参数和接线图参见 6.1 节。

(4) 减速机。

减速机由电机和减速箱组合而成,起作用是在清洗滤网时,电机带动减速箱内的蜗轮、蜗杆及减速齿轮组减速,驱动丝杆带动吸污管旋转,使吸污头沿滤网壁左右一边旋转,一边移动,完成对滤网的清洗。减速机如图 7.6 所示,其参数见表 7.6。

表 7.6　减速机参数

箱体材质	铝合金
中 心 距	63 mm
减 速 比	100
许可径向加载力	根据反冲洗过滤器型号而定

图 7.6　减速机

(5) 高压清洗泵。

YP≈BWMS® 压载水管理系统中的高压清洗泵是一种轻型立式多级离心泵,连接反冲洗过滤器的清水腔,在反冲洗过滤器对滤网清洗时,为反冲洗过滤器提供高压清洗水。高压清洗泵如图 7.7 所示,其参数见表 7.7。

图 7.7　高压清洗泵

表 7.7　高压清洗泵参数

液体温度	-15～120℃
连接方式	法兰连接
电机功率	根据反冲洗过滤器型号而定
电机转速	根据反冲洗过滤器型号而定
额定流量	根据反冲洗过滤器型号而定
材　　质	SUS316L 不锈钢
重　　量	根据反冲洗过滤器型号而定

(6) 污水泵。

YP≈BWMS® 压载水管理系统中的污水泵是一种单级式离心泵,与反冲洗过滤器的污水腔连接,在反冲洗过滤器对滤网清洗时,将反冲洗过滤器内的污水排出。污水泵如图 7.8 所示,其参数见表 7.8。

(7) 压差变送器。

压差变送器安装于反冲洗过滤器的进出口之间,其外形及技术参数参见 6.1 节。

图 7.8 污水泵

表 7.8 污水泵参数

电机转速	2 900 r/min
电机功率	1.5 kW
汽蚀余量	2.3～2.5 NPSH
流　　量	8.8～16.3 m³/h
扬　　程	17.8～21.2 m
效　　率	49%～57%
重　　量	38 kg

3) 反冲洗过滤器工作原理

YP≈BWMS®反冲洗过滤器过滤精度为 40 μm，可自动完成滤网的清洗。海水经压载泵由反冲洗过滤器进口进入粗滤网，由粗滤网初过滤，将直径大于 2 mm 的杂质过滤。海水由粗滤网流至细滤网进行二次过滤，将直径大于 40 μm 的杂质过滤掉。经两次过滤的海水由反冲洗过滤器出口排出，完成海水过滤过程。当杂质在细滤网上聚集达到一定数量时，反冲洗过滤器进、出口之间会形成压力差，当此压力差达到预定值时，由 PLC 控制的减速机、污水泵、排污电磁阀和高压清洗泵适时启动。减速机带动清洗管、吸污管、喷水管在反冲洗过滤器腔体内沿细滤网做 360°圆周运动，同时经由清水腔的高压清洗水由喷嘴喷至细滤网，细滤网另一面的吸污嘴将附着在细滤网的杂质（泥沙等沉淀物）吸入至吸污管，最后杂质由污水腔经污水泵排出。至此，反冲洗过滤器完成一个自清洗过程。需要指出的是海水过滤与滤网的自清洗是同时进行，两者互不干扰。

4) 反冲洗过滤器的维护说明

YP≈BWMS®反冲洗过滤器在维护之前和维护之后必须检查所有安装部件和工作介质，以避免无意识的运行。

(1) 进行维护工作时保证做到以下五点：

① 切断电源主开关。

② 放置警示牌，以免再次启动。

③ 检查连接各个单元的输入和输出管路，并将阀门开、关指示牌放置在有关阀门上。

④ 维护工作结束后，检查所有的安全装置是否正常运行。

⑤ 检查所有的连接件（螺纹和接头）是否拧紧固定。

(2) 安装时必须注意以下事项：

① 确认反冲洗过滤器的进、出口（在反冲洗过滤器壳体上有标识）。

② 将反冲洗过滤器安装到位后，检查控制管线及各部件的连接是否紧固。

③ 检查控制管线有无被挤压变形的情况，如有须进行处理，否则将直接影响反冲洗过滤器的正常工作。

④ 检查由排污阀接出的排污管道：

A. 检查排污管道的安装是否水平,尽量减少弯路。

B. 确认排污管道的出口直接接触大气,如果管道内有压力,在反清洗时排污阀将不会关闭,直接影响反冲洗过滤器的正常工作。

C. 电磁阀排水端接出的管线同样也是直接接触大气,禁止在其管线内通有压力。

⑤ 确认电路、电缆连接部分做好防水处理,并没有被水淋的可能。

⑥ 完成以上的确认后,如果反冲洗过滤器出口安装了阀门,将其打开,然后缓慢打开进口阀门,确认没有渗漏的现象,然后接通电源。

⑦ 安装完成后或在安装中出现问题时,须联系专业技术人员进行调试或解答。

反冲洗过滤器的工作条件见表7.9。

表7.9 反冲洗过滤器工作条件

工作环境	工作参数	工作环境	工作参数
环境温度	≥0℃	最小工作压力	2 bar
工作温度	≤65℃	最大工作压力	10 bar

若现场的工作条件与以上条件不符,须联系生产厂商或代理商做出解决方案。

5) 反冲洗过滤器调试[63,68]

① 仔细检查反冲洗过滤器控制管线的连接。

② 缓慢打开反冲洗过滤器的入口阀门(如果反冲洗过滤器安装了出口阀门,应先将其打开),确认工作压力没有异常。

③ 查看反冲洗过滤器各连接处是否有渗漏。

④ 检查反冲洗过滤器附属设备(污水泵、高压清洗泵等),确保其能够正常工作。

YP≈BWMS® 反冲洗过滤器由七个单元组成,如图7.9所示,其各部件名称见表7.10。

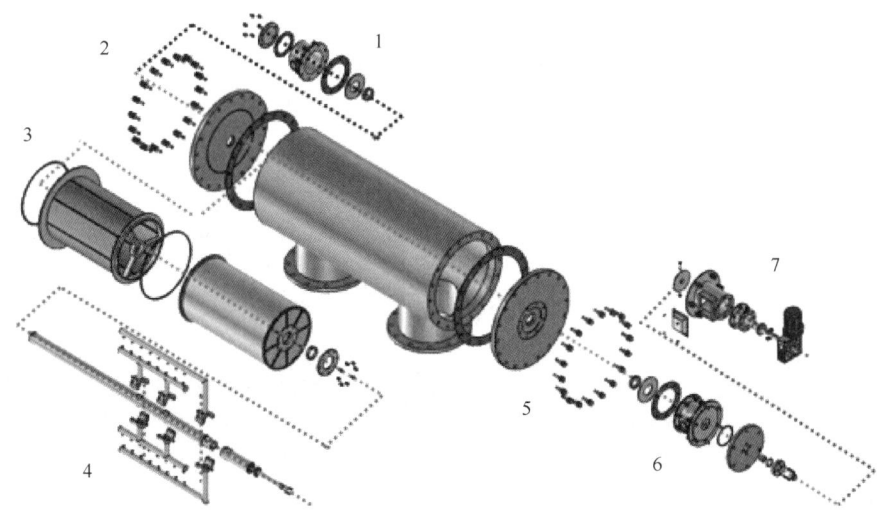

图7.9 YP≈BWMS® 反冲洗过滤器分解结构

表 7.10 YP≈BWMS® 反冲洗过滤器各部件明细

序号	名称	数量
1	污水腔单元	1
2	反冲洗过滤器进口端盖	1
3	反冲洗过滤器滤网组件	1
4	吸污管、清洗管组件	1
5	反冲洗过滤器出口端盖	1
6	清水腔单元	1
7	减速机构组件	1

（1）污水腔单元。

污水腔是过滤系统中重要的部件，也是反冲洗过滤器的污水聚集处，由排污口连接管道，将污水排出舷外，确保反冲洗过滤器在良好状态下运行。其分解结构如图 7.10 所示，各部件名称见表 7.11。

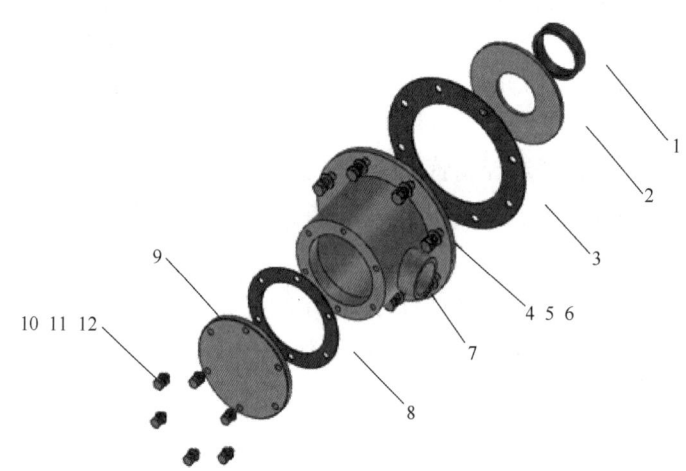

图 7.10 污水腔单元分解结构

表 7.11 污水腔单元分解结构部件明细

序号	名称	材质	数量
1	吸污管耐磨环	聚四氟乙烯	1
2	耐磨环压盖	不锈钢	1
3	密封垫片	软木橡胶	1
4	平垫片	不锈钢	8
5	弹簧垫片	不锈钢	8
6	紧固螺栓	不锈钢	8
7	污水腔腔体	不锈钢	8
8	密封垫片	软木橡胶	1

(续表)

序 号	名 称	材 质	数 量
9	污水腔盖板	不锈钢	1
10	平垫片	不锈钢	6
11	弹簧垫片	不锈钢	6
12	紧固螺栓	不锈钢	6

① 污水腔单元拆卸与安装时应按以下步骤进行：

A. 关闭反冲洗过滤器进、出口阀门，断开电源。

B. 确保反冲洗过滤器在维修前已将水排尽。

C. 拆除污水腔盖板的螺栓及垫圈 10、11、12。

D. 拆卸污水腔盖板 9 及垫片 8。

E. 检查、清洁污水腔内的沉积物。

F. 复装污水腔盖板及垫片。

G. 打开反冲洗过滤器的进、出口阀门，接通电源。

H. 检查有无渗漏现象。

I. 拆卸过程中，切记所拆下的零件数量，并目测检查，妥善保存。

② 在吸污管耐磨环更换时应按以下步骤进行：

A. 关闭反冲洗过滤器进、出口阀门，断开电源。

B. 确保反冲洗过滤器在维修前已将水排尽。

C. 拆除固定于反冲洗过滤器进口端盖的螺栓及垫圈 4、5、6。

D. 拆卸污水腔腔体 7。

E. 拆卸污水腔腔体密封垫片 3。

F. 取出污水腔耐磨环压盖 2。

G. 将耐磨环取出，并复装新的耐磨环 1。

H. 装上耐磨环压盖 2。

I. 拧紧固定污水腔的紧固螺栓，将耐磨环压紧。

J. 打开反冲洗过滤器的进、出口阀门，接通电源。

K. 检查有无渗漏现象。

L. 拆卸过程中，切记所拆下的零件数量，并目测检查，妥善保存。

（2）反冲洗过滤器进口端盖。

反冲洗过滤器进口端盖的维护与安装如图 7.11 所示，其各部件名称见表 7.12。

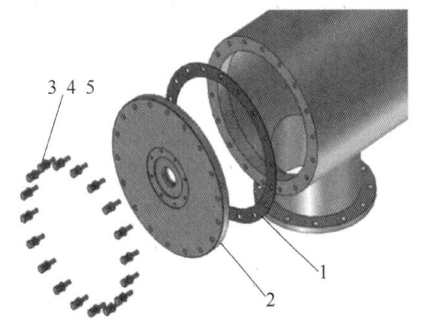

图 7.11 反冲洗过滤器进口端盖分解结构

表 7.12 反冲洗过滤器进口端盖部件明细

序 号	名 称	材 质	数 量
1	反冲洗过滤器端盖垫片	软木橡胶	1
2	反冲洗过滤器进口端盖	不锈钢	1
3	平垫片	不锈钢	18
4	弹簧垫片	不锈钢	18
5	紧固螺栓	不锈钢	18

反冲洗过滤器进口端盖拆卸与安装时应按以下步骤进行：

① 关闭反冲洗过滤器进、出口阀门，断开电源。
② 确保反冲洗过滤器在维修前已将水排尽。
③ 依次拆除反冲洗过滤器进口端盖及垫圈。
④ 检查密封件使用情况，必要时换新。
⑤ 安装反冲洗过滤器进口端盖的螺栓及垫圈。
⑥ 装上反冲洗过滤器进口端盖 2。
⑦ 打开反冲洗过滤器的进、出口阀门，接通电源。
⑧ 检查有无渗漏现象。
⑨ 拆卸过程中，目测检查拆下的零件，并妥善保存。

（3）反冲洗过滤器滤网组件。

反冲洗过滤器滤网组件主要由粗滤网和细滤网，以及滤网支撑环和细滤网密封套件组成，如图 7.12 所示，其各部件见表 7.13。

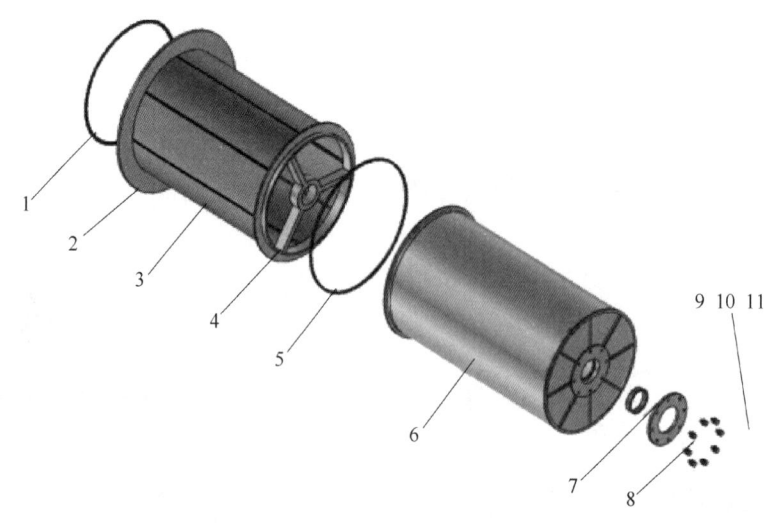

图 7.12 反冲洗过滤器滤网组件分解结构

表 7.13 反冲洗过滤器滤网组件明细

序号	名称	材质	数量
1	粗滤网密封圈	软木橡胶	1
2	粗滤网定位环	不锈钢	1
3	粗滤网	不锈钢	1
4	滤网支撑环	不锈钢	1
5	O 形圈	氟橡胶	1
6	细滤网	不锈钢	1
7	密封圈	聚四氟乙烯	3
8	细滤网盖板	不锈钢	1
9	平垫片	不锈钢	8
10	弹簧垫片	不锈钢	8
11	紧固螺栓	不锈钢	8

① 粗滤网。

粗滤网为 SUS316L 不锈钢孔板和加强支撑焊接而成,过滤精度为 2 mm。粗滤网在反冲洗过滤器的入水口位置,对水源中的较大杂质进行拦截,完成海水的初次过滤,以便细滤网能够更好地完成过滤。

A. 粗滤网的拆卸与安装应按以下步骤进行:

a. 关闭反冲洗过滤器进、出口阀门,断开电源。

b. 确保反冲洗过滤器在维修前已将水排尽。

c. 拆卸反冲洗过滤器进口端盖。

d. 从反冲洗过滤器进口端盖背部凹槽中取出粗滤网密封圈 1。

e. 将粗滤网从反冲洗过滤器腔体内取出 3。

f. 将检修后的粗滤网或新粗滤网复装滤网组件内。

g. 查看粗滤网密封圈是否嵌入反冲洗过滤器进口端盖背部的凹槽内。

h. 装上反冲洗过滤器进口端盖。

i. 打开反冲洗过滤器进、出口阀门,接通电源。

j. 检查有无渗漏现象。

B. 粗滤网在维护中还应注意以下事项:

a. 粗滤网与细滤网是通过滤网支撑环固定,在装粗滤网时,应确保粗滤网水平安装在反冲洗过滤器腔体内。

b. 在拆卸过程中,目测检查拆下的零件,并妥善保存。

② 细滤网。

细滤网为 SUS316L 不锈钢烧结网通过真空焊接而成,过滤精度为 40 μm。细滤网是反冲洗过滤器的核心部件,细滤网的好坏直接影响过滤的效果。因此,在初次选型时,必须要根据要求选择滤网。

A. 细滤网的拆卸与安装应按以下步骤进行:

a. 关闭反冲洗过滤器进、出口阀门,断开电源。

b. 确保反冲洗过滤器在维修前已将水排尽。

c. 打开传动腔体盖板,并拆除行程碟片连接螺栓(传动连接在此),使传动长轴与传动短轴分开。可参考"减速机构组件拆卸与安装"。

d. 拆卸反冲洗过滤器出口端盖(清水腔端)。

e. 小心移开"吸污管与清洗管组件"。

f. 按照本节"粗滤网的拆卸与安装"内容,拆掉粗滤网。

g. 取出滤网支撑环 4 和细滤网 O 形圈 5。

h. 拆卸"清洗管组件",并将"清洗管组件"从反冲洗过滤器出口端取出。

i. 将吸污长管从反冲洗过滤器进口端取出(手动旋转吸污管,直至从污水腔端顺利拉出为止)。

j. 从反冲洗过滤器进口端取出细滤网 6。

k. 检查细滤网 O 形圈 5 和密封圈 7,必要时换新。

l. 将细滤网和细滤网 O 形圈复装反冲洗过滤器腔体的卡槽内。

m. 参照"粗滤网的安装及拆卸"复装粗滤网 2。

n. 确保粗滤网密封圈嵌入反冲洗过滤器进口端盖背部的凹槽内,并复装反冲洗过滤器出口端盖。

o. 出口端复装"吸污管与清洗管组件"。

p. 复装反冲洗过滤器出口端盖。

q. 复装行程碟片,确保传动短轴与传动长轴可靠连接。可参考"减速机构组件拆卸与安装"。

r. 复装传动腔体盖板。

s. 打开反冲洗过滤器的进、出口阀门,接通电源。

t. 检查有无渗漏现象。

B. 细滤网在维护中还应注意以下事项:

a. 检查细滤网端部的 O 形圈及盘根,必要时换新。

b. 在复装细滤网时,细滤网要水平安装,避免与吸污管和清洗管组件磕碰。

c. 复装滤网组件后,吸污管与清洗管组件在反冲洗过滤器腔体内可自由旋转,且滤网与喷嘴和吸污嘴无碰触,且无异常声响(喷嘴距离细滤网外表面 2~3 mm,吸污嘴距离细滤网内表面 2~2.5 mm)。

(4) 吸污管与清洗管组件。

反冲洗过滤器吸污管与清洗管组件主要由吸污管和清洗管以及吸污管和清洗管的支撑总管套件组成,总管与吸污管相连的一端与吸污泵相连,与清洗管相连的一端与高压清洗泵相连,两侧互不导通,如图 7.13 所示,其各部件见表 7.14。

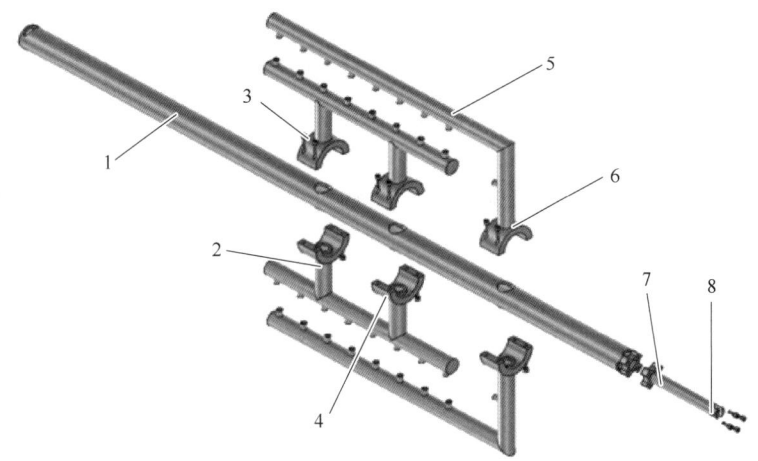

图 7.13　吸污管与清洗管组件分解结构

表 7.14　吸污管与清洗管组件明细

序号	名称	材质	数量
1	吸污长管	不锈钢	1
2	吸污支管	不锈钢	2
3	紧固螺栓	不锈钢	12
4	吸污支管 U 形拼合孔连接器	不锈钢	4
5	清洗支管	不锈钢	2
6	清洗支管 U 形拼合孔连接器	不锈钢	2
7	传动短轴	不锈钢	1
8	紧固螺栓	不锈钢	4

① 清洗管组件。

清洗管组件的材质为不锈钢,它的作用是提供反冲洗过滤器细滤网清洗水,清洗过程中对细滤网外表面喷射高压清洗水,在此过程中由减速机带动其进行轴向和圆周运动。

不同型号的反冲洗过滤器清洗管组件不同,其长度根据型号而定。

A. 清洗管组件的拆卸与安装应按以下步骤进行:

a. 关闭反冲洗过滤器进、出口阀门,断开电源。

b. 确保反冲洗过滤器在维修前已将水排尽。

c. 打开传动腔体盖板,并拆除行程碟片连接销钉(传动连接在此),使传动长轴与传动短轴分开。可参考"减速机构组件拆卸与安装"。

d. 拆卸反冲洗过滤器出口端盖(清水腔端)。

e. 拆除清洗管 U 形拼合孔连接器紧固螺栓,并将传动短轴 7 取出。

f. 将清洗支管组件 5 从反冲洗过滤器出口端缓慢取出。

g. 检查各个零件以及密封件的使用情况,必要时换新。

h. 复装清洗支管组件5。

i. 从反冲洗过滤器出口端将清洗管U形拼合孔连接器6紧固。

j. 检查吸污长管1、清洗支管5和转动短轴7的对中、紧固情况。

k. 装上反冲洗过滤器出口端盖(清水腔端)。

l. 复装行程碟片,确保传动短轴与传动长轴可靠连接。可参考"减速机构组件拆卸与安装"。

m. 复装传动腔体盖板。

n. 打开反冲洗过滤器的进、出口阀门,接通电源。

o. 检查有无渗漏现象。

B. 清洗管组件在维护中还应注意以下事项:

a. 清洗管组件安装时需要较好的同心度,因此在运输、安装过程中要避免对清洗管组件的磕碰。

b. 清洗管组件复装后,确保清洗管组件在反冲洗过滤器腔体内能够自由转动,无卡阻。

② 吸污管组件。

吸污管组件的材质为不锈钢,其作用是在反冲洗过滤器反清洗过程中完成对细滤网表面的杂质吸污,在此过程中由减速机带动其进行轴向和圆周运动。

不同型号的反冲洗过滤器吸污管组件也不同,其长度根据型号而定。

A. 吸污管组件的拆卸与安装应按以下步骤进行:

a. 关闭反冲洗过滤器进、出口阀门,断开电源。

b. 确保反冲洗过滤器在维修前已将水排尽。

c. 打开传动腔体盖板,并拆除行程碟片连接销钉(传动连接在此),使传动长轴与传动短轴分开。可参考"减速机构组件拆卸与安装"。

d. 拆卸反冲洗过滤器出口端盖(清水腔端)。

e. 拆卸反冲洗过滤器进口端盖(污水腔端)。

f. 从反冲洗过滤器进口端取出粗滤网。

g. 拆除清洗管U形拼合孔连接器紧固螺栓,并将传动短轴7取出。

h. 拆除清洗支管5(吸污管与清洗管连接部件拆解完毕)。

i. 将吸污长管1从反冲洗过滤器进口端缓慢取出(手动旋转吸污管,直至从污水腔端顺利拉出为止)。

j. 检查各个零件以及密封件的使用情况,必要时换新。

k. 复装滤网组件,参见"滤网组件拆解与安装"。

l. 复装吸污管组件2。

m. 复装清洗管组件5。

n. 从反冲洗过滤器出口端将清洗管U形拼合孔连接器6紧固。

o. 检查吸污长管1组件、吸污支管2和转动短轴7的对中、紧固情况。

p. 装上反冲洗过滤器进口端盖(污水腔端)。

q. 装上反冲洗过滤器出口端盖(清水腔端)。

r. 复装行程碟片,确保传动短轴与传动长轴可靠连接。可参考"减速机构组件拆卸与安装"。

s. 复装传动腔体盖板。

t. 打开反冲洗过滤器的进、出口阀门,接通电源。

u. 检查有无渗漏现象。

B. 吸污管组件在维护中还应注意以下事项:

a. 吸污管组件安装时需要较好的同心度,因此在运输、安装过程中要避免对吸污管组件的磕碰。

b. 吸污管组件复装后,确保吸污管组件在反冲洗过滤器腔体内能够自由转动,无卡阻。

（5）反冲洗过滤器出口端盖。

反冲洗过滤器出口端盖主要是对过滤器进行端面密封,同时为清水腔和减速机的安装提供支撑,如图 7.14 所示,其各部件见表 7.15。

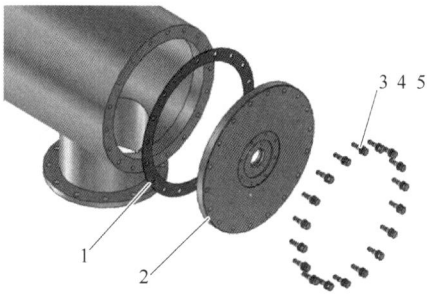

图 7.14 反冲洗过滤器出口端盖分解结构

表 7.15 反冲洗过滤器出口端盖部件明细

序 号	名 称	材 质	数 量
1	反冲洗过滤器端盖垫片	软木橡胶	1
2	反冲洗过滤器出口端盖	不锈钢	1
3	平垫片	不锈钢	18
4	弹簧垫片	不锈钢	18
5	紧固螺栓	不锈钢	18

① 当需要检修反冲洗过滤器清洗水管组件时,按图 7.14 所示依次打开反冲洗过滤器出水口端盖,对清洗水管组件进行检修。反冲洗过滤器出口端盖的拆卸与安装应按以下步骤进行:

A. 关闭反冲洗过滤器进、出口阀门,断开电源。

B. 确保反冲洗过滤器在维修前已将水排尽。

C. 依次拆除反冲洗过滤器出口端盖的螺母及垫圈。

D. 检查密封件使用情况,必要时换新。

E. 安装反冲洗过滤器出口端盖的螺栓及垫圈。

F. 装上反冲洗过滤器出口端盖 2。

G. 打开反冲洗过滤器的进、出口阀门,接通电源。

H. 检查有无渗漏现象。

② 反冲洗过滤器出口端盖在维护中还应注意以下事项:

A. 在滤网检修时可拆卸筒体端盖,检修时保持关机,关闭反冲洗过滤器进出口阀,并确保反冲洗过滤器内无积水。

B. 在拆卸过程中,目测检查拆下的零件,并妥善保存。

(6) 清水腔单元。

反冲洗过滤器的清水腔单元与出口端盖连接,减速机的短轴通过其中,带动清洗总管旋转,由清洗高压泵输入的清洗水由此单元进入清洗管,对细滤网的外表面进行高压冲洗,同时为减速机提供支撑。如图 7.15 所示,其各部件见表 7.16。

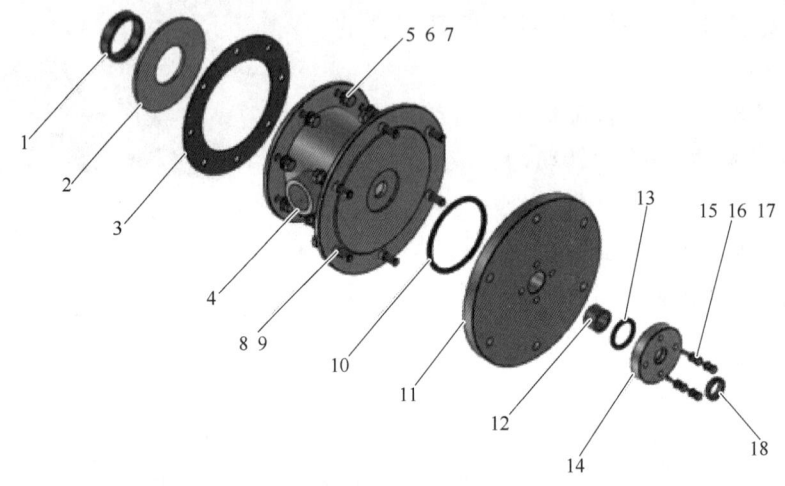

图 7.15 清水腔单元分解结构

表 7.16 清水腔单元部件明细

序 号	名 称	材 质	数 量
1	清洗管耐磨环	聚四氟乙烯	1
2	耐磨环压盖	不锈钢	1
3	密封垫片	软木橡胶	1
4	清水腔腔体	不锈钢	1
5	平垫圈	不锈钢	8
6	弹簧垫圈	不锈钢	8
7	紧固螺栓	不锈钢	8
8	平垫片	不锈钢	6
9	紧固螺栓	不锈钢	6
10	O 形圈	氟橡胶	1
11	清水腔填料端盖	不锈钢	1
12	盘根	聚四氟乙烯	3
13	O 形圈	氟橡胶	1
14	清水腔填料压盖	不锈钢	1

(续表)

序号	名称	材质	数量
15	平垫圈	不锈钢	4
16	弹簧垫圈	不锈钢	4
17	紧固螺栓	不锈钢	4
18	双向活塞封	聚氨酯	1

① 当需要检修反冲洗过滤器清水腔单元组件或旋转短轴时,按图 7.15 所示依次打开反冲洗过滤器清水腔单元,对清水腔单元组件进行检修。反冲洗过滤器清水腔单元的拆卸与安装应按以下步骤进行:

A. 关闭反冲洗过滤器进、出口阀门,断开电源。

B. 确保反冲洗过滤器在维修前已将水排尽。

C. 打开传动腔体盖板,并拆除行程碟片连接螺栓(传动连接在此)。

D. 拆除行程碟片连接螺栓,使传动长轴与传动短轴分开。可参考"减速机构组件拆卸与安装"。

E. 拆除减速机构与清水腔单元连接法兰,将减速机构与清水腔单元分离。可参考"减速机构组件拆卸与安装"。

F. 检查清水腔单元密封圈和双向活塞封的使用情况,必要时换新。

G. 复装减速机构与清水腔单元连接法兰。

H. 复装行程碟片,确保传动短轴与传动长轴可靠连接。可参考"减速机构组件拆卸与安装"。

I. 复装传动腔体盖板。

J. 打开反冲洗过滤器的进、出口阀门,接通电源。

K. 检查有无渗漏现象。

② 反冲洗过滤器清水腔单元在维护时还应注意以下事项:

A. 检修时系统保持关机,关闭反冲洗过滤器进出口阀,并确保反冲洗过滤器内无积水。

B. 在拆卸过程中,目测检查拆下的零件,并妥善保存。

③ 清洗管耐磨环更换应按以下步骤进行:

A. 关闭反冲洗过滤器进、出口阀门,断开电源。

B. 确保反冲洗过滤器在维修前已将水排尽。

C. 打开传动腔体盖板,并拆除行程碟片连接螺栓(传动连接在此)。

D. 拆除行程碟片连接螺栓,使传动长轴与传动短轴分开。可参考"减速机构组件拆卸与安装"。

E. 拆除减速机构与清水腔单元连接法兰,将减速机构与清水腔单元分离。可参考"减速机构组件拆卸与安装"。

F. 拆除固定于反冲洗过滤器出口端盖的螺栓 7 及垫圈 5、6。

G. 拆卸清水腔腔体 4。

H. 拆卸清水腔腔体密封垫片 3。

I. 拆卸清水腔耐磨环压盖 2。

J. 将耐磨环 1 取出,并复装新的耐磨环。

K. 装上耐磨环压盖 2。

L. 拧紧固定清水腔的紧固螺栓,将耐磨环压紧。

M. 复装减速机构与清水腔单元连接法兰。

N. 复装行程碟片,确保传动短轴与传动长轴可靠连接。可参考"减速机构组件拆卸与安装"。

O. 复装传动腔体盖板。

P. 打开反冲洗过滤器的进、出口阀门,接通电源。

Q. 检查有无渗漏现象。

④ 清洗管耐磨环在维护时还应注意以下事项:

A. 检修时系统保持关机,关闭反冲洗过滤器进出口阀,并确保反冲洗过滤器内无积水。

B. 在拆卸过程中,目测检查拆下的零件,并妥善保存。

(7)减速机构组件。

减速机构主要是对电机的旋转进行减速,通过短轴带动反冲洗过滤器清洗机构旋转的机构,它安装在清水腔单元的端部,如图 7.16 所示,其部件明细见表 7.17。

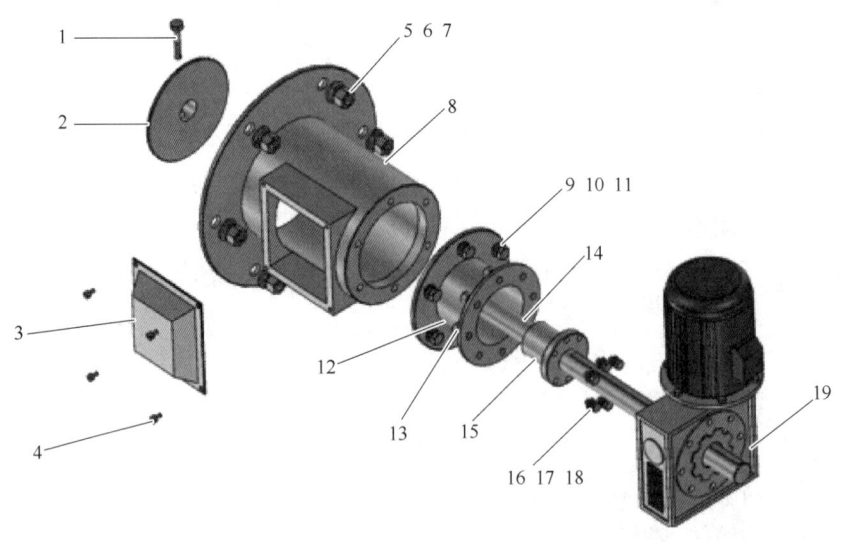

图 7.16 减速机构组件分解结构

减速机构组件拆卸与安装依据图 7.16 所示进行。当需要检修细滤网、吸污管、清洗管,更换清水腔盘根,更换清洗管耐磨环时,都须将传动轴连接拆卸。

① 减速机构组件拆卸与安装时应按以下步骤进行:

表 7.17　减速机构组件明细

序号	名称	材质	数量
1	行程碟片连接销钉	不锈钢	1
2	行程碟片	不锈钢	1
3	传动腔体盖板	不锈钢	1
4	紧固螺栓	不锈钢	4
5	平垫圈	不锈钢	6
6	弹簧垫圈	不锈钢	6
7	紧固螺母	不锈钢	6
8	传动腔体	不锈钢	1
9	平垫圈	不锈钢	6
10	弹簧垫圈	不锈钢	6
11	紧固螺栓	不锈钢	6
12	减速机连接底座	不锈钢	1
13	紧固螺栓	不锈钢	8
14	传动长轴	不锈钢	1
15	丝杆螺母	不锈钢	1
16	平垫圈	不锈钢	6
17	弹簧垫圈	不锈钢	6
18	紧固螺栓	不锈钢	6
19	减速机	铝合金	1

A. 关闭反冲洗过滤器进、出口阀门,断开电源。

B. 确保反冲洗过滤器在维修前已将水排尽。

C. 拆除传动腔体盖板的螺栓。

D. 拆除传动腔体盖板(传动连接在此)。

E. 拆除行程碟片连接螺栓,使传动长轴与传动短轴分开。

F. 检查各零件的使用情况。

G. 复装行程碟片,确保传动短轴与传动长轴可靠连接。

H. 复装传动腔体盖板。

I. 打开反冲洗过滤器的进、出口阀门,接通电源。

J. 检查有无渗漏现象。

② 减速机构组件在维护中还应注意以下事项:

A. 在安装行程碟片时,要确保行程碟片连接销钉紧固,防止松脱。

B. 非必要请不要随意拆掉丝杆螺母,可在传动丝杆上涂抹润滑油脂,以便传动机构良好运行。

C. 减速机在投入运行前必须加入适当黏度的润滑油,以使齿轮间摩擦减小,遇高负荷及冲击负荷时,减速机才能充分发挥其机能。

D. 减速机首次运行 200 h 左右,必须将润滑油放掉,冲洗干净,然后重新加入新的润滑油至油标中心,油位过高或过低都可能导致运转温度升高。

减速机使用的润滑油牌号见表7.18。

表7.18 推荐润滑油牌号

润滑油类型	油 润 滑				脂润滑	专用润滑油	
环境温度(℃)	0~40	−15~25	−30~10	−50~−20	−15~40	−40~80	−40~10
ISO 粘度	VG220	VG100 VG150	VG68-46 VG32	VG22 VG15		VG220	VG32
BP	BP Energol GR-XP220	BP Energol GR-XP100	BP Energol GR-XP68	BP Energol LPT22	BP Energol HT-EP 00		
Mobil	Mobilgear 630	Mobilgear 629	Mobil D.T. E 15M	Mobil D.T. E 11M	Mobilplex 44	Mobil SHC 630	Mobil SHC 624
Shell	Shell Omala Oil 220	Shell Omala Oil 100	Shell Tellus Oil T32	Aero Shell Fluid 41	Shell Grease S3655		

7.2.2 其他过滤设备的维护

压载水管理系统的过滤预处理装置中还有旋流过滤器、超声空穴净化器、超声清洗器和膜滤器等,由于这些预处理过滤装置在其装置的系统结构上相对于反冲洗过滤器来说相对简单,因此本书仅就这几个压载水预处理过滤装置在工作维护过程中的注意事项予以介绍。

1) 旋流过滤器的维护

旋流过滤器[69]是利用压载水进入旋流器腔体内的水流的离心力将密度大于海水的杂质分离的设备,如图7.17所示。其结构相对简单,整个装置由SUS316L不锈钢焊接而成,水流从涡旋进口进入,污水从底流口流出,清水则从上部的溢流口流出,没有附加的机械结构。

旋流过滤器腔体的内壁面在旋流分离过滤中,长期承受泥沙对壁面的磨损,特别是在旋流过滤器的底流口处,由于此处水中的泥沙含量高,旋转速度快,因此磨损较大,需要定期对旋流过滤器底流口部分的壁厚进行检测。

旋流过滤器在维护中需要注意以下事项:

(1) 接通污水泵电源,用清水冲洗排污管,将底流口处污水及污泥冲净。

(2) 关闭旋流过滤器进、出口阀门,断开系统电源。

(3) 确保旋流过滤器在维修前已将水排尽。

(4) 拆除涡旋进水口法兰上的螺栓。

(5) 拆除溢流口法兰上的螺栓。

(6) 拆除底流口法兰上的螺栓。

(7) 检查底流口周边的磨损情况,必要时更换。

(8) 复装后打开旋流过滤器的进、出口阀门,接通系统电源。

(9) 检查有无渗漏现象。

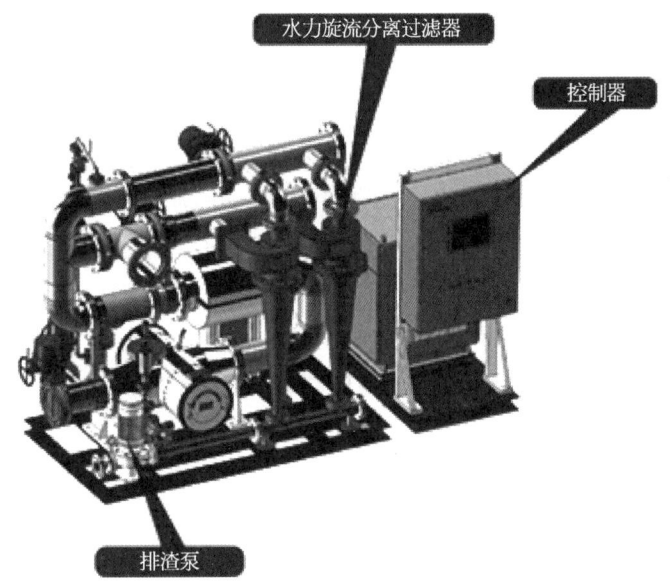

图 7.17 在压载水管理系统中的旋流过滤器

2) 超声空穴净化器的维护

超声空穴净化器[69]是利用超声波的空穴效应对压载水内的微生物的细胞膜表面进行冲击,使细胞膜在超声气穴空泡的高压和机械剪切力的作用下萎缩或破裂的设备。如图 7.18 所示,在保护罩内部壳体的四个面上均匀布置有超声振子,超声腔内安装有传振网,由于超声的气穴作用,易在超声腔内形成汽蚀。对于编织的传振网,由于其网孔 SUS316L 不锈钢金属丝直径细,在汽蚀作用下容易破裂,影响传振功效,而在超声腔与进出口法兰连接的方变圆的连接处也在汽蚀和强烈的超声振动作用下易于破裂。此外,超声振子的寿命在 3 000 h 左右,由于振子在超声气穴腔壁上不断振动,会引发振子电源导

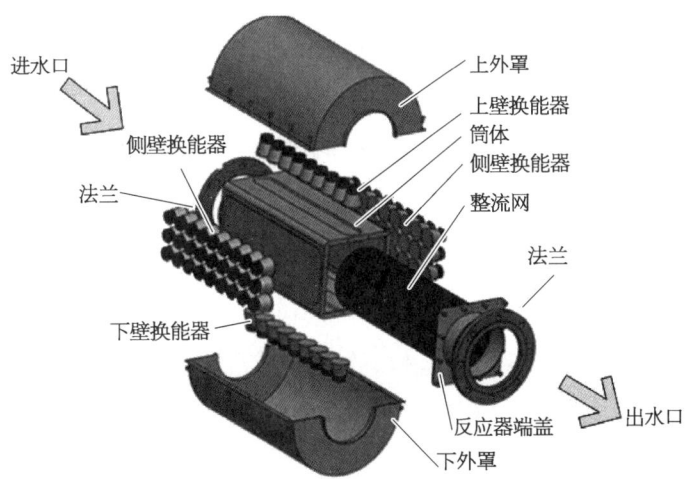

图 7.18 超声气穴净化器分解结构

线的松动、脱落,也需要维护。因此,超声气穴净化器的维护分为腔体结构维护和振子维护。

(1) 腔体结构的维护:

① 关闭超声气穴净化器进、出口两端的阀门,断开系统电源。

② 确保超声气穴净化器在维修前已将水排尽。

③ 在适当支撑下,拆除超声气穴净化器进水口法兰上的螺栓。

④ 在适当支撑下,拆除超声气穴净化器出水口法兰上的螺栓。

⑤ 移出超声气穴净化器,检查进出水口周边及传振网的破损情况,必要时更换。

⑥ 复装后打开超声气穴净化器的进、出口两端阀门,接通系统电源。

⑦ 检查有无渗漏现象。

(2) 振子的维护:

① 断开系统电源。

② 拆除超声气穴净化器防护罩法兰上的螺栓。

③ 打开防护罩,检查超声振子上的电源电缆是否松动或脱落,检查超声振子是否工作,必要时更换。

④ 复装后打开超声气穴净化器的进、出口两端阀门,接通系统电源,检查超声气穴净化器是否启振。

⑤ 检查有无渗漏现象。

3) 超声清洗器的维护

在压载水防海生物管理系统中,超声波清洗器分为两类:一类是柱状超声波清洗器,用于安装在多滤芯反冲洗过滤器内,对旋转至附近的待冲洗滤芯进行超声清洗,如图 7.19 所示;另一类是多振子面状超声波清洗器,垂直于压载水流动方向,安装在无机械除垢机构的 UVC 杀菌器上,对紫外灯管石英护套进行清洗,如图 7.20 所示。该装置面对石英护套,在压载水防海生物管理系统工作时一并工作,防止石英护套上结垢。

(1) 柱状超声波清洗器的维护[70]:

① 关闭多芯反冲过滤器进、出口阀门,断开电源。

② 确保多芯反冲过滤器维修前已将水排尽。

③ 拆除多芯反冲过滤器上端盖上柱状超声波清洗器法兰上的螺栓。

④ 取出柱状超声波清洗器检查,并检查密封橡胶垫是否破损,必要时更换。

⑤ 复装后打开多芯反冲过滤器进、出口阀门,接通电源。

⑥ 检查有无渗漏现象。

图 7.19 柱状超声波清洗器

(2) 面状超声波清洗器的维护:

① 关闭无机械清洗机构的 UVC 杀菌器进、出口两端的阀门,断开电源。

② 确保无机械清洗机构的 UVC 杀菌器维修前已将水排尽。

③ 拆除无机械清洗机构的 UVC 杀菌器面状超声波清洗器护罩端盖法兰上的螺栓。

④ 检查面状超声波清洗器,检查密封橡胶垫是否破损,必要时更换。
⑤ 复装后打开无机械清洗机构的 UVC 杀菌器进、出口两端阀门,接通电源。
⑥ 检查有无渗漏现象。

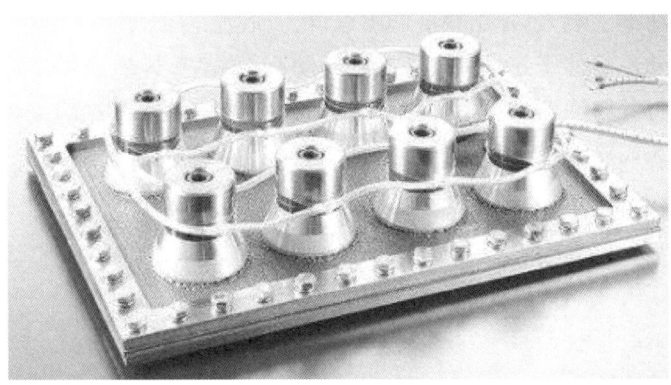

图 7.20 面状超声波清洗器

4) 膜滤器的维护

膜滤器[71]是用于惰性气体杀菌系统的预处理滤器,具有过滤精度高的特点。其结构及工作原理如图 7.21 所示。压载水从滤器进口进入,通过膜滤芯进行过滤,当膜滤芯被杂质堵塞后,系统关闭进、出水阀,打开排污阀和压缩空气阀,向膜滤芯内注入高压空气,将附着在膜滤芯上的杂质吹除掉,由排污管排出。

 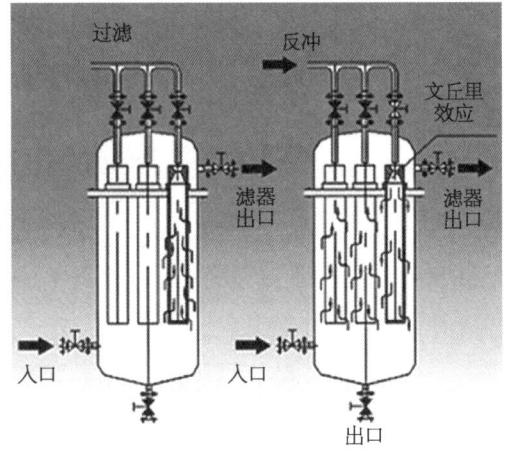

图 7.21 膜滤器滤芯排列及原理

由于膜滤芯精度高,孔隙率为 10 μm,因此在含泥沙较多的近岸水域或内河港口装载工作时易于堵塞,所以需要经常维护。其维护中必须按以下步骤进行:

(1) 关闭膜滤器进、出口两端的阀门,断开电源。
(2) 确保膜滤器维修前已将水排尽。
(3) 拆除膜滤器上端盖上的高压空气管及电磁阀。
(4) 拆除膜滤器上端盖上法兰上的螺栓。
(5) 移除膜滤器上端盖,掉出膜滤芯组件,检查膜滤芯。
(6) 检查膜滤芯组件密封垫和膜滤芯密封圈,上端盖密封垫是否破损,必要时更换。
(7) 复装后打开膜滤器进、出口两端阀门,接通电源。
(8) 检查有无渗漏现象。

7.3 杀菌器的维护

7.3.1 UVC 杀菌器的维护

YP≈BWMS®中压紫外线杀菌装置由三个部分组成[63],如图 7.22 所示,其部件明细见表 7.19。

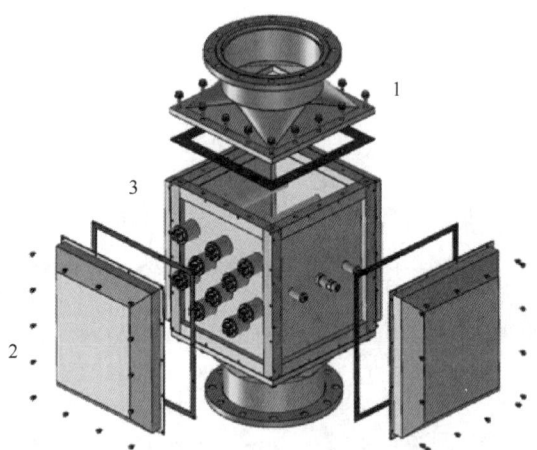

图 7.22 YP≈BWMS®紫外线杀菌装置分解结构

表 7.19 YP≈BWMS®紫外线杀菌装置部件明细

序 号	名 称	材 质	数 量
1	进出口组件	不锈钢	2
2	腔体盖板组件	不锈钢	4
3	紫外灯管密封组件	不锈钢	10

1) 进出口组件

YP≈BWMS® 紫外线杀菌装置进出口组件如图7.23所示,组件明细见表7.20。

(1) 进出口组件拆卸与安装时应按以下步骤进行:

① 关闭中压紫外线杀菌装置进、出口阀门,断开电源。

② 确保中压紫外线杀菌装置在维修前已将水排尽。

③ 拆除中压紫外线杀菌装置进出口组件的螺栓4及垫圈2、3。

④ 检查中压紫外线杀菌装置进出口组件垫片5破损情况,必要时换新。

⑤ 将中压紫外线杀菌装置进出口安装件装复。

⑥ 打开中压紫外线杀菌装置的进、出口阀门,接通电源。

⑦ 检查有无渗漏现象。

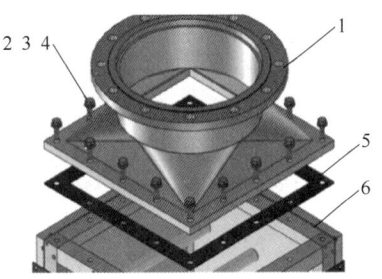

图 7.23 紫外线杀菌装置进出口组件分解结构

表 7.20 紫外线杀菌装置进出口组件明细

序号	名称	材质	数量
1	进出口组件	不锈钢	1
2	平垫片	不锈钢	16
3	弹簧垫片	不锈钢	16
4	紧固螺栓	不锈钢	16
5	垫片	软木橡胶	1
6	腔体	不锈钢	1

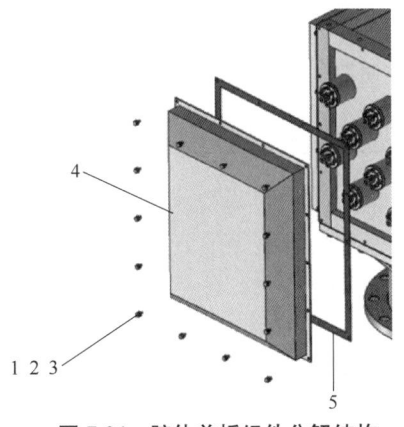

图 7.24 腔体盖板组件分解结构

(2) 进出口组件在维护中还应注意以下事项:

① 检修时,系统保持关机,关闭中压紫外杀菌装置进出口阀,并确保装置腔体内无积水。

② 在拆卸过程中,切记所拆下的零件数量,并目测检查,妥善保存。

2) 腔体盖板组件

腔体盖板组件如图7.24所示,作用是保护紫外灯管组件,组件明细见表7.21。

(1) 当需要检修紫外线杀菌组件、紫外灯管密封组件、传感器时,按照图7.24所示,依次拆卸中压紫外杀菌装置腔体盖板,对各个组件进行检修。具体步骤如下:

① 关闭进、出口阀门,断开电源。

② 确保紫外杀菌装置在维修前已将水排尽。

表 7.21　腔体盖板组件明细

序号	名　称	材　质	数量
1	弹簧垫片	不锈钢	14
2	平垫片	不锈钢	14
3	紧固螺栓	不锈钢	14
4	腔体盖板	不锈钢	1
5	腔体盖板垫片	软木橡胶	1

③ 依次拆卸中压紫外线杀菌装置腔体盖板 4、螺栓 3 及垫片 1、2。

④ 检查中压紫外线杀菌装置盖板组件垫片 5 破损情况，必要时换新。

⑤ 复装中压紫外线杀菌装置腔体盖板螺栓及垫片。

（2）腔体盖板组件在维护中还应注意以下事项：

① 检修时保持关机，关闭中压紫外线杀菌装置进、出口阀，并确保紫外线杀菌装置内无积水。

② 在拆卸中压紫外线杀菌装置腔体盖板时，谨防盖板余温烫伤。

③ 在拆卸过程中，目测检查拆下的零件，并妥善保存。

3）紫外灯管密封组件

紫外灯管密封组件如图 7.25 所示，部件明细见表 7.22。

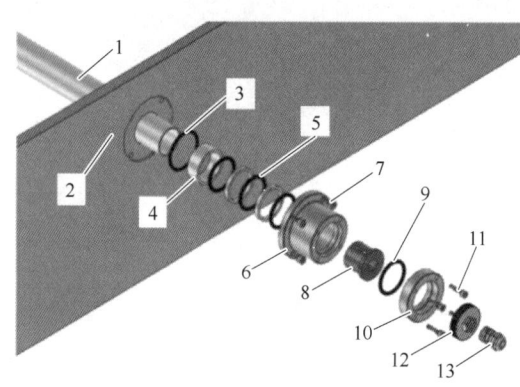

图 7.25　紫外灯管密封装置分解结构

表 7.22　紫外灯管密封装置部件明细

序号	名　称	材　质	数量
1	石英套管	石英	1
2	中压紫外杀菌装置腔体	不锈钢	1
3	O 形圈	三元乙丙橡胶	1
4	密封衬套	聚四氟乙烯	3
5	O 形圈	三元乙丙橡胶	4
6	灯管出线端底座	不锈钢	1
7	紧固螺栓	不锈钢	4
8	灯管衬套	聚四氟乙烯	1
9	O 形圈	三元乙丙橡胶	1
10	灯管出线端压盖	不锈钢	1
11	紧固螺栓	不锈钢	4
12	电缆填料函底座	不锈钢	1
13	电缆防水填料函	铜合金	1

(1) 当需要更换紫外灯管、检查或清洗石英套管时,按照图7.25依次拆卸紫外灯管密封装置的相关零件,对相关零件进行检修。具体步骤如下:

① 关闭中压紫外杀菌装置进、出口阀门,断开电源。

② 确保中压紫外杀菌装置在维修前已将水排尽。

③ 拆卸需维护紫外灯管的电缆线,并做好标记。

④ 拆卸电缆防水填料函13和电缆填料函底座12。

⑤ 取出紫外灯管衬套8。

⑥ 小心抽出紫外灯管。

⑦ 拆除灯管出线端压盖10,并妥善保存。

⑧ 拆除灯管出线端底座6。

⑨ 在紫外灯管相对的一边,将灯管末端底座拆除。此时,石英套管密封装置拆解完毕,小心取出石英套管。

⑩ 检查石英套管、紫外灯管、密封件状况,必要时清洗或换新。

⑪ 将O形圈3和密封衬套4套在石英套管上。

⑫ 复装灯管出线端底座与灯管末端底座。

⑬ 依次复装密封件及灯座压盖。

⑭ 对紫外灯管密封装置试压,并确保无泄漏。

⑮ 确保紫外灯管密封装置无漏泄,连接并紧固紫外灯管电缆线和电缆防水接头。

注:在压载水管理系统工作时,由于紫外灯管的损坏需要对紫外灯管在线更换与安装,即在不关闭或停止中压紫外杀菌装置时,对故障紫外灯管进行维护。其在线安装与更换步骤应参考以上步骤中①~⑥的描述说明。

(2) 紫外灯管密封组件在维护中还应注意以下事项:

① 紫外灯管密封装置检修时应保持系统关机,关闭中压紫外杀菌装置进、出口阀,并确保中压紫外杀菌装置内无积水。

② 在拆卸过程中,目测检查拆下的零件,并妥善保存。

③ 紫外灯管密封装置检修前请稍等片刻(3~5 min),待各零件冷却后,再进行拆装作业。

④ 石英套管、紫外灯管与陶瓷衬套为易碎物品,在对其拆卸、更换以及安装、维护过程中,应特别小心。拆卸后应妥善保存,以免造成人身及零件的损害、损伤。

⑤ 石英套管清洗液可能会造成人员身体不适,在手动清洗石英套管时,请做好必要的防护措施,应在通风场所或户外下进行,并注意清洗作业处所的防火防爆。

⑥ 保持紫外灯管表面整洁,不要用手直接碰触紫外灯管的发光段。

⑦ 紫外灯管密封装置复装后,注意密封装置中石英套管端面密封。并保持装置表面干燥。

4) 紫外灯管的使用寿命

YP≈BWMS®压载水管理系统紫外灯管正常使用寿命为1 500 h左右。紫外灯管的使用寿命根据其使用工况而不同(如启停频率、冷却情况等)有所波动,因此在使用中要随时监测,确保紫外灯管的正常运行。

5) 石英套管清洗

石英套管是紫外杀菌装置中不可或缺的配件。其作用是保护紫外灯管不受水流冲击,同时保证紫外灯管的透光率。YP≈BWMS® 压载水管理系统的石英套管具有高纯度、高透光率(90%以上)的特点。

虽然 YP≈BWMS® 压载水管理系统拥有石英套管自动清洗装置,根据水质情况,中压紫外杀菌装置工作 6 个月(或认为必要的时间),就需要对石英套管拆出清洗。

(1) 石英套管清洗步骤如下:

① 关闭中压紫外杀菌装置电源,并挂上警示牌。

② 将中压紫外杀菌装置海水排净,并确认进、出口阀门已关闭。

③ 小心取出需清洗的石英套管,观察石英套管状况,若石英套管破损应换新。

④ 用海绵或棉质抹布清洗石英套管。

(2) 石英套管在维护中还应注意以下事项:

① 再次阅读安全注意事项,并做好防护措施。

② 石英套管清洗液可能会损伤皮肤以及造成人员身体不适,清洗时请做好防护工作。

③ 石英套管清洗必须在通风且无发生火灾、爆炸等直接或潜在危险存在的场所进行。

④ 石英套管清洗液具有刺激性气味,若感到明显不适或其他不良反应,应立即停止清洗作业,并封存清洗液,妥善保存。将不适人员带至通风场所,必要时就医。

⑤ 将清洗完毕的石英套管表面擦拭干净,并妥善存放。

⑥ 更多有关石英套管清洗信息请联系设备制造商或代理商。

6) 配电及控制

配电及控制系统良好、稳定的工作状态是设备能够正常运行的关键因素,在日常维护工作中应注意以下几点:

(1) 配电柜及控制柜周围环境湿度不要大于 90%,注意防尘保护。

(2) 严禁油性液体或具有腐蚀性液体溅在控制柜的触摸屏表面。

(3) 严禁非专业人员对线路和电气元件进行拆卸。

(4) 配电柜及控制柜内严禁放置其他杂物。

(5) 一年至少对配电柜及控制柜进行一次除尘和电气线路检查工作。

(6) 定期检查配电及控制系统的内部接线情况。

7.3.2 其他类型杀菌单元的维护

除了上述重点介绍的紫外杀菌单元外,压载水防海生物管理系统还有多种杀菌方式,如光催化杀菌单元、电解法杀菌单元、直接药剂法杀菌单元和惰性气体杀菌单元等。

1) 光催化杀菌单元的维护

光催化杀菌单元的结构与紫外杀菌单元的结构很接近,其区别在于,杀菌腔体内取消了机械清洗机构和超声清洗装置,在紫外灯管的周边增加了附着有纳米 TiO_2 催化剂的金属网状结构,在紫外光的照射下,除紫外剂量照射杀菌外,纳米 TiO_2 催化剂还在紫外光的激发下与水作用产生·OH^-,对微生物的细胞膜进行氧化,使细胞失去活性。因此,对于光催化的杀菌单元,其安装维护方法可参照紫外杀菌单元的安装与维护方法进行。

2) 电解法杀菌单元的维护

电解法杀菌单元是利用直流电对海水的电解,产生强氧化剂次氯酸钠,对海水中的微生物进行杀灭的装置。因此,对于它的维护,主要是要考虑如下事项:

(1) 系统维护前应先打开风机对可能残留在旋风分离器内的氢气和氯气进行清除。

(2) 关断电源,关闭电解杀菌装置进、出口阀,并确保电解杀菌装置内无积水。

(3) 在拆卸过程中,目测检查拆下的零件,并妥善保存。

(4) 检查管板式电解槽内的电机损耗,必要时更换;检查电极上电源导线的安装情况,必要时更换。

(5) 拆卸管板式电解槽时,应戴有防水橡胶手套,防止次氯酸钠对人体皮肤的腐蚀,同时应带有护目眼镜和防毒面具,防止有害气体或腐蚀性液体飞溅对维护者的伤害。

(6) 检查密封元件的完好性,必要时更换。

(7) 对风机的风压压差开关进行检查,必要时更换。

(8) 对系统中的氢气、氯气泄漏传感器进行检查,必要时更换。

(9) 管板式电解槽复装后,注意装置端面密封,并保持装置表面干燥。

3) 药剂法杀菌单元的维护[72]

由于药剂法分为液体和固体两种方式,因此其系统的维护与管理在药剂的添加与制备上各不相同。

图 7.26 药剂法液体药液储液箱

图 7.27 药剂法药粉储罐

从药剂法的液体或粉状两种药剂储存方式(图 7.26、图 7.27)来看,其系统的主要维护方式除了与电解法杀菌单元的维护(2)、(3)、(5)、(6)、(9)注意要点一致外,还存在着药剂添加的维护工作。对于液体药剂法的药液添加,要注意药剂的搬运与加注两个过程的防护。液体药剂的甲板搬运如图 7.28 所示,其防护穿戴要求和主要装备见表 7.23。液体药剂的加注过程如图 7.29 所示,其防护穿戴要求和主要装备见表 7.24。

图 7.28　药剂甲板搬运过程

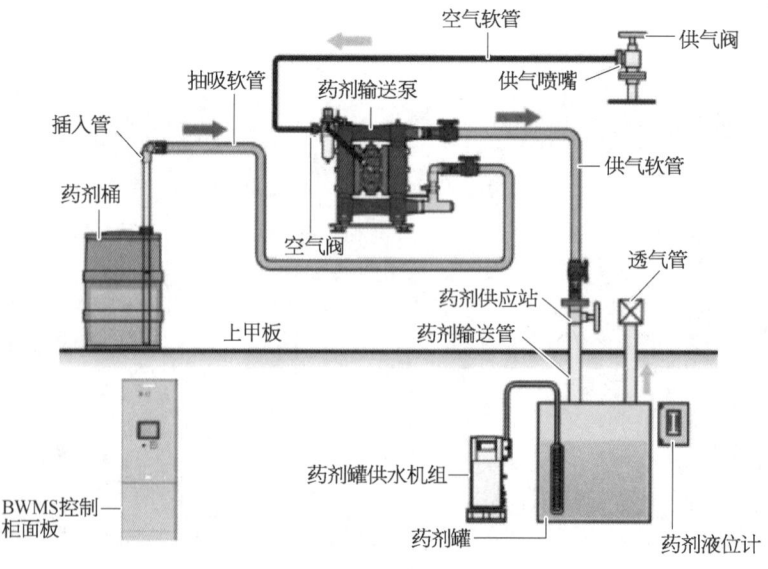

图 7.29　液体药剂加注过程

表 7.23 药液甲板搬运时人员防护穿戴要求和主要装备

人员防护穿戴	防护穿戴要求	主要装备	主要装备防护功能说明
	甲板上搬运药剂时,船员应穿戴安全帽、护目镜、防毒面具、长袖橡胶防滑手套、长筒雨靴,防止药剂的侵蚀		安全帽:防止头部受伤
			护目镜:防止药液飞溅到眼睛
			防毒面具:防止呼吸道有刺鼻气味的气体
			长袖防滑橡胶手套:防止手臂碰到药液及搬运滑落
			长筒雨靴:防滑倒及防止药液溅到脚上

表 7.24 药液添加维护时人员防护穿戴要求和主要装备

人员防护穿戴	防护穿戴要求	主要装备	主要装备防护功能说明
	船员在为药剂法系统添加药液维护中,全身必须穿戴防水、防飞溅、防滑、防有毒气味的装备,防止药剂对船员的伤害,并保护船员在舱室中头部的安全		安全帽:防止头部受伤
			面罩:防止药液飞溅到眼睛及面部
		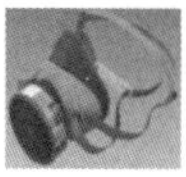	防毒面具:防止呼吸道有刺鼻气味的气体
			雨衣:对身体进行保护,防止药液溅到身上
		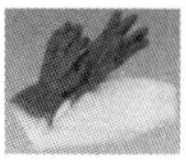	长袖防滑橡胶手套:防止手臂碰到药液及搬运滑落
			长筒雨靴:防滑倒及防止药液溅到脚上

药剂法的粉状药剂搬运过程及防护穿戴要求与液体药剂的甲板搬运与防护穿戴要求相同,其在机舱的搬运过程如图 7.30 所示。而其加注过程则因系统安装的船舶的结构平台不同而略有差异,如图 7.31 所示。

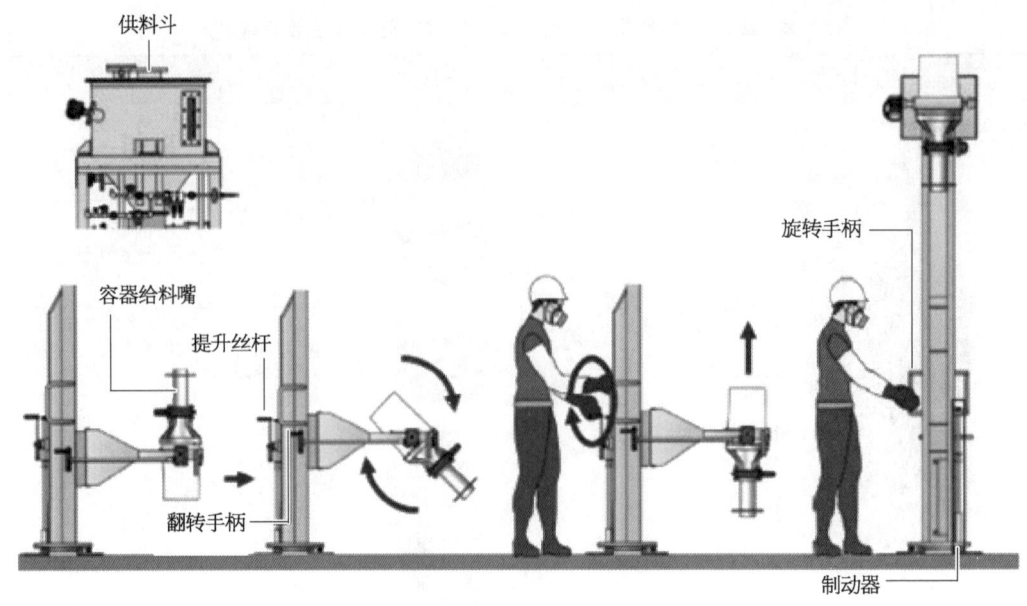

图 7.30 粉状药剂机舱搬运加注过程

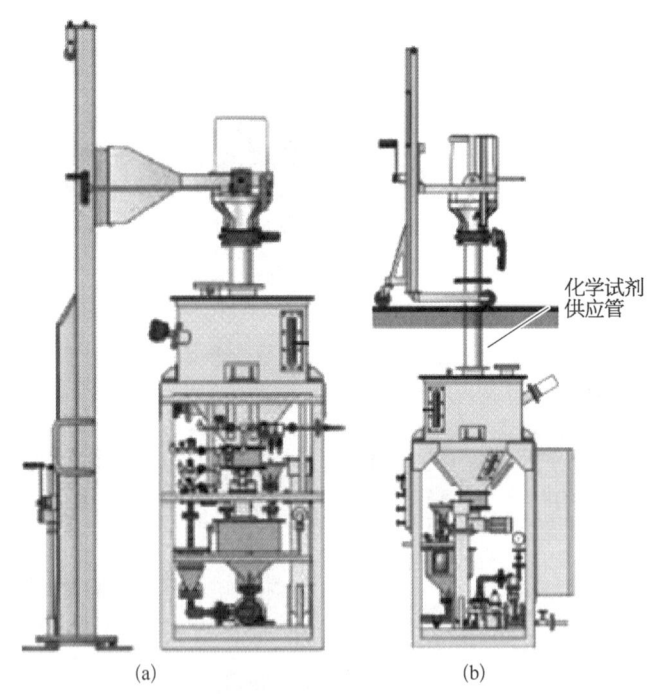

图 7.31 设备在不同类型的加注

(a) 单甲板类型；(b) 双甲板类型

由图 7.31 可见，当粉状药剂在同层甲板空间内对药剂加注站添加药剂时，甲板层间的净空高应不小于 4 m；当在上一层甲板对下一层甲板的药剂加注站添加药剂时，加注站所在层到上层甲板间的净空高应不小于 3 m。

4) 惰性气体杀菌系统的维护[71,73]

惰性气体杀菌系统的主要设备为通过分子筛的吸附式制氮设备。通过制备氮气,注入压载舱,驱除氧气,从而达到杀灭和抑制细菌滋生的目的。其工作原理如图 7.32 所示。

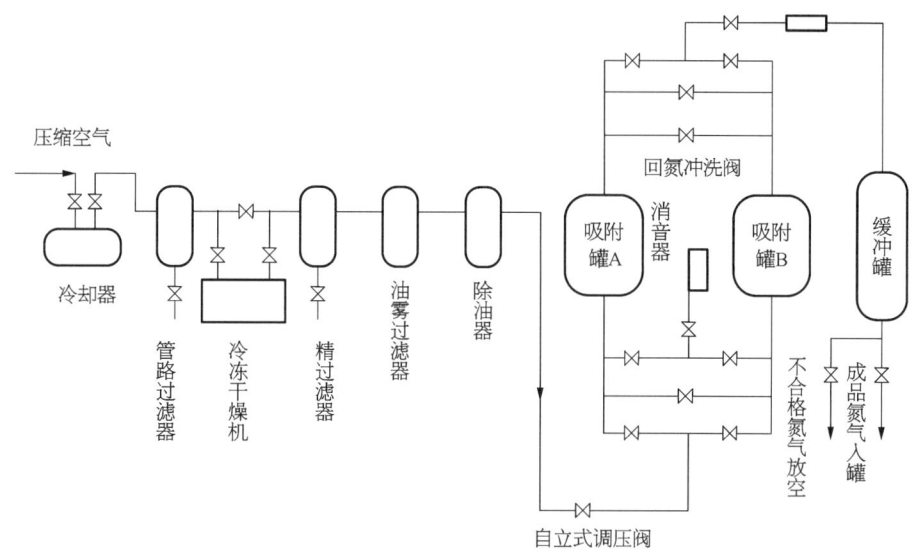

图 7.32 吸附式制氮设备工作原理

分子筛吸附器在制氮设备中起辅助作用。虽然不是主要设备,但起到决定性的作用。其结构与操作虽不复杂,但如有问题,则会造成严重的后果。最常见的故障如下:

(1) 分子筛吸附器漏气。

分子筛吸附器内的吸附剂是分子筛,分子筛在吸附水分的同时,还吸附其他物质,如 CO_2 等。常温下分子筛吸附器对净化空气有较高的净化效果。吸附后的空气中的水蒸气含量达露点 -70℃。但它的表面积小,处理一定量的空气后,表面很快凝聚达到饱和,无法再吸附,需加温再生。如果分子筛吸附器漏气严重,会加速终结水分的吸附,分子筛失效也就加速,造成管路提前冻结,使开机失败。因此,分子筛吸附器的漏气维护必须注意以下几点:

① 在系统运行时要注意分子筛吸附器上盖法兰盘螺栓是否拧紧,如未拧紧,需关闭电源,更换密封垫圈,再拧紧螺栓,使之不渗漏。

② 检查电阻温度计插座处密封垫是否密封(铂电阻没拧紧或密封垫有缺陷不密封),如不密封,要拧紧铂电阻或更换此处密封垫。

③ 检查分子筛吸附器筒体是否破裂,如有漏气,应关闭电源,用氩弧焊修补裂缝。分子筛吸附器筒体裂纹较宽、较长时,应更换分子筛吸附器。

(2) 加温时分子筛吸附器爆裂。

吸附器工作时,水套的两个放水阀应打开,使内部的水放掉。同时,进出水阀处于关闭状态。加温时电炉温度在 300℃左右,若没放掉水套内的水,则分子筛吸附器工作时会加热水套中的冷却水。水在100℃时沸腾蒸发,急剧膨胀,若无泄压处,则气压会越来越高。同时,由于温度的升高,铝材的强度也随之降低,使得进气气压与膨胀的水压作用在金属壁上,一旦超过铝材的强度便会爆裂。因此,在吸附器启动工作时,必须打开进水阀,查看吸附器水套的两个放水阀是否有水流出。当有水流出时,需关闭进水阀;如无水流出,应考虑吸附器水套的两个放水阀已被关闭或堵塞。如发现吸附器水套的两个放水阀关闭时,应立即打开,否则可认为是进水管堵塞或放水阀堵塞,应设法疏通,再接通电源投入工作。

(3) 抽真空口有分子筛碎片或粉末吹出。

分子筛吸附器抽真空口在工作时排出干净的高温气体,此时如有碎片或白色粉末吹出,应及时进行处置。否则会降低吸附效果。碎片或白色粉末吹出,应该判断为分子筛使用时间过长,破碎的颗粒增多,脱层粉末增多,分子筛过少,工作时气流使分子筛不断翻动摩擦所致。再有,就是过滤玻璃丝棉消耗,失去过滤作用。需打开分子筛吸附器上盖取出过滤层,拆下底板,用干净无油的大盆盛分子筛,取一筛孔约相当于1/3的分子筛直径的筛子进行筛选分子筛,筛剩的继续使用,装回分子筛吸附器,并添加新的分子筛与底下的孔板相平;玻璃棉缺少时应加够。排气管上的套管应加装过滤网,以防颗粒和杂质进入管路和阀门间,造成管路堵塞和阀门开启、关闭不严。如果进入塔内,还会造成分馏塔精馏不良。

(4) 分子筛吸附器向外漏气。

加温时,外壳温度较高分子筛吸附器向外漏气部分一般普遍发生在加热炉的出口接头处。其次是加热空气进分子筛吸附器阀的接头或者是这两处之间的管路破裂。这些部位经常经受高温后自然冷却,反反复复,又因压缩机运转振动,使其接头振松,这段管路由于加温时处于高温、纯铜管被软化、起皮,如此反复,使管壁变薄;又由于处于高温,纯铜管软化强度降低,在最薄处承受不住气压而膨胀破裂。加温时外壳温度较高是由两方面原因造成:一是管路破裂和接头漏气被加热的气体加热所致;二是分子筛吸附器内保温材料过少,箱内的空间气体被热管路和电炉加热所致。此时,用铜焊对破裂的管道进行焊补,将漏气的螺母拧紧,对缺少保温材料的分子筛吸附器加添保温材料。

7.4 压载水管理系统中其他重要部件的维护

压载水管理系统中除了过滤单元、杀菌单元外,还有构成其系统的电动阀组、电磁流量计、功能泵及电源单元等[63]。这些重要的部件控制着压载水管理系统的装载与卸载过程,以及应急排放操作过程。本书以江苏科技大学开发的YP≈BWMS®压载水管理系统为例,分别介绍这些重要的部件。

7.4.1 电动蝶阀的维护

YP≈BWMS®压载水管理系统管路配置了由 PLC 控制的电动蝶阀,对水流的方向与大小进行调控。控制系统根据设备的运行工况,控制电动蝶阀的开启时间、开启角度等。因此,电动蝶阀安装前应完成以下工作:

① 仔细核对阀门使用情况是否与其性能规范相符。
② 检查阀门通道及密封面是否有杂物,并及时清除。
③ 开箱后勿随意松动阀门上的任何紧固螺栓。
④ 硬密封、软密封配标准法兰。

YP≈BWMS®压载水管理系统配备有无源触点型电动蝶阀和智能调节型电动蝶阀。无源触点型电动蝶阀安装在自清洗过滤器进出口、自清洗过滤器旁通管路以及系统回流管路中。当电动蝶阀执行器收到适当指令后,执行器驱动阀门至全开、全关位置。智能调节型电动蝶阀安装在系统至船舶压载舱管路中。电动蝶阀执行器依据管路中受控变量(流量、压力等)的变化情况,驱动阀门至合适的开度位置。无源触点型电动蝶阀控制电路如图 7.33 所示。智能调节型电动蝶阀控制电路如图 7.34 所示。

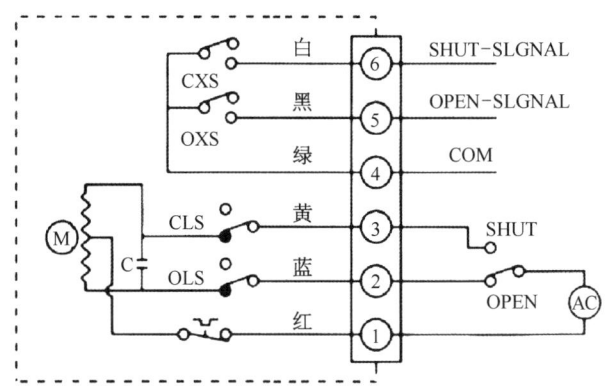

图 7.33 无源触点型电动蝶阀控制电路

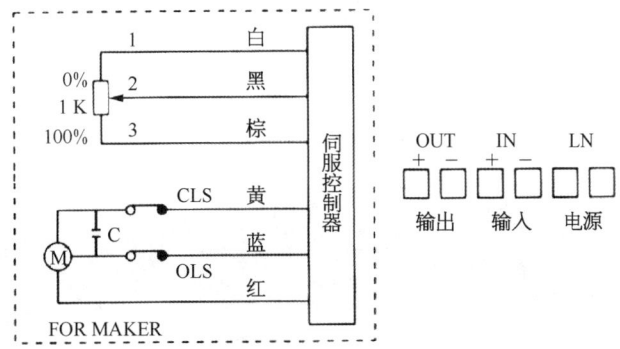

图 7.34 智能调节型电动蝶阀控制电路

通过开关电路实现阀门开启或关闭操作,并输出一组指示阀门全开、全闭的无源位置信号。

通过外部计算机或工业仪表输入的标准信号来控制阀门的开闭角度,并同步反馈与输出相对应的标准信号。

值得注意的是,控制电路图中虚线内为电动装置内部电路,虚线以外部分仅供配线时参考。

同时,在电动蝶阀安装中应特别注意,不能将两台或数台电动装置动力线并联,不能用同一接线点去控制数台电动装置,否则会造成电动蝶阀失控和电机过热。

(1) 系统中电动蝶阀的安装与调试应注意如下事项:

① 在试压时,务必用两端法兰对夹装好或试压台试压。

② 电动蝶阀安装时处于关闭为宜,焊接时应将阀门通道用盖板挡住,防止颗粒、杂物损伤密封面。

③ 电动蝶阀可以安装在任意角度的管道上,但不能倒装。通常为立式和卧式安装。

④ 电动蝶阀一般为单向使用,安装时请注意阀体上箭头方向,箭头方向表示阀门密封关闭时介质压力方向。

⑤ 产品出厂前虽经过严格检查和试压,但也存在个别产品在运输途中振动螺钉变位,需重新调整。若阀体的阀板关闭不严,将螺钉逆时针旋转少许,转动阀体阀板至密封位置,合适后锁定此螺母;若阀体阀板关闭过位(或阀体阀板打不开),应将螺钉顺时针旋转少许,打开阀体阀板重新关闭密封位置,合适后锁定此螺母。

⑥ 电动蝶阀出厂时已将控制机构的启闭行程调好,为防止电源接通时方向搞错,用户在第一次接通电源前,要先手动打开到半开位置,再接点动开关,检查指示方向与开启方向一致即可。

⑦ 每套 YP≈BWMS® 压载水管理系统的电动蝶阀(包括排污电磁阀)出厂时都会随机附带一只手柄,如电动蝶阀不能自动启闭时,可将手柄插入手动操作口驱动阀门,如图 7.35 所示。不用时取下手柄单独存放,再将橡胶防尘堵头螺栓固定。

图 7.35　电动蝶阀手动操作示意图

(2) 系统中电动蝶阀的维护应注意以下事项：

① 电动蝶阀的阀板、密封圈夹有杂物，应清除杂质，清洗阀门内腔。

② 电动蝶阀的阀板、密封关闭位置吻合不正，应调整蜗轮或电动执行器等执行机构的限位螺钉，以达阀门关闭位置正确。

③ 出口配装法兰螺栓受力不均或未压紧，应查配装法兰平面及螺栓压紧力，使其均匀压紧。

④ 试压方向未按要求，应按箭头方向进行旋压。

电动蝶阀的故障主要表现在阀门两端面泄漏，其可能的故障现象有：两侧密封垫片失效；管路法兰压紧力不均或未压紧。

针对上述故障现象，解决的办法主要有：更换密封垫片；压紧法兰螺栓（均匀受力）；拆卸下阀门的压圈，更换密封圈及失效垫片。

7.4.2 电磁流量计的维护

1) 电磁流量计的安装

电磁流量计在压载水管理系统中起着对压载水装载与卸载过程进出压载舱水量的监控和对杀菌单元的紫外计量、电解或药剂供给的次氯酸钠剂量的监控作用，因此在压载水管理系统中是系统级的监控传感器[63,74]。由于压载水管理系统是 IMO 的法规性产品，该法规的生效将追溯目前在运营的许多船舶，牵涉大批船舶的改装。因此，压载水管理系统产品开发厂商已考虑到了未来船舶的改装，将其各功能单元进行了模块化设计，以便在改装船舶上系统地安装，为了能够对压载水的进出流量有效地监控，除如图 6.2 所示的流量计安装要选择充满液体的直管段，如管路的垂直向上段或充满液体的水平段，以满足测量外，在船舶压载水系统改装的流量计位置设计上还应注意以下事项：

（1）流量计应安装在管道的上升处，如图 7.36 所示。

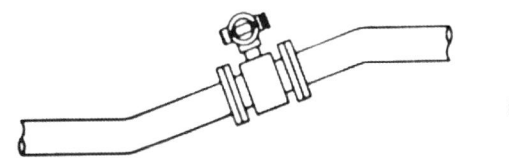

图 7.36 流量计安装示例 2

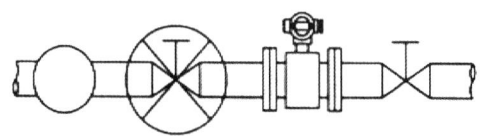

图 7.37 流量计安装例 3

（2）流量计绝对不能安装在泵的进口处，应当安装在泵的出口处，如图 7.37 所示。

（3）测量电极的轴线必须近似于水平方向，如图 7.38 所示。

（4）应在流量计下游安装控制阀和切断阀，而不应该安装在上游，如图 7.39 所示。

（5）在开口排放的管道上安装，应安装在管道的较低处，如图 7.40 所示。

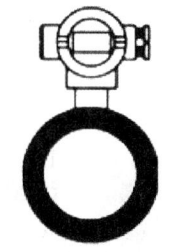

图 7.38 测量电极安装

2）电磁流量计接线端说明

转换器与传感器连接方法见表7.25。

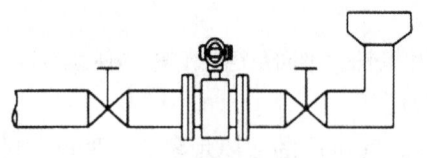

图7.39 流量计安装例4

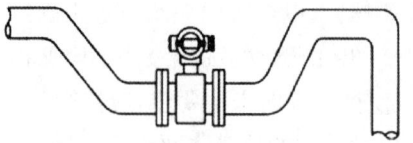

图7.40 流量计安装例5

表7.25 转换器与传感器连接方法

信 号 线	信号线说明
SIG+	传感器信号正端
SIG−	传感器信号负端
SGND	传感器公共端

分体型转换器与传感器配套使用时,对被测流体电导率大于 50 μS/cm 的情况,流量信号传输电缆可以使用型号为 RVVP2×32/0.2 的聚氯乙烯护套金属网屏蔽信号电缆,使用长度应不大于 100 m。当被测电导率小于或长距离传输时,可使用具有等电位屏蔽的双芯双重屏蔽信号电缆,励磁导线接线说明见表7.26。

表7.26 励磁导线接线说明

励 磁 线	励磁线说明
EXT1	传感器励磁端
EXT2	传感器励磁端

励磁电流采用二芯绝缘橡胶软电缆,建议型号为 YHZ‐2×1 mm^2。励磁电流线的长度与信号电缆长度一致。当使用 STT3200 专用电缆时,励磁电缆与信号电缆合并为一根,其接线说明见表7.27。

表7.27 励磁电缆与信号电缆接线说明

接线端子符号	接线端子说明
IOUT：	电流输出(有源)
ICOM：	电流输出地(有源)
PUL：	双向流量频率(脉冲)输出
COM：	频率(脉冲)报警输出地
ALML：	下限报警输出
ALMH：	上限报警输出
A+：	485 通信输入(功能选配)

(续表)

接线端子符号	接线端子说明
B−:	485 通信输入（功能选配）
N:	220 V 电源输入
L:	220 V 电源输入

3）电磁流量计的维护

（1）经常检查电磁流量计的接地系统，包括接地线、接地环、接地端子等是否接触良好，接地系统是否会有强电流或强电磁感应。

（2）注意仪表的防水：接线口、保护管、密封接头、表壳密封等。

（3）定期检查电磁流量计的衬里。

（4）经常检查管道安装：是否有外漏、管道震动情况、螺栓松动等情况。

（5）定期检查流量计的防腐剂保温。

（6）测量海水杂质是否沾污电极或在测量管壁内沉淀、结垢，应定期清垢清洗。

7.4.3　高压清洗泵及污水泵的维护

YP≈BWMS® 压载水管理系统的高压清洗泵与污水泵均属于离心泵。其安装与维护要求如下：

1）高压清洗泵与污水泵的安装

（1）地脚螺栓必须正确安装和紧固，不允许有少装或松动情况。

（2）根据流体的种类选择合适的密封件。

（3）泵进出口须水平安装。

（4）所有与泵体连接的管路、管件应安装牢固，无松动、泄漏。

2）高压清洗泵与污水泵的试运行要求

（1）驱动电机的转向应与泵的转向相同。

（2）各固定连接部位应无松动，各润滑部位加注润滑剂。

（3）盘车应灵活，无异常现象。

3）高压清洗泵与污水泵的维护

（1）复查驱动机和泵的对中，如和原始数据差异较大，须重新调整。

（2）解体检查泵的转子、轴、轴承磨损情况，并进行无损探伤。

（3）对泵的零部件进行宏观检查和检验。

（4）检查泵的磨损情况，消除磨损的间隙，提高泵的效率。

（5）定期检查泵的密封，必要时更换。

（6）清理和吹扫泵内的脏物。

（7）消除泵及辅助部分的跑冒滴漏，检查润滑油系统。

7.4.4 电源单元的维护

电源单元是为紫外线整流器提供电源电压的装置[75],其技术参数为:三相交流电,380~480 V,+6%/-10%,48~62 Hz。

通过专用的电脑和软件,可随意调控和设置紫外线整流器的最高输出功率,同时可以进行从10%~100%的无极功率控制。

在对电源单元安装和接线时,必须由获取授权的专业人员来进行。在对整流器或灯管进行任何工作之前,必须把电源断开。即使断开了电源,可致命的残余电压或许仍然会存在10 min! 切勿启动任何已经明显受损的整流器。切勿打开整流器。必须遵从用户手册中的各项指引。不正确的操作会带来危险,还会导致产品失去使用保证。

1) 安装和架设环境

紫外线整流器适合于保护级别等级IP20,其设计要求放于配电柜内。必须保持冷却风干净、无腐蚀性、无导电性。配电柜内的空气温度必须不超过40℃,也就是说冷却风必须不超过40℃;配电柜内周围的温度超过了指定的范围,请咨询制造商或代理商的专业建议。

2) 建议的安装环境和条件

(1) 适宜垂直或平放,切勿一个压住一个。

(2) 置于控制柜内温度最低的地方。

(3) 整流器和整流器之间的距离不小于2 cm。

(4) 保持进风口和出风口没有阻挡和障碍。

(5) 每一个整流器的冷却风流量:150 m³/h。

(6) 使用随送的螺钉等套件,把控制器架设和固定于配电柜内。

3) 电的安装与连接

根据整流器上的图示,使用专用的接头把控制器正确地接到三相电源(三相,380~480 V,+6%/-10%,48~62 Hz +PE)。三相故障和电源电压过高等探测和保护都已经整合到控制器里面。建议使用双重保险连接,即除了在电源接头接地外,还须以10 mm² 的铜线在控制器的接地螺栓(M5)处做第二层的接地保险。

在选择电缆的时候,必须考虑瞬间点灯时间50 μs 内的最高电流峰值100 A 的可能性。电缆的选择必须根据电缆种类表格的最高输入电流来考虑。完整的安装需要考虑整流器最高4 000 V 的瞬间点灯电压,同时也要考虑正常工作时候的灯管电压和其他条件之下的电压。整流器已经整合了短路、开路和接地缺陷/对地电平差异等的探测和保护。整流器支持几支灯管的串联连接。

4) 电缆的尺寸和接线

(1) 点灯电压阻力4 kV。

(2) 电缆截面积:0~15 A,最小2.5 mm²;大于15 A,最小4.0 mm²。

(3) 灯管接线最长50 m。

(4) 电缆与信号线之间必须保持不小于5 cm 的距离。

（5）使用多极化屏蔽的电缆。

（6）切勿使用灯管接线去接地或任何组件。

（7）切勿连接整流器至任何外置的组件（如外置的启动装置）。

（8）使用夹器把电源电缆与整流器接上，并使其屏蔽，再接上控制器。此外，可以使用绝缘的绳索把电缆拴紧和固定在整流器内（切勿牢系到灯管上）。

7.5 典型压载水管理系统的故障诊断及处理

以江苏科技大学开发的 YP≈BWMS® 压载水管理系统为例，其系统的故障现象及可能产生故障的原因与解决方法参见表 7.28。

表 7.28 YP≈BWMS® 压载水管理系统的故障诊断及处理

故障现象	可能的原因	解决方法
压载水管理系统无法启动	开关未闭合	闭合主开关
	电源线未接通	接通电源线
自清洗过滤器无法自清洗	压差变送器故障	压差变送器换新
	压差变送器管路堵塞	清洗压差变送器管路
	自清洗控制单元故障	检查自清洗控制单元
	细滤网破损或大面积堵塞	拆除细滤网换新或清洗
	行程碟片松脱	紧固行程碟片连接销钉
	接近传感器故障	接近传感器换新
	滤网反冲洗管松脱	紧固滤网反冲洗管
	吸污支管松脱	紧固吸污支管
	排污电磁阀无法开启	检查排污电磁阀必要时换新
	排污管路堵塞	清通排污管路
	污水泵故障	检查污水泵必要时换新
	控制继电器损坏	换新继电器
自清洗过滤器运行异常声响	细滤网与吸污支管剐蹭	调整细滤网和吸污嘴距离至 1~2 mm
	细滤网与滤网反冲洗管剐蹭	调整细滤网和喷嘴距离至 2 mm
	吸污支管 U 形连接器松脱	紧固吸污支管 U 形连接器螺栓
	清洗支管 U 形连接器松脱	紧固清洗支管 U 形连接器螺栓
	吸污嘴或喷嘴松脱	紧固吸污嘴或喷嘴
自清洗过滤器减速机异常发热	传动轴或清洗管内摩擦过大	检查密封件或传动轴、清洗管情况
	减速机启停过于频繁	减少减速机的使用频率
	减速机轴承磨损	修理或更换减速机轴承
	输出电压过高或过低	确认电压是否正常

(续表)

故 障 现 象	可 能 的 原 因	解 决 方 法
减速机运行振动过大	减速机齿轮、轴承磨损	更换减速机齿轮、轴承
	减速机固定不良,螺栓松动	重新紧固减速机螺栓
减速机运行噪声过大	声音大且持续:轴承损坏、齿轮磨损	换新或专业工厂修理
	偶尔声音大:齿轮损伤,有异物卡住	换新或专业工厂修理
高压清洗泵或污水泵不能启动或启动负荷大	原动机或电源不正常	检查电源或原动机情况
	泵卡住	手动盘车检查联轴器,必要时对泵进行解体检查
高压清洗泵或污水泵不能启动或启动负荷大	出口阀未关闭	关闭出口阀重新启动
	高压清洗泵或污水泵自动启动继电器故障	换新继电器
高压清洗泵不能排液	自清洗过滤器滤网脏堵	清洗自清洗过滤器滤网
	高压清洗泵安装反向	重新安装高压清洗泵
污水泵不能排液	喷嘴脏堵	清洁或更换喷嘴
	污水泵安装反向	重新安装污水泵
	污水泵出水管路堵塞	清通污水泵出水管路

第 8 章　压载水管理系统在船舶上的安装及案例

船舶压载水管理系统主要安装在跨海域航行的各类船舶上。就船舶的类型而言,主要是散货船、集装箱船和油船。此外,还有跨海域航行的海洋工程类船舶、科研考察船舶及游轮。

随着《压载水公约》生效日的临近,将有大量的新造船舶和旧船需要加装或进行改装,这就需要为不同船型选用及安装不同的目标产品提供实施方案。为此,需要针对目标船型的加装或改装展开技术资料的收集与分析,制定不同船型加装或改装不同目标产品的技术路线,如图8.1所示。

根据目前压载水管理系统目标产品均采用的两阶段处理法(图8.2),以及目前市场上

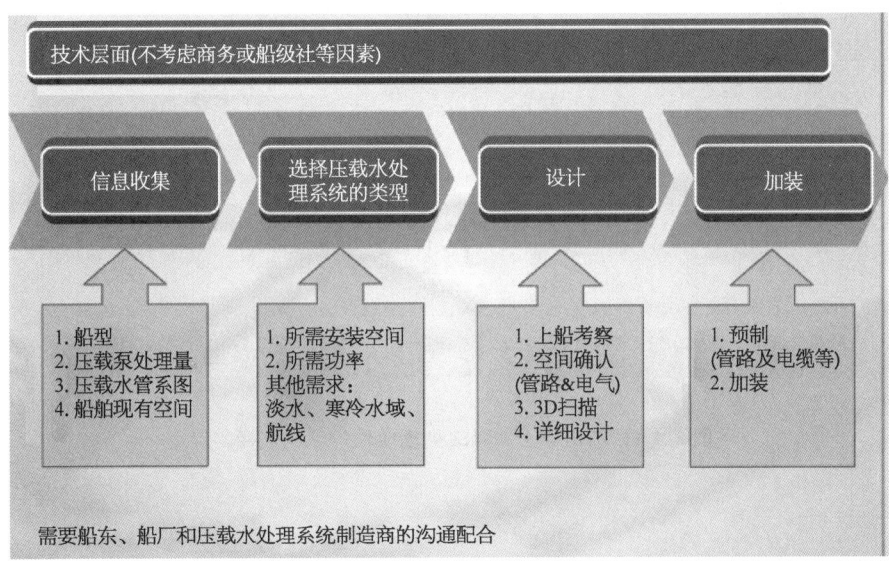

图 8.1 压载水管理系统加装流程

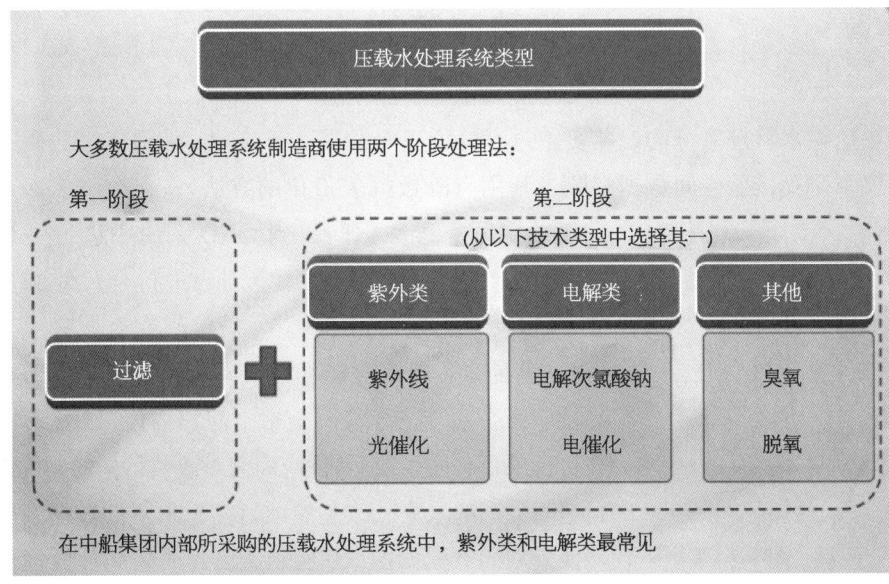

图 8.2 压载水管理系统采用的两阶段处理法

对第二处理阶段的系统选择特点(图 8.3),通常目标产品生产厂家都开发了不同流量的处理系统,以满足不同船型的需求。

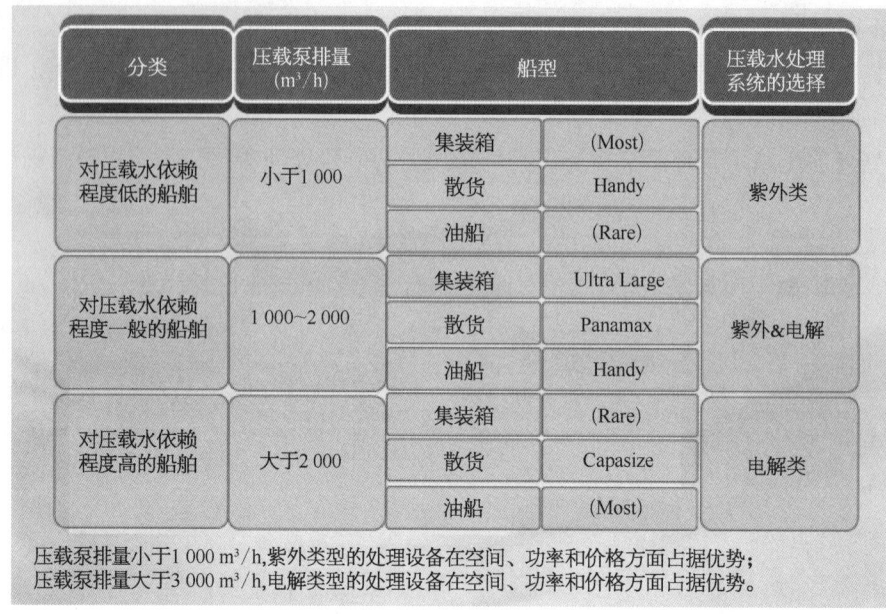

图 8.3 目前市场上对第二处理阶段的系统选择特点

8.1 船舶改装实施过程

船舶压载水管理系统的改装实施过程分为三个阶段[69]。首先,采用三维数码全站空间扫描仪来采集机舱空间数据;其次,利用点阵数据矢量化的方法,将在改装船所采集到的机舱空间三维数据转入到 CAD 系统中进行矢量化转化;再次,在其矢量化的可用空间内进行全尺寸的数字化放样,以便于处理单元和管路系统能够在企业完成生产与试验,满足改装船东对船舶改装周期的要求。通常目标产品供应商会购置三维数码全站空间扫描仪,如图 8.4 所示,在目标项目合同生效后,供应商需对改装目标船舶的机舱进行空间数据的采集。改装船项目实施采集的数据及矢量化转换规划的数据如图 8.5 所示。项目改装局部放样设计模型如图 8.6 所示。

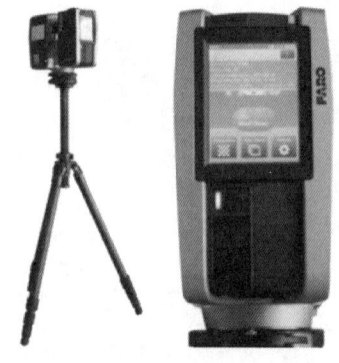

图 8.4 三维数码全站空间扫描仪

图 8.5　采集的机舱空间结构点云图与矢量化规划数据

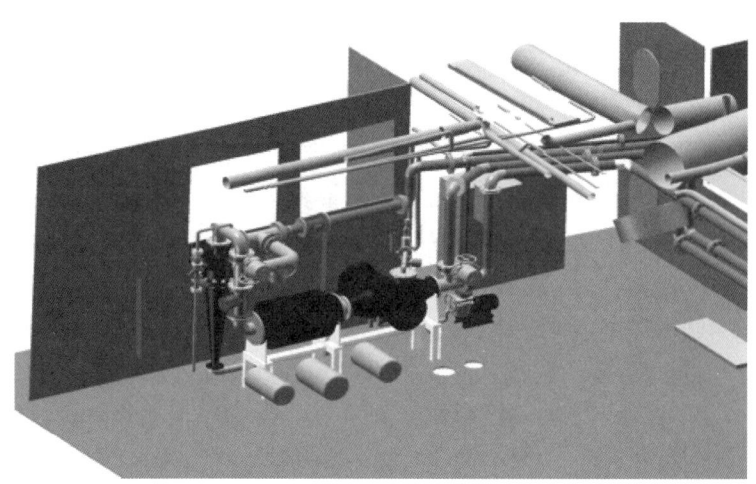

图 8.6　系统的放样模型

8.2　改造船安装压载水管理系统注意事项及案例

由于船舶的改装需要采取对市场快速反应的技术手段,因此针对不同船型与不同的系统,采取分散式搭积木的方式对运营船舶进行改装[76]。改造船安装压载水管理系统考虑重点:

(1) 是否可以不安装或者只装一台压载水管理系统。主要是考虑在同一海区(如渤海、黄海等)运营的船舶;无压载水的船舶;加装此装置使得船舶无力盈利;少装一台会不会影响正常运营等因素。

（2）电站的容量是否有限制，电网是否需要升级。在选择处理装置时，不可超越电站能力；核算短路电流大小，确定主汇流排的容量，从而确定是否需要调整主汇流排；配电屏和电网改造，增加开关、电缆等。

（3）处理系统的容量的大小、设备单元的布置和管路的改造工程量的大小。需要精确计算，考虑处理系统对压载系统所造成的压力损，以确定是否需要更换压载泵；目前，压载水管理系统的很多产品只需要在压载时对压载水进行处理，卸载时不需处理。由于装置的压力损失导致压载与卸载两个阶段压载泵的排量不一致，因此系统的处理能力不一定和泵的标定排量相一致；尽可能选择改动量小的处理装置；除了机舱以外，处理装置可以布置在舵机舱、空舱、主甲板等处所；注意装置所在区域的结构加强；管路、动力电缆的优化布局。

（4）阀门遥控系统的改造。对与压载水处理系统相关的阀门由压载水处理装置自主控制，不必接入阀门遥控系统；压载水处理系统和阀门遥控系统之间需要相互通信，阀门遥控系统的管路系统图需要更新。

（5）其他要求。主要是对管路材质须满足处理装置生产厂家的要求；危险气体的排出须远离新风入口，必要位置须加装泄露探测报警装置；流量计的布置需要注意其进出口直管段长度的要求；危险区域内的电气箱、控制箱、传感器等须为本质安全型；取样装置和注入口的上下游位置关系，以及间距要求等。

在确定上述基本原则的基础上，营运船系统加装方法主要从船舶自身的安装空间考虑，采取模块化的改装方法。在设计上采取整体模块化的方法，依据机舱空间或作业特征，采用机舱单元模块或甲板集装箱式单元模块，有效地解决了运营船舶改装快速性和周期短的问题。特别是针对老式船舶，由于机舱空间的局限性，在改装上采用分散模块单元的设计方法，充分利用机舱、甲板的有效空间，对系统进行分散式布置与采用系统整体运行管理的设计方法，从而解决了老式船舶的改装难题。图 8.7 为典型的分散式单元在散货或集装箱船舶机舱内的布置模式。

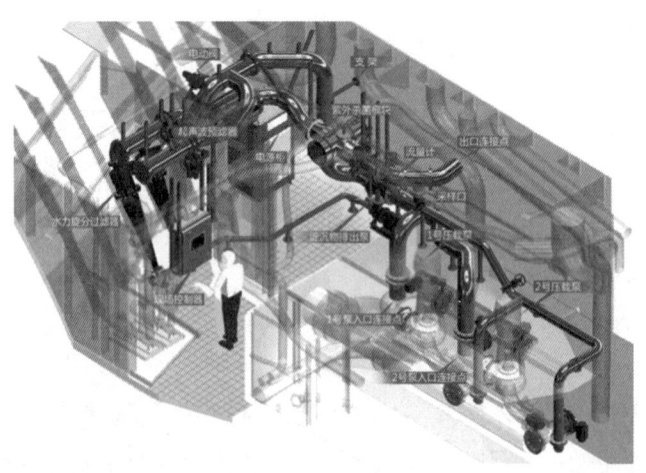

图 8.7 典型的分散式单元在散货或集装箱船舶机舱内布置模式

对于采用药剂法杀菌系统的改装也是如此。药剂法在 85000DWT 散货船舶上的改装[72]如图 8.8 所示,而药剂法在 300000DWT VLCC 油轮上的改装[72]如图 8.9 所示。由图可知,300000DWT VLCC 油轮上的压载水系统改装是将药剂法杀菌系统的各单元分布安装在 VLCC 船舶的泵舱内。

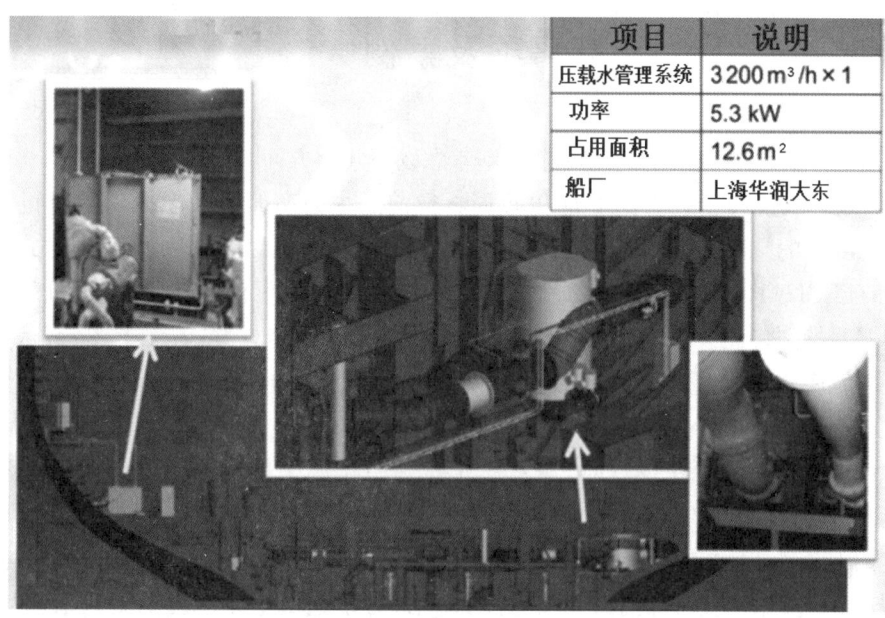

图 8.8　药剂法在 85000DWT 散货船舶上的改装

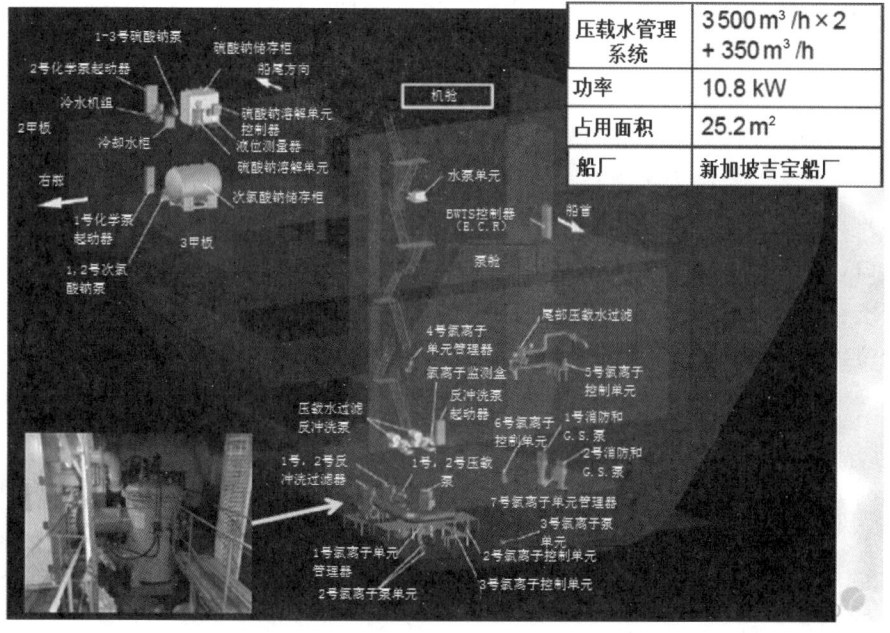

图 8.9　药剂法在 300000DWT VLCC 油轮上的改装

8.3 新造船安装压载水管理系统注意事项及案例

新造船压载水管理系统的运用应重点考虑以下几个方面[76,77]：

(1) 处理装置和压载管路的优化布局。目前的主力商船绝大多数都是艉机舱型船舶。机舱底层的空间非常局促，同时压载管路的尺寸通常非常巨大，如果处理方式为全流通式（如 TECHCROSS）或者需要过滤（双瑞），抑或二者兼而有之（海盾），则机舱底部在设计时需要特别将设备布置和管路走向同时考虑，寻求最佳方案；若无上述特征，则保持传统的机舱底层布局不变，例如 $NK-O_3$ 和 ColdHarbour 的处理系统，对机舱底层的布置要求相对较低。

(2) 电站的限制。在设计时，需考虑正常航行工况下船舶的基础电力负荷和码头装卸货工况下压载水泵和压载水处理装置同时运行的电力负荷；电站的选型基础仍是正常航行工况，使电站长期处在高效模式下运转；在码头卸货工况，由 3 台主发电机组同时供电，来满足压载水处理装置的使用；对于超出电站能力的处理装置需要限制使用。

(3) 船型的特点。对油轮或化学品船选用的装置应具有防爆能力，装置可安装在泵舱内，对于小型的快速集装箱班轮，由于机舱空间的局限，可以考虑将装置制作成整体箱式处理单元，安装在艉甲板驾驶楼舷侧的甲板上。

(4) 压载舱是否需要保压。对惰性气体形式的压载水管理系统需要对压载舱进行保压，其空气管头选型需要特别注意；保持压力也要反馈给结构专业去考虑结构设计压力。

(5) 其他要求。管路材质须满足处理装置生产厂家的要求；危险气体的排出须远离新风入口，必要位置须加装泄漏探测报警装置；流量计的布置需要注意其进出口直管段长度的要求；危险区域内的电气箱、控制箱、传感器等须为本质安全型；取样装置和注入口的上下游位置关系，以及间距要求等。

180000DWT 散货船实船运用案例，其系统原理如图 8.10 所示，系统放样模型如图 8.11 所示。

113000COT 原油轮实船运用案例，其系统原理如图 8.12 所示，系统放样模型如图 8.13 所示。

85000VLGC 大型液化气船实船运用案例，其系统原理如图 8.14 所示，系统放样模型如图 8.15 所示。

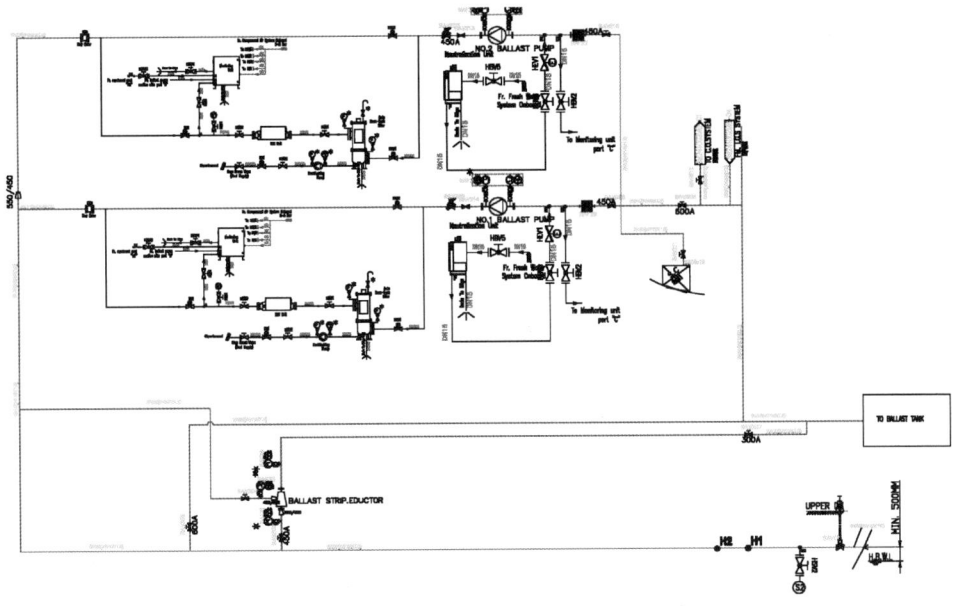

图 8.10　180000DWT 散货船实船运用系统原理

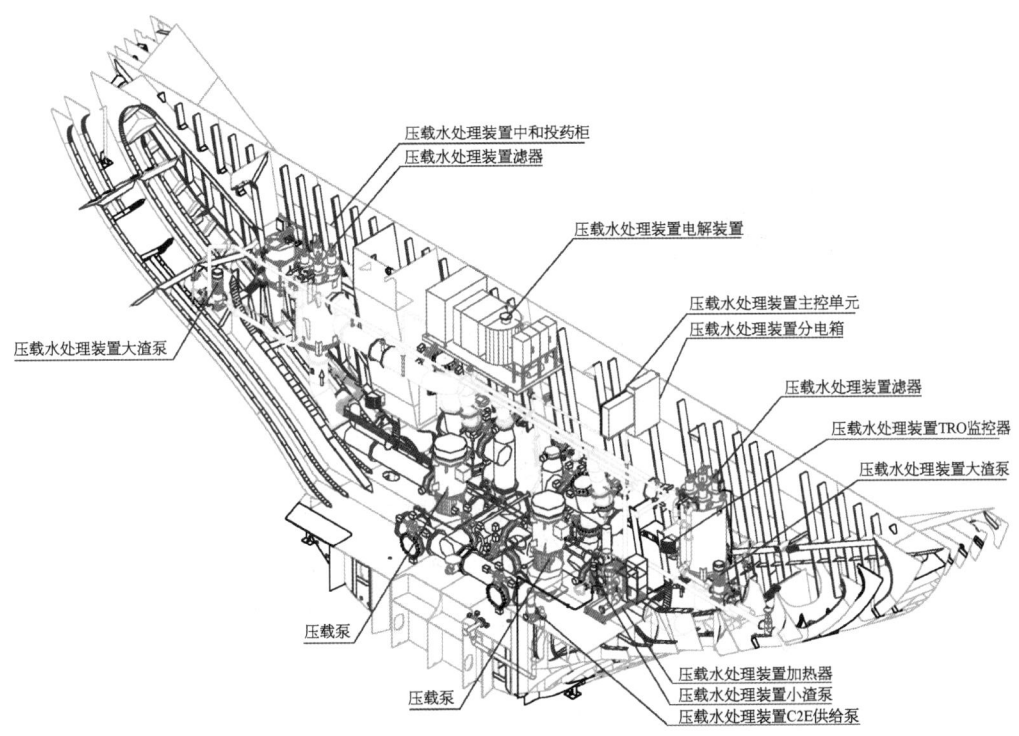

图 8.11　180000DWT 散货船实船运用放样模型

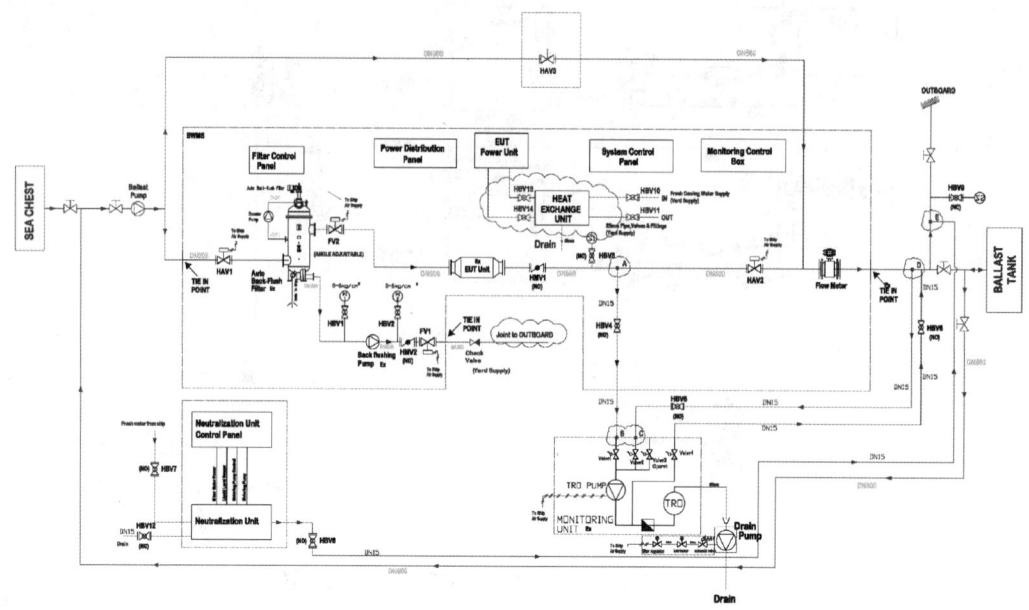

图 8.12 113000COT 原油轮实船运用系统原理

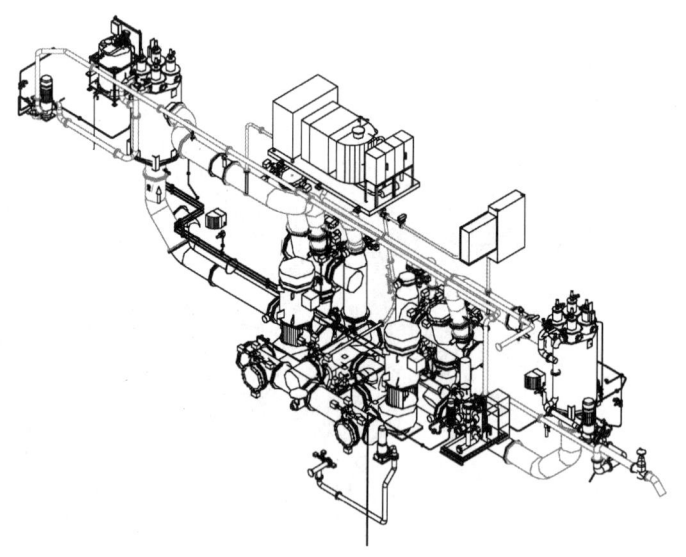

图 8.13 113000COT 原油轮实船运用放样模型

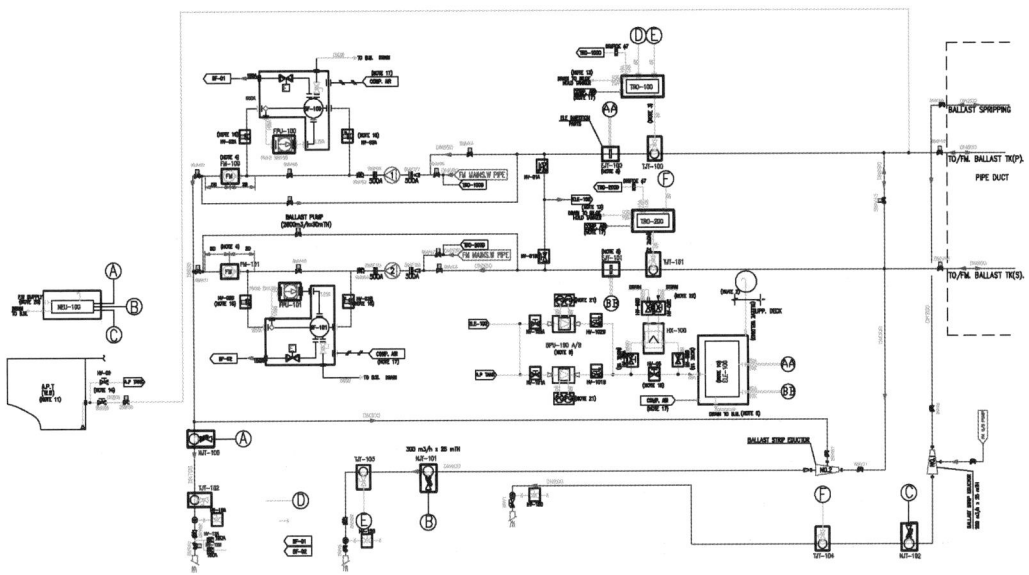

图 8.14 85000VLGC 大型液化气船实船运用系统原理

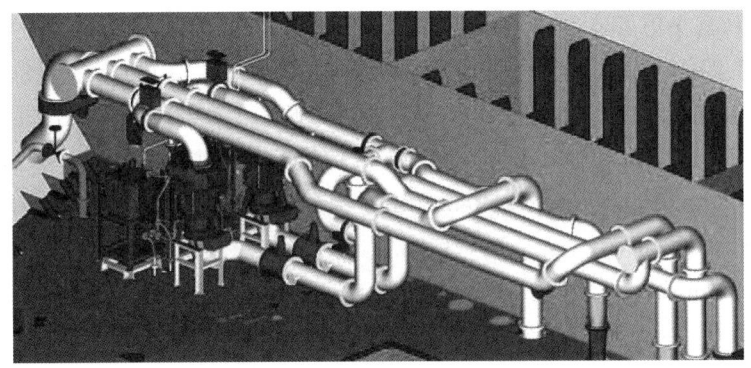

图 8.15 85000VLGC 大型液化气船实船运用放样模型

参 考 文 献

[1] IMO. GloBallast Programme[R]. London：Ballast Water News, 2000, 1：2～3.

[2] N. Patriek Lewis, L. Chad Hewitt, Martin Riddle, *et al*. Marine introductions in the Southern Ocean：an unrecognized hazard to biodiversity[J]. Marine Pollution Bulletin, 2003, 46：213～223.

[3] 王雪峰.船舶压载水对海洋的污染及处理方法[J].中国水运,2009,9(1)：3～4.

[4] HALLEGRAEFF G M, BOLCH D J. Transport of diatom and dinoflagellate resting spores in ships ballast water：Implications for plankton biogeography and aquaculture[J]. Plankton Res, 1992, 14(8)：1067～1084.

[5] IMO. International Convention for the Control and Management of Ships' Ballast Water and Sediments[s].2004.

[6] 宋永欣,党坤.船舶压载水处理方法[J].世界海运,2002,26(2)：42～43.

[7] ARMSTRONG G, BROOEKS E, LANKESTER R, *et al*. Ballast system design for through exchange of ballast water[J]. Trans Inst Mar Eng, 1997, 109(3)：257～269.

[8] 朱天涛,宫小勇.紫外线灭菌技术[J].赤峰学院学报,2008,24(2)：23～24.

[9] 胡国芳.船舶压载水对生态影响及处理技术[J].中国水运,2008,9：48～49.

[10] 张楷,方振东.压载水处理系统研究进展[J].环境科学导刊,2012,31(1)：49～52.

[11] David A. Wright, Robert W. Gensemer, Carys L. Mitchelmore, *et al*. Shipboard trials of an ozone-based ballast water treatment system[J]. Marine Pollution Bulletin, 2010, 60(9)：1571～1583.

[12] Stephan Gollasch, Matej David, Matthias Voigt, *et al*. Critical review of the IMO international convention on the management of ships'ballast water and sediments[J]. Harmful Algae, 2007, 6(4)：585～600.

[13] Matej David, Marko Perkovič, Valter Suban, *et al*. A generic ballast water discharge assessment model as a decision supporting tool in ballast water management[J]. Decision Support Systems, 2012, 53(1)：175～185.

[14] Efi Tsolaki, Paraskevi Pitta, Evan Diamadopoulos. Electrochemical disinfection of simulated ballast water using Artemia salina as indicator[J]. Chemical Engineering Journal, 2010, 156(2)：305～312.

[15] 成套压载水研发动态(一)[EB/OL]. http://www.hyqb.sh.cn/publish/portalo/

tab140/infor 1746.

[16] Mario N. Tamburri, Kerstin Wasson. Ballast water deoxygenation can prevent aquatic introductions while reducing ship corrosion[J]. Biological Conservation, 2002, (103): 331~341.

[17] 王爱伟.吸污式反冲洗过滤器的开发与理论研究[D]:[硕士学位论文].北京:北京化工大学,2008:6~7.

[18] 王爱伟,朱海军,钱才富,等.反冲洗过滤器结构特点与应用前景[J].石油化工设备,2007:68~69.

[19] 刘飞,谭辉,杨建,等.旋流-紫外线法处理船舶压载水的实用性研究[J].中国航海,2007,(4):100~103.

[20] 闫月娟.井下旋流除砂器内固液两相流动特性研究[D]:[博士学位论文].大庆:东北石油大学,2014:15~54.

[21] 孟宪振.船舶压载水防海生物技术研究[D]:[硕士学位论文].镇江:江苏科技大学,2013:19~22.

[22] Z. Bajram, H. Mark, A. J. Carroll. Studies of a novel sensor for assessing the spatial distribution of cavitation activity within ultrasonic cleaning vessels[J]. Ultrasonics, 2006, 44(1): 73~82.

[23] M Ent ezari, et al. The effect of frequency on sonochemical reactions Ⅲ: dissociation of carbon disulfide[J]. Ultrasonics Sonochemistry, 1997, 4: 49~54.

[24] 王海鸥,胡志超.换能器与槽体连接方式对超声清洗槽声场分布的影响[J].农业工程学报,2011,27(2):26~30.

[25] 陈蕊娜.超声波自动反冲洗过滤器的设计与机理研究[D]:[硕士学位论文].大连:大连交通大学,2008,12:21~29.

[26] 丁振华,范建中.紫外辐射生物学与医学[M].北京:人民军医出版社,2000:20~24.

[27] 陈汝军,郭苹,梁超雄.海船压载水处理设备研发的重要性分析[J].船海工程,2007,36(3):30~31.

[28] 吴明红,包伯荣.辐射技术在环境保护中的应用[M].北京:化学工业出版社,2002:51~60.

[29] Petr Klan, Jaromir Literak, Milan Hajek. The electrodeless discharge lamp: a prospective tool for photochemistry [J]. Journal of Photochemistry and Photobiology. A: Chemistry, 1999, 128: 145~149.

[30] Pavel Muller, Petr Klan, Vladimir Cirkva. The electrodeless discharge lamp: a prospective tool for photochemistry Part 4: Temperature and envelope material dependent emission characteristics [J]. Journal of Photochemistry and Photobiology. A: Chemistry, 2003, 158: 1~5.

[31] 王爱伟.吸污式反冲洗过滤器的开发与理论研究[D]:[硕士学位论文].北京:北京

化工大学,2008:6~7.

[32] 王爱伟,朱海军,钱才富,等.反冲洗过滤器结构特点与应用前景[J].石油化工设备,2007:68~69.

[33] 唐立夫,王维一,张怀清.过滤机[M].北京:机械工业出版社,1984:10~12.

[34] 克莱德.奥尔.过滤理论与实践[M].邵启样译.北京:国防工业出版社,1982:17~18.

[35] 周惠呈,丛安生.国内外反冲洗过滤器的发展及应用[J].科技纵横,1997,12:32~33.

[36] 文棋.全自动反冲洗过滤器过滤机理分析及控制系统研究[D]:[硕士学位论文].杭州:浙江大学,2004:39~40.

[37] 陈蕊娜.超声波自动反冲洗过滤器的设计与机理研究[D]:[硕士学位论文].大连:大连交通大学,2008:41~44.

[38] 庞学诗.水力旋流器技术与应用[M].北京:中国石化出版社,2010:264~275.

[39] D. O. Silva, L. G. M. Vieira, M. A. S. Barrozo. Optimization of Design and Performance of Solid-Liquid Separators: A Thickener Hydrocyclone[J]. Chemical Engineering & Technology, 2015, 38(2): 319~326.

[40] J. Zhang, X. Y. You, Z. G. Niu. Numerical Simulation of Solid-liquid Flow in Hydrocyclone[J]. Chemical and Biochemical Engineering Quarterly, 2011, 25(1): 37~41.

[41] L. Wang, Z. Zhang, Y. Wu, et al. Numerical and experimental study on liquid-solid flow in a hydrocyclone[J]. Journal of Hydrodynamics, Ser. B, 2009, 21(3): 408~414.

[42] 李京.VLCC压载水舱中泥沙沉淀的数值模拟[D]:[硕士学位论文].大连:大连理工大学,2012:12~18.

[43] Zhang J, You X Y, Niu Z G. Numerical Simulation of Solid-Fluid Flow in Hydrocyclone[J]. Chem Biochem Eng, 2011, 25(1): 37~41.

[44] 冯蕾.烟气脱硫系统中固-液分离旋流器的三维数值研究[D]:[硕士学位论文].保定:华北电力大学,2011:28~42.

[45] B. Wang, K. W. Chu, A. B. Yu. Numerical study of particle-fluid flow in a hydrocyclone[J]. Industrial & Engineering Chemistry Research, 2007, 46: 4695~4705.

[46] 罗力.水力旋流器固-液两相流动数值计算及性能分析[D]:[硕士学位论文].广州:华南理工大学,2012:21~37.

[47] B. Wang, A. B. Yu. Numerical study of the gas – liquid – solid flow in hydrocyclones with different configuration of vortex finder[J]. Chemical Engineering Journal, 2008, 135: 33~42.

[48] 应锐,王卫兵,邱艳军,等.电石渣提纯用水力旋流器的设计及优化[J].矿山机械,

2015,43(4):95～98.

[49] 曹雨平,姜临田.水力旋流器的研究现状和发展趋势[J].工业水处理,2015,35(2):11～14.

[50] 龚伟安.水力旋流器的蜗壳设计理论与计算[J].石油机械,1992,20(12):1～6.

[51] 闫其年.宽频超声波污水处理装置的研究与开发[D]:[硕士学位论文].石家庄:河北大学,2011,5:17～20.

[52] 陈蕊娜.超声波自动反冲洗过滤器的设计与机理研究[D]:[硕士学位论文].大连:大连交通大学,2008,12:21～29.

[53] Bogdan N. Influence of concentration of substances used in ultrasonic cleaning in alkaline solutions on cavitation intensity[J]. Ultrasonics Sonochemistry, 2009, 16(3):402～407.

[54] 栾桂冬,张金铎,王仁乾.压电换能器和换能器阵(上)[M].北京:北京大学出版社,1990:231～248.

[55] 周金娟.高输出性能超声换能器结构设计及仿真实验研究[D]:[硕士学位论文].南京:南京航空航天大学,2012:14～15.

[56] 王春梅.TiO_2光催化性能及在水处理中的应用[J].南通:南通大学学报(自然科学版),2005,4(1):28～29.

[57] 信欣,李兆波.纳米 TiO_2 光催化性能及在水处理中的应用[J].合肥:安徽化工,2003,6:32～35.

[58] 孙猛.纳米二氧化钛薄膜的制备与光催化性能研究[D].郑州:郑州大学,2005:8～12.

[59] 关凯书,白皓然,尹衍升,等.玻璃表面纳米 TiO_2 薄膜的制备及光催化性能研究[J].上海:机械工程材料,2003,27(2):34～35.

[60] 王成艳,刘曦旻,冉祥成,等.纳米 TiO_2 的制备及其在 COD 测定中的原理研究[J].北京:中国环境检测,2009,25(3):66～67.

[61] 李定坚.纳米 TiO_2 光催化杀菌技术在水体中的应用及其杀菌机理探讨[D].广州:暨南大学,2004:12～20.

[62] 中华人民共和国国家标准.次氯酸钠发生器 GB12176—90[S].北京:国家技术监督局,1990.

[63] YP≈BWMS®压载水管理系统操作与维护手册[R].温州:浙江省鹰鹏船舶设备制造有限公司,2013.

[64] 青岛双瑞 BalClor© 船舶压载水管理系统操作与维护手册[R].青岛:青岛双瑞海洋环境工程股份有限公司,2011.

[65] JFE BallastAce® 船舶压载水管理系统操作与维护手册[R].日本:JFE 商事株式会社,2013.

[66] SEMENS S7-200 可编程序控制器[PC/OL].德国:西门子公司,2000.

[67] 组态王(KingView)用户手册[PC/OL].北京:北京亚控科技发展有限公司,2010.

［68］ 耿立新.新型自清洗过滤器的设计与研究［D］.镇江：江苏科技大学,2016,6.

［69］ BSKY®压载水管理系统操作与维护手册［R］.无锡：无锡蓝天电子股份有限公司,2013.

［70］ elite®压载水管理系统操作与维护手册［R］.上海：上海汉盛船舶技术有限公司,2016.

［71］ 倪氏压载水管理系统操作与维护手册［R］.泰州：江苏南极机械有限责任公司,2014.

［72］ 电动隔膜泵操作规程［BE/OL］.https：//wenku.baidu.com/view/1c1dc0e6db38376baf1ffc4ffe4733687e21fcf6.html? re＝view.

［73］ 陈卫华,李模友,汪金洲.KL-15型制氧制氮机分子筛吸附器常见故障及正确使用［J］.运行与维修,2005,12：23～26.

［74］ 孙玉科.船舶压载水处理高效杀菌系统研究［D］.镇江：江苏科技大学,2012,6.

［75］ 包国治,孙玉科,陈宁.船舶压载水处理装置系统设计［J］.镇江：江苏船舶,2012,10.

［76］ 吴鹏飞.压载水处理系统运用解决方案［C］.上海：2016年大功率船用柴油机及压载水管理系统年会,2016,11.

［77］ 王林兴,吴宗焕,陈宁.高效能复合式物理处理船舶压载水处理装置的研发与产业化科技报告［R］.无锡：无锡蓝天电子股份有限公司,2017.

船舶压载水管理系统开发与应用

附 录 仿 真 程 序

附录 1 声压仿真程序

```
L = 0.640;
W = 0.280;
H;
a = 0.067/2;
f;
d1 = 0.080;
d2 = 0.070;
N = 8;
M = 4;
c = 1450;
Lamda = c/f;
w = 2 * pi * f;
K = 2 * pi/Lamda;
rho = 1040;
K' = rho * f * u0;
n = 20;
k = 0;
j1 = 0;
j2 = 0;
j3 = 0;
for x = -1 * L/2:L/(n-1):L/2
    j1 = j1 + 1;
    j2 = 0;
    j3 = 0;
    for y = -1 * W/2:W/(n-1):W/2
        j2 = j2 + 1;
        j3 = 0;
        for z = 0:H/(n-1):H
            j3 = j3 + 1;
            Alfa = atan(y/x);
```

```
        Theta = atan(x/(z * sin(Alfa)));
            r0 = z/cos(Theta);
   Rax1 = abs((sin(2 * pi * a * N * d1/Lamda * (sin(Theta)) * cos(Alfa)) + eps)./(N
* sin(2 * pi * a * d1/Lamda * (sin(Theta)) * cos(Alfa)) + eps));
   Rax2 = abs((2 * besselj(1,2 * pi * a/Lamda * sin(Theta)) + eps)./(2 * pi * a/
Lamda * sin(Theta) + eps));Rax3 = abs((sin(2 * pi * a * M * d2/Lamda * (sin(Theta)) *
cos(Alfa)) + eps)./(M * sin(2 * pi * a * d2/Lamda * (sin(Theta)) * cos(Alfa)) +
eps));
   Rax4 = abs((2 * besselj(1,2 * pi * a/Lamda * sin(Theta)) + eps)./(2 * pi * a/
Lamda * sin(Theta) + eps));
   Rax = Rax1.* Rax2.* Rax3.* Rax4;          %下层换能器阵列指向性函数 P0x = M *
N * K'* pi * a^2/r0;
   Theta0 = atan(r0 * sin(Theta)/(H - r0 * cos(Theta)));   Ras1 = abs((sin(2 * pi
* a * N * d1/Lamda * (sin(Theta0)) * cos(Alfa)) + eps)./(N * sin(2 * pi * a * d1/Lamda
* (sin(Theta0)) * cos(Alfa)) + eps));   Ras2 = abs((2 * besselj(1,2 * pi * a/Lamda
* sin(Theta0)) + eps)./(2 * pi * a/Lamda * sin(Theta0) + eps));
   Ras3 = abs((sin(2 * pi * a * M * d2/Lamda * (sin(Theta0)) * cos(Alfa)) + eps)./(M
* sin(2 * pi * a * d2/Lamda * (sin(Theta0)) * cos(Alfa)) + eps));
   Ras4 = abs((2 * besselj(1,2 * pi * a/Lamda * sin(Theta0)) + eps)./(2 * pi * a/
Lamda * sin(Theta0) + eps));
   Ras = Ras1.* Ras2.* Ras3.* Ras4;          %上层换能器阵列指向性函数
P0s = M * N * K'* pi * a^2/((H^2 + r0^2 - 2 * H * r0 * cos(Theta))^0.5);
   P(j1,j2,j3) = P0x.* Rax + P0s.* Ras;         %声压 I(j1,j2,j3) = (P(j1,j2,j3))^
2/(2 * (rho) * c);   %声强
            end
        end
end
[X,Y,Z] = meshgrid(linspace( - L/2,L/2,n),linspace( - W/2,W/2,n),linspace(0,
H,n));
   xslice = 2 * L/3;
   yslice = 2 * W/3;
   zslice = [H/5,2 * H/5,3 * H/5,4 * H/5,H];
   figure(1);
   slice(X,Y,Z,P,xslice,yslice,zslice);
   figure(2);
   slice(X,Y,Z,I,xslice,yslice,zslice);
   [X,Y] = meshgrid(linspace( - L/2,L/2,n),linspace( - W/2,W/2,n));
```

```
z = H/2;
figure(3);
surf(X,Y,P);
figure(4);
surf(X,Y,I);
P(P = = inf) = 0;
PP = unique(P(~isnan(P)));
Pam = mean(PP(:));
NU1 = sum(abs(abs(PP) - Pam))/numel(PP)/Pam;
```

附录 2　坐标输出程序及紫外光照强度与剂量仿真程序

1. 坐标输出程序

```c
#define a 16
#define b 18
#define PATH   "d:\\d.txt"
#define AA 20000
int main(void)
{
    double x0,y0,x,y;
    double total_length[AA];
    FILE *fp;
    fp = fopen(PATH,"w+");
    x0 = -1 * a;
    y0 = -1 * b;
    int i = 0;
    if (! fp)
    {
        printf("open file error! \n");
    }
    for(x = x0; x <= a; x += 0.45)
    {
```

```c
for(y = y0; y <= b; y += 0.45)
{
    double r1 = sqrt((x-14)*(x-14) + (y-4)*(y-4));
    double r2 = sqrt((x-7)*(x-7) + (y-12)*(y-12));
    double r3 = sqrt(x*x + (y-4)*(y-4));
    double r4 = sqrt((x+14)*(x+14) + (y-4)*(y-4));
    double r5 = sqrt((x+7)*(x+7) + (y-12)*(y-12));
    double r6 = sqrt((x+14)*(x+14) + (y+4)*(y+4));
    double r7 = sqrt(x*x + (y+4)*(y+4));
    double r8 = sqrt((x-14)*(x-14) + (y+4)*(y+4));
    double r9 = sqrt((x+7)*(x+7) + (y+12)*(y+12));
    double r10 = sqrt((x-7)*(x-7) + (y+12)*(y+12));
    total_length[i++] = r1 + r2 + r3 + r4 + r5 + r6 + r7 + r8 + r9 + r10;
    If((r1>1.6)&&(r2>1.6)&&(r3>1.6)&&(r4>1.6)&&(r5>1.6)&&(r6>1.6)&&(r7>1.6)&&(r8>1.6)&&(r9>1.6)&&(r10>1.6))
        fprintf(fp,"%f %f\n",x,y);

    fprintf(fp,"%f %f %f %f %f %f %f %f %f %f\n",r1,r2,r3,r4,r5,r6,r7,r8,r9,r10);
}
}
printf("%d\n",i);
fclose(fp);
return 0;
```

2. 光强与剂量计算程序

```
pi = 3.1415926;
P = 400000;
L = 25.8;
a = 0.2326;
R0 = 1.6;
t = 0.613;
I1 = 0.99*0.9*0.5*P*exp(-a*(r1-R0))./(pi*r1*L);
I2 = 0.99*0.9*0.5*P*exp(-a*(r2-R0))./(pi*r2*L);
I3 = 0.99*0.9*0.5*P*exp(-a*(r3-R0))./(pi*r3*L);
I4 = 0.99*0.9*0.5*P*exp(-a*(r4-R0))./(pi*r4*L);
I5 = 0.99*0.9*0.5*P*exp(-a*(r5-R0))./(pi*r5*L);
```

```
I6 = 0.99 * 0.9 * 0.5 * P * exp( - a * (r6 - R0))./(pi * r6 * L);
I7 = 0.99 * 0.9 * 0.5 * P * exp( - a * (r7 - R0))./(pi * r7 * L);
I8 = 0.99 * 0.9 * 0.5 * P * exp( - a * (r8 - R0))./(pi * r8 * L);
I9 = 0.99 * 0.9 * 0.5 * P * exp( - a * (r9 - R0))./(pi * r9 * L);
I10 = 0.99 * 0.9 * 0.5 * P * exp( - a * (r10 - R0))./(pi * r10 * L);
I = I1 + I2 + I3 + I4 + I5 + I6 + I7 + I8 + I9 + I10;           % 光强
D = I * t;                               % 剂量
fid = fopen('I.txt','wt');
fprintf(fid,'%g\n',I);              %输出光强文件
fclose(fid);
fid = fopen('d.txt','wt');
fprintf(fid,'%g\n',D);              %输出剂量文件
scatter(X,Y,5,I);
scatter(X,Y,5,D);         %绘制光强与剂量平面分布图
mx = min(X); Mx = max(X);
my = min(Y); My = max(Y);
Nx = 5435; Ny = 5435;
cx = linspace(mx,Mx,Nx);
cy = linspace(my,My,Ny);
cI = griddata(X,Y,I,cx,cy','cubic');
cD = griddata(X,Y,D,cx,cy','cubic');
mesh(cx,cy,cI,'LineWidth',2);
mesh(cx,cy,cD,'LineWidth',2)         %绘制光强与剂量三维分布图
[C,h] = contour(cx,cy,cD,5);
[C,h] = contour(cx,cy,cD,5)         %绘制光强与剂量等值线图
clabel(C,h)xlabel('x /cm');
ylabel('y /cm');
zlabel('I /mw/cm^2'
```